U0129840

支持单位

北京2022年冬奥会和冬残奥会组织委员会

越重谊

卓尊友

顾拜旦说

[美] 乔治·赫斯勒

著

梁亦敏

译

团结出版社

图书在版编目（ＣＩＰ）数据

卓越　尊重　友谊：顾拜旦说 ／（美）乔治·赫斯
勒著；梁亦敏译. -- 北京：团结出版社，2021.7
　　ISBN 978-7-5126-8843-8

　　Ⅰ. ①卓… Ⅱ. ①乔… ②梁… Ⅲ. ①顾拜旦
(Coubertin, Pierre de 1863-1937)－人物研究
Ⅳ.①K835.655.47

中国版本图书馆 CIP 数据核字 (2021) 第 096999 号

出　　版：团结出版社
　　　　　（北京市东城区东皇城根南街 84 号　邮编：100006）
电　　话：(010) 65228880　65244790　（出版社）
　　　　　(010) 65238766　85113874　65133603（发行部）
　　　　　(010) 65133603（邮购）
网　　址：http://www.tjpress.com
E-mail：zb65244790@vip.163.com
　　　　　tjcbsfxb@163.com（发行部邮购）
经　　销：全国新华书店
印　　装：三河市东方印刷有限公司

开　本：145mm×210mm　　　32 开
印　张：12.125
字　数：232 千字
版　次：2021 年 7 月　　第 1 版
印　次：2021 年 7 月　　第 1 次印刷

书　号：978-7-5126-8843-8
定　价：58.00 元

皮埃尔·德·顾拜旦
世上第一位现代体育天才

　　虽然奥林匹克运动会是全人类普天同庆的伟大节日，其创始人的身份却鲜为人知——这是现代体育史上最大的讽刺。每届夏季和冬季奥运会都有超过三十亿观众观看，约占世界人口的一半，这让我们很难相信皮埃尔·德·顾拜旦的名字已经被公众淡忘。一年三百六十五天，全世界两百多个国家都在积极发展奥林匹克运动，将顾拜旦追求卓越、崇尚友谊和相互尊重的价值观传达给各地的年轻人。这些事实不禁让人产生疑问："我们怎么会不知道他呢？"

　　鉴于他的成就，他在今天理应是一名世界级的偶像。然而，现实却恰恰相反。他注定要被归入历史上最伟大的无名英雄之列。

　　1894 年，皮埃尔·德·顾拜旦在巴黎索邦大学创办了现代奥运会。他发起的不仅仅是一项单纯的体育赛事。在几位同事的协助下，他发起了一场国际性运动，旨在通过体育运动将全世界团结在友谊与和平的氛围中。此后，在他余下的四十三年的人生里，他一直在担任这场运动的主笔人和思想领袖。在出自他笔下的一万六千余页著作中，近半数都着眼于奥林匹克相关主题。从本质上说，他本人成为了不断扩展的世界奥林匹克运动的沟通枢纽。在他的努力下，一种他称之为"奥林匹克主义"的人生哲学逐渐发展成型。

当我们失去对这位伟人的记忆时，我们也在很大程度上失去了他关于体育与教育之间、国际竞争与相互理解之间、多样性与统一性之间、文化与和平之间的联系的有力思想。可以说，正是顾拜旦的著作塑造了现代体育道德的雏形。他在很多方面都是一位具有远见卓识的先驱者，一位勇于突破传统的思想家。在体育运动还处于萌芽状态，很少跨越国际界限时，他就看到了发展全球体育竞技的可能性。《顾拜旦说》收集了大量的语录和评论，旨在让任何有兴趣的读者都能快速、直观地了解顾拜旦的思想，并发觉它们与我们当今生活的联系。

1989 年 4 月，当我初次前往瑞士洛桑的奥林匹克图书馆时，和成千上万的人一样，我对顾拜旦的生平事迹和哲学思想几乎一无所知。我被亚特兰大的奥运申办团队指派到那里，研究奥林匹克的历史，以便为这座城市申办百年奥运会撰写关键材料。那天，踏进图书馆不过十五分钟时间，我就第一次接触到了顾拜旦的文字，发现奥运会本质上是一场和平运动。为了以现代形式复兴奥运会，为了使奥运会成为全球体育历程中永恒的存在，他牺牲了一切。我被深深地吸引住了，为了了解更多关于这位伟人的信息，我开始了长达三十年的探索之旅。

1993 年，我在亚特兰大创立了美国皮埃尔·德·顾拜旦委员会。为了纪念顾拜旦，委员会出资在百年奥林匹克公园修建了一座雕像，这座雕像至今仍矗立在那里。我们还牵头将顾拜旦的七百页奥林匹克著作首次翻译成了英文。以此为基础，国际奥委会于 2000 年悉尼奥运会期间出版了《奥林匹克主义：顾拜旦文选》。这本书就是《顾拜旦说》的源头。

2013 年，在创作历史小说《顾拜旦传》期间，我请时年三十四岁的女儿洁米从《奥林匹克主义》中选出了三百六十五条语录。我给她提出的唯一标准是，选出的每句话都应该在某种程度上具有鼓舞人心的力量。她最终选出了四百五十多条语录，在腾出时间为它们逐条撰写评论之前，我将它们归档保存了五年。在 2018 年 1 月 1 日至 12 月 31 日期间，我完成了这项工作。从那以后，我每天都会在社交媒体上发布我所撰写的内容，希望这些想法能够激励世界各地的人们。由于团结出版社的努力，中国的读者们现在也能用自己的语言阅读这些文字了。

本书中引用的著作跨越了顾拜旦五十年的写作生涯。其中最早的一篇（5 月 9 日）摘自他发表的第一篇文章《英国教育》，于 1887 年刊登在《社会变革》杂志上。从本质上来说，这篇文章提议以英国模式为基础，将体育融入法国教育体系。顾拜旦改革教育、普及体育的职业生涯由此开始，这两项公共事业的结合也将他引向了复兴奥林匹克运动会的道路。

他公开发布的最后一则信息（12 月 17 日）写于 1937 年 7 月，就在他溘然长逝的三十四天之前。眼看第十二届奥运会即将于 1940 年在东京举办，男爵在文中表达了对圣火即将第一次踏上亚洲大陆的满足之情。虽然这届奥运会因为战争爆发而被取消，但顾拜旦这最后的讯息也同样适用于 2022 年即将在北京召开的冬季奥林匹克运动会。毕竟，奥运会的终极目标是"将希腊主义这一古代欧洲最珍贵的文明与精致的亚洲文化艺术相结合"。

在本书中，顾拜旦的语录充满了对未来的憧憬与对奥林匹克主义的信心。他坚信奥林匹克主义蕴含的可能性能够带领世界迈向更美好的未来。1894 年，在巴黎奥林匹克代表大会闭幕的那天晚上，他举杯向他的同事们致敬，祝贺他们成功地让奥运会在沉寂了一千五百年以后以现代方式重生。

我举杯敬奥林匹克理念
它像一束全能的阳光，穿越时代的迷雾
带着充满欢乐希望的梦想，重新照亮了 20 世纪的门槛

顾拜旦于 1863 年 1 月 1 日出生于巴黎，与亚伯拉罕·林肯签署《黑奴解放宣言》是同一天。虽然这只是个纯粹的巧合，但顾拜旦耗尽毕生的心血和家族的财富，通过体育解放人民也是确凿的事实。八岁那年，他亲眼目睹了普法战争的灾难性后果——巴黎城被围困，二十万居民被活活饿死。当他满十一岁时，德国开始了对古奥林匹亚为期六年的发掘工作。年幼的顾拜旦被这些考古发现点燃了想象力，在他眼里，古典世界中失落已久的雕塑、纪念碑与神话传说仿佛都能从他的耶稣会学校教材中跃然而出。作为"美好年代"巴黎的年轻贵族，他欣然接纳了第三共和国推崇的平等主义价值观，并带头将英国拉格比公学校长托马斯·阿诺德开创的"学童游戏模式"引进法国，填补了当时法国教育体系在这方面的空白。在此过程中，他也收获了一批强大的政治盟友。

二十六岁那年，他在埃菲尔铁塔首次亮相的 1889 年巴黎世界博

览会上看到了国际活动中的巨大潜力。作为世博会的一个环节，他组织了首届世界体育代表大会。同时，他的导师，法国前总理朱尔·西蒙也在这届世博会期间召开的首届世界和平大会上发表了主旨演讲。顾拜旦的愿景比他的导师还要宏大——他希望为年轻人创造一个全球性的体育节日，并通过体育运动将我们的世界团结在和平与友谊的氛围中。

五年后，在索邦大学大礼堂，当他率领两千名代表以现代形式复兴奥运会时，他说："只有把现在分隔不同种族的偏见消除之后，我们才能拥有和平。为了达到这一目的，还有什么方法比定期把所有国家的青年聚集在一起，进行友好的力量和灵活性的较量更好呢？"

1896 年，第一届现代奥运会在希腊雅典举办。在这届奥运会期间，顾拜旦完全被主办方和希腊皇室推到了一旁。他不仅没有获得任何应得的公众认可，还被媒体污蔑为小偷，指责他企图窃取希腊人民的合法遗产。奥运会的推进总是举步维艰，但顾拜旦就像一位伟大的运动员一样锲而不舍，他坚守着自己的理想，领导了前七届奥运会的筹办工作。1900 年在巴黎举办的第二届奥运会和 1904 年在圣路易斯举办的第三届奥运会，都或多或少地沦为了大型世界博览会的陪衬，这两届奥运会本身也问题重重。到 1908 年，顾拜旦设想中的全球青年体育节在伦敦开始初具雏形。尽管伦敦奥运会受到了极端的民族主义，特别是英美之间的民族主义的波及，但它也巩固了奥运会作为世界主要多项目赛事的地位。在 1912 年的斯德哥尔摩奥运会上，杰出的印第安裔运动员吉姆·索普的出现让奥运会达到了新的高度。随后，第一次世界大战的爆发导致原定于 1916 年在柏林举办的奥运会被取消。

战后，在顾拜旦极力推进奥运会再次复兴的同时，安特卫普挺身而出，在不到两年的时间里奇迹般地完成了一届奥运会的筹办工作。印有顾拜旦设计的五环标志的奥运会会旗也首次在奥运赛场上空飘扬。1924 年的巴黎奥运会是顾拜旦作为国际奥委会主席主持的最后一届奥运会，这届奥运会可谓是精彩绝伦。随着奥运会最终被公认为国际竞赛的巅峰，顾拜旦于 1925 年在布拉格奥林匹克代表大会上宣布从国际奥委会退休。在接下来的三届奥运会期间，他远远观望着阿姆斯特丹、洛杉矶和柏林在世界舞台上的表演，见证着奥运会的规模变得越来越宏大，其象征意义也变得越来越明显。

当全世界因顾拜旦的愿景而凝聚在一起，奥运会的辉煌也达到了前所未有的高度时，他的个人际遇却急转直下。在人生的最后一段时光中，他蜗居在洛桑市政府慷慨提供的小公寓里，穷困潦倒，病痛缠身。身旁妻子终日哀叹他们失去的一切，令他感到压抑；一对儿女双双饱受精神疾患折磨，令他感到心痛；目睹阿道夫·希特勒和纳粹将他的伟大节日改造成政治宣传的工具，令他感到绝望。

1937 年 9 月 2 日，他在日内瓦的一座公园散步后孤寂离世。直到生命的最后一刻，他仍在担忧自己发起的这场伟大运动能否在即将爆发的战争中存活下来，最终通过体育运动将世界团结在和平与友谊的氛围中。

当然，它存活下来了。顾拜旦的精神遗产从第二次世界大战的余烬中浴火重生，成为了全球最伟大的人类庆典。在许多方面，它对我们当今世界的价值都远超过单纯的赛场竞技。奥运会以其标志和仪式为我们这个易怒的世界带来了希望。当各个国家在赛场上充分展现人类多样性时，我们也会意识到，我们共同拥有的东西远比分裂我们的东西更具力量。

今天，阅读顾拜旦的文字让我们对通过体育建立更美好的世界的可能性充满了信心。眼看 2022 年冬奥会即将在北京举办，中国将再次踏上世界舞台，我希望顾拜旦的思想能像 2008 年北京奥运会的宣传口号"同一个世界，同一个梦想"一样，在这个伟大的国家回荡，为全世界带来鼓舞人心的力量。

能够参与 2008 年北京奥运会申办并为其后的奥运盛会服务，我感到非常荣幸。正因如此，这本书的出版对我来说尤其意义非凡。我的中国朋友太多，无法在此一一列举，但我还是要借此机会向以下这些人们表示感谢。正是他们帮助我了解奥运会对这个世界第一人口大国的重要性。在此，我要向已故的朱树豪和他已故的女儿朱嘉乐致以最深切的谢意和追思；感谢王伟、韩雯（女士）、黄克俭、王敏等，我深深受惠于他们的友谊；我还要感谢团结出版社的梁光玉社长对这部作品的重视，以及梁亦敏出色的翻译。

尽管皮埃尔·德·顾拜旦男爵在八十多年前就离开了人世，但他的奥林匹克崇高理想仍然持续吸引着全世界的目光。他留下的精神遗产仿佛一座现代奥林匹斯山，屹立于体育世界的版图上。当我们品读他的文字时，我们也是在向他的记忆与伟大创造致敬。

乔治·赫斯勒

2021 年于亚特兰大

目 录

一月

奥运会上重要的不是胜利，而是参与；
人生中重要的不是凯旋，而是奋斗。

1月1日

体育是国王！

1920 年 8 月，顾拜旦于安特卫普市政厅发表演讲。这个他当着比利时国王的面创造出来的短语充分体现了他的幽默感。安特卫普奥运会是第一次世界大战结束后举办的第一届奥运会，顾拜旦的奥林匹克理想展示出的百折不挠的韧性自此被全世界承认。显然，他很想庆祝一下。

1月2日

奥林匹克主义倾向于将所有让人类更完美的道德原则汇集在一起。

多年来，我在许多出版物中看到过这句话，在我看来这是顾拜旦最精辟的言论之一。从运动的角度来说，每一届奥运会的舞台上都体现了奥林匹克主义的理念，正是这种理念使个人变得更完美。这句话摘自 2002 年由国际奥林匹克学院出版的《奥林匹克运动》。

1月3日

奥运会上重要的不是胜利，而是参与；人生中重要的不是凯旋，而是奋斗。

这是皮埃尔·德·顾拜旦男爵最广为人知的一句名言。它甚至被国际奥委会正式认定为奥林匹克信条，可见其知名度之高。因为参与体育运动是奥林匹克主义哲学的必要基础。

这句名言背后有个很有趣的故事。在 1908 年 7 月 24 日，也就是第四届现代奥运会——伦敦奥运会期间，男爵在英国政府举办的宴会上发表演讲时首次说出了这句名言。在五天前的那个星期天，也就是 7 月 19 日的早晨，男爵在圣雅各主教座堂听了一场宾夕法尼亚主教艾特尔伯特·塔尔博特为参加奥运会的运动员们所做的动人的讲道。在讲道中，塔尔博特说："……体育本身比竞赛和奖励更重要。"顾拜旦以其独特的风格展开详述了主教的思想，并将这段话变成了他最经久不衰的宣言。这篇演讲刊登在 1908 年的《奥林匹克评论》上，以下是他在宴会上对皇室成员和贵宾们发表的演讲节选：

"宾夕法尼亚主教用恰当的语言带我们回顾了这一点：'在奥林匹克中，重要的不是胜利，而是参与。'先生们，让我们记住这段振聋发聩的宣言吧。它适用于每一次努力，甚至可以视为一种使人内心平静康乐的哲学基础。生命中重要的不是获胜，而是奋斗；最关键的不是征服什么，而是拼尽全力战斗。传播这些训诫有助于培养更勇敢、更坚强，同时也更谨慎、更慷慨的人性。"

这句话直到 1932 年洛杉矶奥运会开幕式时才正式出现在洛杉矶体育馆的记分牌上。四年后，在 1936 年柏林奥运会开幕式的录播中，男爵亲口说出了这句话。从那时起，这句话开始频繁出现在奥运场合的每一个角落。

1月4日

每一种形式的运动都是为所有人准备的。人们很可能会说这是一个疯狂的乌托邦式的想法，但我不在乎。因为我知道这是有可能的。

第一次世界大战结束后，皮埃尔·德·顾拜旦男爵决心加倍努力，将体育普及到世界上的每一个国家和每一个人。1916年，原定于柏林举行的奥运会因怨仇战火而被迫取消。顾拜旦对此深感失望，于是他开始重申全民体育的发展原则。以下是他在《奥林匹克书信（11）：学生的体育精神》中写的一段文字，这段文字曾刊登在1919年的《洛桑公报》上：

"每一种形式的运动都是为所有人准备的。人们很可能会说这是一个疯狂的乌托邦式的想法，但我不在乎。因为我知道这是有可能的。我对这句话推敲钻研了很久，我知道它是准确且有可能的。我要用余生的时间和精力来确保它的胜利，并将它作为我对社会改革的贡献。在这场漫长的战争中，这些社会改革的原则是神圣联盟条约的基础。如果我们不想看到文明像没有阀门的锅炉一样爆炸，那么这些社会改革的成果就必须是真实可靠、迅速果断的。"

1月5日

在赛场上，人们不再是政治或社会层面的友人或敌人，而只是同场竞技的运动员。

终其一生，顾拜旦都抱有一个不可动摇的信念——他坚信体育能够改变人与人之间的关系，并通过接触和互动培养友谊。他坚信政治、宗教、经济和社会等所有让人与人之间、国家与国家之间产生隔阂的壁垒在某种程度上都可以被打破，因为体育运动有助于增进队友和竞争者之间的理解。这种观点过于乐观吗？是的。这是理想主义吗？绝对是的。这就是皮埃尔·德·顾拜旦男爵的心态。这句印证了许多未来事件的话被刊登在 20 世纪 90 年代国际奥林匹克委员会的出版物《国际理解和对世界和平的贡献》上。

虽然奥林匹克运动的初衷是建立一个将世界团结在友谊与和平中的国际平台，但顾拜旦也承认体育运动既可以产生正面效应，也可能会违背初衷。他曾在著作中多次提及这个问题。以下便是与此思想相关的一个段落，他在其中解释了自己创办奥运会的意图，并谈论了体育运动的一般用途：

"但是如今，就像过去一样，它们的效果究竟是有益的还是有害的，取决于它们的用途和它们的使用方向。体育运动可以激发出人们最高尚的与最卑劣的激情；它们可以培养出无私和高洁的品质，就像它们可以培养出对财富的迷恋一样；它们可以是正直的，也可以是腐败的，可以是阳刚的，也可以是兽性的；最终，它们可以用于巩固和平，也可以用于酝酿战争。"

1月6日

没有匀称协调，便谈不上什么美丽。体育的作用无与伦比，可使二者和谐统一。

这句话出自顾拜旦的诗作《体育颂》。在 1912 年斯德哥尔摩奥运会上，这首诗赢得了艺术竞赛的金质奖章。为了避免裁判对他有所偏袒，他以乔治·赫罗德和 M·艾歇巴赫的双重笔名提交了诗作。奖章固然带给了顾拜旦极大的满足，但远不及斯德哥尔摩艺术竞赛本身。他一直将奥运会看作是体育和文艺的盛大节日。经过多年的规划，他终于把建筑、文学、音乐、绘画和雕塑这五类艺术形式纳入了第五届现代奥运会的竞赛内容中。以下是这段颂词的全文：

"啊，体育！……没有匀称协调，便谈不上什么美丽。你的作用无与伦比，可使二者和谐统一；可使人体运动富有节律；使动作变得优美，柔中含有刚毅。"[①]

1月7日

让我们向外输出赛艇、赛跑和击剑运动员吧；这就是未来的自由贸易，当它被引入旧欧洲的那一天，和平事业将迎来一位强大的新盟友。

这句话具有重要的历史意义，因为它出自顾拜旦男爵于 1892 年 11 月 25 日在巴黎索邦大学首次提出的恢复奥林匹克运动会的提案。

---

① 　中文版《体育颂》为詹汝琮译。本书所有涉及《体育颂》的译文均引用詹汝琮先生译文，特此鸣谢。

他的提案遭遇了挫折，第一次尝试就以惨败告终。因为他没有完成必要的前期准备工作，听众们也就无法参与到他的设想中。他们不理解他恢复奥运会的这项提议的全部含义，只能祝他好运。十八个月后，也就是 1894 年 6 月，他纠正了这个错误并成功恢复了奥运会。但他的第一个失败提案的意义在于，他为国际进步、体育与和平三者之间建立联系创造了环境。在这篇关于现代世界体育运动的长篇演说的最后，他从根本上将体育以及奥林匹克定位为一个促进和平的论坛。他的演说是这样结尾的：

"有这么一些人，当他们跟你说战争有一天会消失时，你会说他们是不切实际的乌托邦主义者，你并没有完全说错。但也有一些人相信战争会逐渐减少，我看不出这有什么不切实际。很显然，电报、铁路、电话、对科学的热忱研究、大会、展览对和平的贡献比任何条约或外交公约都大。我希望体育运动能比它们更胜一筹。那些目睹了三万人冒雨跑去看足球比赛这一景象的人一定不会觉得我在夸大其词。让我们向外输出赛艇、赛跑和击剑运动员吧；这就是未来的自由贸易，当它被引入旧欧洲的那一天，和平事业将迎来一位强大的新盟友。这足以鼓励你们的仆人① 从现在开始想象这个计划的第二部分；他希望你们能一如既往地帮助他，有了你们的帮助，他便能在一个适合现代生活条件的基础上，继续完成这项宏伟而有益的任务，即恢复奥林匹克运动会。"

---

① 指演讲者顾拜旦自己。

1月8日

战争爆发是因为国家之间存在误解。只有把现在分隔不同种族的偏见消除之后，我们才能拥有和平。为了达到这一目的，还有什么方法比定期把所有国家的青年聚集在一起，进行友好的力量和灵活性的较量更好呢？

顾拜旦通过体育实现和平的哲学拥有一种持久的力量。值得注意的是，这种力量正在我们当下的新闻焦点中得到体现。朝鲜和韩国之所以能坐下来讨论怎样缓和紧张的半岛局势，正是奥运会让他们坐到了谈判桌前。虽然核危机以及朝鲜和美国之间日益增长的仇恨不太可能通过体育比赛完全化解，但即将于2月8日开幕的韩国平昌冬奥会很有希望成为实现和平的外交舞台——哪怕只是暂时的和平。

正如本段引文所说，顾拜旦相信奥林匹克运动确实可以实现这样的目标。为了强调这一点，他在1896年为美国《世纪杂志》写了一篇4600字的文章。这篇文章总结了于希腊雅典召开的第一届现代奥运会的始末，并提出了这样的观点：这场盛会有利于促进全世界实现和平这一更伟大的目标。以下是文章的结尾段落：

"正因为抱着这样的想法，我才想要重振奥林匹克运动会。经过一番努力，我成功了。我相信，在所有文明国家的帮助下，这种制度一定能繁荣起来，或许还会成为确保世界和平的一个有力的（假设它是间接促进和平的话）因素。战争爆发是因为国家之间存在误解。只有把现在分隔不同种族的偏见消除之后，我们才能拥有和平。为了达到这一目的，还有什么方法比定期把所有国家的青年聚集在一起，进行友好的力量和灵活性的较量更好呢？古代奥运会掌管了体育运动，促进了和平。为了未来的福祉而以史为鉴，这其实算不上什么远见卓识。"①

1月9日

文明的未来既不建立在政治基础上，也不建立在经济基础上。它完全取决于教育发展的方向。

　　从 1894 年创立到 1924 年在巴黎举行的第六届奥林匹克运动会，顾拜旦领导了现代奥林匹克运动的最初三十年——他于六十二岁退休。1925 年 5 月，他在布拉格市政厅的最后一次代表大会上发表讲话，为这些年间的奥林匹克运动总结致辞，并展示了一幅对未来至为重要的愿景。以下是这篇演讲的节选：

　　"最重要的是，我希望能利用我所剩的时间，尽我所能，尽快完成一项紧迫的任务——建立一门教育哲学。这门哲学能带给我更清晰的头脑和更冷静严谨的思辨能力。在我看来，文明的未来既不建立在政治基础上，也不建立在经济基础上。它完全取决于教育发展的方向。对于社会问题本身，我们不可能在教育之外找到任何持久的解决方法。这就是第一个发出信号的国家或阶层必将领导新欧洲的原因。这种努力是值得的。"

　　他于 19 世纪 80 年代开始了作为教育改革家的职业生涯，而奥林匹克运动会的发展则得益于他普及体育与教育之间的联系这一愿望。

----

　　① 摘自《世纪杂志》月刊，第三十一卷，1896 年 11 月至 1897 年 4 月，第 39–53 页。

离开奥林匹克运动界后，他又回到了他最初的挚爱——教育事业当中。但他也为奥林匹克大家庭留下了一条讯息，在其中他强调了教育与体育之间联系的重要性，并指出这种联系需要人们更多的关注。当时奥运会广受欢迎，庆典和赛事占据了主导的地位，以至于人们对教育的重视几乎消失殆尽。如果顾拜旦能目睹当今的奥运会，他一定会惊叹于它们的范围之广、规模之大和影响之深远。但他也很有可能会因为教育并没有如他所愿成为奥林匹克运动的核心使命而深感失望。

1 月 10 日

更快，更高，更强。

CITIUS, ALTIUS, FORTIUS——更快，更高，更强。这是奥林匹克运动会的官方格言。

在 19 世纪 80 年代和 90 年代初，皮埃尔·德·顾拜旦男爵曾致力于将体育融入法国的公立学校体系。他早期的重要盟友是一位多米尼加的神父，名为亨利·迪东。他是一位著名的演说家，是畅销书《基督的一生》的作者，还是一所学校的校长。他用他的版税收入为他的学生修建了体育馆和运动场。在一场巴黎附近多所学校联合举办的校际越野赛跑中，顾拜旦第一次听到迪东对他的学生们说出这句名言。顾拜旦对这句简洁而鼓舞人心的座右铭大加赞赏，于是提议将它作为奥林匹克运动会的官方格言。顾拜旦曾在 1931 年为洛桑《国际体育教育公报》撰写的一篇关于格言的文章中这样写道：

"在我们这个时代，人们已经不再学习拉丁语，并且相信即便将它忘却也不会带来任何恶果——这毫无疑问是种浅薄的误解。尽管如此，人们仍然会出于对声望和简洁的需要，继续向它索求格言。简洁就是格言的首要特征。

CITIUS, ALTIUS, FORTIUS——这是近些年的体育格言中资历最老的一句，可以追溯到大约三十五年前。它的作者是著名的多米尼加修道会的神父迪东，时任巴黎附近阿库埃尔学校的校长。这位颇具男子气概的伟大的使徒将体育的复兴看作一种强有力的教育工具，并毫不犹豫地加以利用。在一次由学生举办的校际运动会上，他在发表颁奖演说时忽然使用了这三个比较级的形容词。从那一刻起，体育记录在古典风格中寻得了荣耀。它们的本质特征可以用简洁的三个词概括。这句新格言的流传之广和影响之大远超其作者想象——奥林匹克主义将它纳为自己的一部分，并传播到世界各地。直到今天，这一铿锵有力的号召仍在所有国家的青年们耳畔回响。它与五个具有象征意义的圆环交织在一起，在世界的每一个角落宣告着体育运动的伟大胜利。它被不断打破的速度、耐力和力量的记录包围着，忧心忡忡的教练们对此发出徒劳的抗议，而那些认为记录在体育生涯中至关重要，非凡的能力对任何日常活动都至关重要的人却为之鼓掌喝彩。"

1月11日

要求世界人民相互尊重并不是不切实际的空想。但在相互尊重之前，他们必须先相互了解。

作为一名理想主义者，顾拜旦相信人与人之间的接触能带来最好的可能性。他并不总是一名乐观主义者，但他相信体育蕴含着巨大的变革力量。将一生心血用于促进国际竞赛后，他便知道将人们——特别是来自不同文化背景而致力于在同一领域中成就卓越的人们聚在球场上，可以帮助他们拉近距离、克服分歧、建立相互尊重的关系，从而使友谊生根发芽。作为一名理想主义者，顾拜旦认为奥运会的独特之处在于它能将所有国家最优秀的运动员聚集在一起，它的目标十分明确，那就是颂扬我们共同的人性和我们最崇高的目标——这样必将促进国家间的相互了解，建立更加紧密的国际关系。

1935 年，顾拜旦时年七十二岁，这是他去世的前两年。他对自己发起的运动与国家间的和平寄了厚望。在他为《瑞士体育报》撰写的一篇关于现代奥林匹克主义的哲学基础的长文中，他用这样一句话概括了他的哲学思想的核心："历史也是和平的最佳保障。"

1 月 12 日

奥林匹克理念是以公平竞争的精神和美学意义上的优美为基础的强大的体育文化理念。

1908 年的奥运会主办权最初被授予意大利罗马。但由于 1906 年 4 月 5 日维苏威火山爆发，意大利政府不得不挪用资金重建那不勒斯，他们请求顾拜旦另选一个主办城市。在短时间里，英国站了出来。顾拜旦在英国重新发现了他在 1883 年第一次访问拉格比公学时便非常欣赏的先进体育文化。在对英国皇室和伦敦奥组委的讲话中，顾拜旦表示，希望 1908 年奥运会能够鼓励世界各地发展强大的体育文化。

他在讲话中含蓄地表示英国已经拥有了这种文化。在他看来，强大的体育文化是建立在一套被他称为"骑士制度"的共同规则的基础上的，公众对体育活动的广泛参与。

"在我们看来，奥林匹克的理念是强大的体育文化理念。它部分基于骑士精神——我们在此可以愉快地称之为公平竞争，部分基于对优美的崇拜这一美学理念。我并不是说古人从未辜负过这一理想。"

从这句话来看，顾拜旦基本上承认了英国人是世界体育文化新秩序的先锋，这种新秩序建立在公平竞争和优美的基础之上，通过奥林匹克运动得以实现。同时，他也在一定程度上承认了自己对已经过时的语言仍怀有留恋。在19世纪上半叶，也就是顾拜旦出生之前，"骑士精神"这一词汇的使用频率达到了顶峰，随后便一直呈下降趋势。虽然不是那个时代的人，他仍坚持使用这个词。

今天的语录摘自顾拜旦在1908年奥运会上发表的一篇题为《奥林匹克理想的受托人》的演讲。这篇演讲稿曾刊登在当年的《奥林匹克评论》上。

1月13日

体育为每一位男人、女人和儿童提供了自我完善的机会。

在顾拜旦六十七岁那年出版的《奥林匹克回忆录》中，他回归了自己最喜欢的议题：体育对每个人都有益处，每个参加体育运动的人都能从中受益。尽管出身贵族，顾拜旦在年轻时便吸纳了法兰西第三共和国倡导的自由、平等、友爱的价值观，并终其一生为工人阶级的共同利益而奋斗，同时致力于推广体育应该在任何平等社会中拥有一席之位的理念。

"体育为每一位男人、女人和儿童提供了自我完善的机会。这与职业或现实生活中的地位无关。它是一种全人类平等享有的权利，没有任何东西可以取代它。"

1 月 14 日

奥林匹克主义是一种以尊重人的尊严为基础的生活方式。

奥林匹克主义是皮埃尔·德·顾拜旦创造的一个词，用于形容他的人生哲学。这门哲学为发展到现代阶段的奥林匹克运动提供了思想基础。顾拜旦哲学的核心是尊重每个人的尊严，承认每个人生命的尊严。这句话是国际奥林匹克学院的学者对顾拜旦思想的一种诠释。它与《奥林匹克宪章》的内容密切呼应。该宪章阐明了指导当今奥林匹克运动的原则，旨在确保奥林匹克运动忠于顾拜旦的理想。

"奥林匹克主义是一种基于对人的尊严和对基本的普遍伦理原则的尊重、基于努力和参与的乐趣、基于优秀榜样的教育作用，基于人与人之间相互理解的生活方式。"[1]

---

[1] 摘自国际奥林匹克学院 2002 年出版的《奥林匹克运动》。

Kindred Spirits

1月15日

人们因害怕彼此而憎恨彼此；因不了解彼此而害怕彼此；因不接触彼此而不了解彼此。

"人们因害怕彼此而憎恨彼此；因不了解彼此而害怕彼此；因不接触彼此而不了解彼此。"

——小马丁·路德·金

今天的这句话出自一位特邀演讲嘉宾之口，他的理念在很多方面都与皮埃尔·德·顾拜旦的哲学紧密相连——他就是小马丁·路德·金博士。为了庆祝这一国家法定节假日，我们在此向金博士致敬，并承认这个国家今日的繁荣要归功于他卓越的道德领导、鼓舞人心的演讲和最终的英勇牺牲，我们都对他有所亏欠。这句话摘自金博士于1957年4月25日在纳什维尔的基督教信仰与人类关系会议上的演讲。他在题为《教会在面对美国主要道德困境时的作用》的讲话中痛斥了种族隔离的弊端，正如他毕生所做的那样。

从这段简短有力的陈述中，我们可以清楚地看出金博士在呼吁种族间要进行定期接触。事实上，他的下一句话便阐明了这个最基本的观点："只有保持沟通渠道的开放，我们才能相互了解。"

我们不需要很费力就能从皮埃尔·德·顾拜旦的语录中找到相对应的话，因为奥运会的全部目的就是推动世界人民在友谊与和平中走到一起。正如1月8日的语录中所说，顾拜旦从一开始就致力于改善种族关系："战争爆发是因为国家之间存在误解。只有把现在分隔不同种族的偏见消除之后，我们才能拥有和平。为了达到这一目的，还有什么方法比定期把所有国家的青年聚集在一起，进行友好的力量和灵活性的较量更好呢？"

他们观点的一致表明顾拜旦和金在许多方面是志趣相投的——尽管他们出生的时间相隔六十六年，成长环境迥异。从一开始，顾拜旦就要求奥运会对所有人一视同仁。"奥运会是全球性的"，他曾这样说过，"所有人都有资格参加，这点毫无争议。"

事实上，奥运会作为一个包容各种族、促进体育发展的广阔平台，其对非裔美国运动员的接纳远早于任何大型体育赛事和机构。历史上第一位获得奥运奖牌的非裔美国人名叫乔治·波吉，他在1904年圣路易斯奥运会上获得了400米栏的铜牌。1924年，威廉·德哈特·哈伯德在巴黎奥运会上赢得跳远金牌，他由此成为第一位非裔美国奥运金牌获得者。1947年，当美国职业棒球大联盟在欢庆杰基·罗宾森打破了球场上的种族隔离时，我们也不应该忘记杰基的哥哥马克曾在11年前的柏林奥运会200米比赛中跑出了仅次于杰西·欧文斯的好成绩。当杰西·欧文斯在柏林奥运会上获得四枚金牌时，小马丁·路德·金才七岁，而欧文斯和他的 17 名非裔美国队友总共获得了 14 枚奖牌，占美国队奖牌总数的 25%。

在我们缅怀金博士的这一天，不难想象，在他充满活力的一生中，他曾对他的兄弟姐妹们在顾拜旦创造的全球大舞台上的表现感到无比自豪，并深受鼓舞。

注 1：马丁·路德·金纪念日是美国联邦法定假日，纪念民权运动领袖小马丁·路德·金的生日。日期定为一月的第三个星期一，是在他的生日 1 月 15 日左右。

注 2：杰基·罗宾森，原名杰克·罗斯福·罗宾森，是美国职棒大联盟现代史上第一位非裔美国球员，在 1947 年 4 月 15 日罗宾森穿着 42 号球衣以先发一垒手的身份代表布鲁克林道奇队上场比赛，之前黑人球员只获准在黑人联盟打球。因此杰基·罗宾森踏上大联盟舞台被公认为近代美国民权运动最重要的事件之一。

注 3：杰西·欧文斯，原名詹姆斯·克里夫兰·欧文斯，美国非裔田径运动员和民权运动领袖。现代奥林匹克史上最伟大的运动员之一。他参加了德国举办的 1936 年夏季奥运会，取得了令人瞩目的 4 枚奥运金牌，分别是男子 100 米、200 米，跳远和 4×100 米接力。

1月16日

健康的民主与明智的、和平的国际主义是道德力量的要素，它必将引领和保证体育运动走向复兴。

当我刚开始认真收集顾拜旦的语录并深入挖掘他的著作时，我惊讶地发现他经常把体育与民主联系在一起。现在想来，我实在不该感到惊讶。因为他不仅仅是一位教育改革家，还是一位政治改革家——他相信现代民主是实现人人平等的最佳模式。在他的职业生涯中，他不断努力为社会和平做出贡献，致力于为全体公民建设一个更好的社会。对顾拜旦来说，这意味着参与体育运动。他认为体育的核心教育意义在于团队合作、理解个人的角色、为共同的目标而努力。这些因素对于培养年轻人成为好公民、在同龄人中找到自己的位置以及巩固世界各地新兴的民主具有重要意义。这句引文是他主张将民主、体育与和平联系在一起，迈向新未来的一个经典例子。

1894年11月，他在希腊雅典帕纳索斯文学协会的一次演讲中引用了这句话。他前往雅典是为了给1896年奥运会争取支持，却遭遇了政治反对势力。当然，他在雅典也成功吸引了一群观众，他们为自己的希腊祖先既创造了民主又创造了奥运会而感到无比自豪。

"先生们，我要从这些思想中汲取道德力量的要素，这些要素必将引领和保证体育运动走向复兴。健康的民主与明智的、和平的国际主义将迈入全新的体育场。它们将在那里颂扬荣誉和无私的精神，由此体育运动便能够完成它改善道德、促进社会和平和增强人类身体素质的任务。这就是为什么每隔四年，重启后的奥林匹克运动会必将为全世界的青年提供一处众人其乐融融、亲如手足的聚会场所。在那里，人们对彼此的无知将会消失。正是这种无知延续了古老的仇恨，加深了误解，造成了战争等野蛮事件。"[①]

1月17日

如果你想达到一个目标，那就设一个超越它的目标。人如果不付出很多的努力，就不会获得足够的成就。

皮埃尔·德·顾拜旦男爵经常在他的著作中像教练一样提出建议，以此激励所有追随他的人在他们生活中的方方面面追求卓越。虽然奥运会选手的水平不是每个人都能达到的，但每个人都可以志存高

顾拜旦男爵亲手绘制的藏书票。
图中上方文字意为"皮埃尔·德·顾拜旦藏书"，下
方文字为男爵的个人座右铭"看得长远，说得直白，
做得稳妥"。摘自《奥林匹克主义——顾拜旦文选》。

[①]　摘自《新奥林匹克主义：对雅典人民的呼吁》，《雅典信使报》，1894 年。

远，并在自己的生活中达到一定程度上的卓越。今天的这句语录呼应了顾拜旦本人的座右铭："看得长远，说得直白，做得稳妥。"如果你翻开顾拜旦私人图书馆中的一本书，你会发现这句话就写在他的藏书票上。男爵亲手绘制了这张藏书票，并把他的这句座右铭写在了家族纹章的条幅上。顺便一提，这件蓝底上绘有9个金色扇贝壳的盾形纹章是1477年由法国国王路易十一授予男爵最早的法国祖先皮埃尔·弗莱迪的，整个家族由此被封为贵族。

"正如一位教育家所说，如果你想达到一个目标，那就设一个超越它的目标。在不可避免的现代骚乱中，只有通过将力量结合或施以过度的相反力量才能实现平衡。人如果不付出很多的努力，就不会获得足够的成就。"[1]

1 月 18 日

啊，体育，你就是和平！ 你在各民族间建立愉快的联系。你在有节制、有组织、有技艺的体力较量中产生，使全世界的青年学会相互尊重和学习，使不同民族特质成为高尚而公平竞赛的动力！

本着朝韩两国之间建立的奥林匹克缓和关系的精神，同时，鉴于两国共同发布的将于2月9日作为一个团队参加开幕式的联合声明，我们今天将继续探讨贯穿顾拜旦著作始终的"通过体育实现和平"这一主题。今天引用的是他著名的获奖诗作《体育颂》中的另一段话。

---

[1] 摘自《新格言》，这是男爵于1931年在《国际体育教育公报》上发表的一篇文章。

他在 1912 年的斯德哥尔摩奥运会上以乔治·赫罗德和 M·艾歇巴赫的双重笔名将这首诗提交给了奥林匹克艺术竞赛。请注意，这条讯息与今天在韩国平昌冬奥会上呈现的情景直接相关。

"啊，体育，你就是和平！ 你在各民族间建立愉快的联系。你在有节制、有组织、有技艺的体力较量中产生，使全世界的青年学会相互尊重和学习，使不同民族特质成为高尚而公平竞赛的动力！"

1 月 19 日

要唤醒青年心中的美感，就是要使个人生活更美好，社会生活更完善。

皮埃尔·德·顾拜旦男爵的父亲是一位古典主义风格的画家，其创作主要关注宗教题材，但他也给儿子灌输了对美学的深刻理解，以及美在振奋灵魂和丰富生活方面所能发挥的作用。皮埃尔在巴黎长大——当时的巴黎已经成为我们今天所熟知的现代化的辉煌之都。在这种环境下，他很早就学会了尊重建筑之美在日常生活中的作用。作为一名教育工作者，他不仅想把体育融入教育，也想确保艺术在课堂中有一席之位。当然，在奥林匹克运动会上，他毕生都在致力于维系体育与文化之间的联系。

"如果要从艺术在教育中所扮演的角色来定义艺术，我认为艺术首先是美感……要唤醒青年心中的美感，就是要使个人生活更美好，社会生活更完善。"①

---

① 摘自《教育中的艺术》，这是于 1901 年出版的顾拜旦所著的《公共教育笔记》中的一章。

1 月 20 日

奥林匹克主义是一种生活哲学，它使人的身体素质、意志强度和思想水平得到全面的提高和统一。

皮埃尔·德·顾拜旦男爵不仅创办了现代奥运会，还创造了一种任何人都能遵循的人生哲学。虽然引言部分强调的是他的哲学中的个人方面，但这种哲学的雄心和影响是全球性的。事实上，奥林匹克主义可以概括为从个人走向世界的五个步骤。首先是人类的卓越，这是每一位有志于成为奥运选手的运动员必须具备的品质。随后，奥林匹克精神由卓越走向相互尊重——运动员必须对比赛规则和对手抱有基本的尊重。在相互尊重中，顾拜旦预见到友谊的种子将会发芽。从世界各地运动员之间的友谊中，他又看到了增进国际理解的可能性。最后，顾拜旦怀着他的理想主义，坚信奥林匹克主义可以为世界和平做出贡献。

虽然有些人可能会对这五步理想的进展嗤之以鼻，或者质疑它能否通过体育促进和平，但它目前正在对朝韩两国之间的奥运友好关系产生重要影响。不论平昌在奥运会之前发生过什么，在奥运会之后会发生什么，奥林匹克精神都将永远流传。它和体育一样永恒，和奥林匹克运动本身一样不朽。正如奥林匹克主义将继续帮助个人实现生活的平衡那样，它也将继续作为一个沟通平台，帮助世界弥合分歧，发现共性，化解敌意。

"奥林匹克主义是一种生活哲学，它使人的身体素质、意志强度和思想水平得到全面的提高和统一。奥林匹克主义将体育、文化和教育相结合，力求创造一种新的生活方式——其基础是在努力中获得

22

的乐趣、优秀榜样的教育作用和对基本的普遍伦理原则的尊重。"①

1月21日

为什么奥林匹克运动应该获得诺贝尔和平奖?

有一些人在关注着朝韩关系的缓和,却对这项出人意料的和平倡议应当归功于奥林匹克运动的想法嗤之以鼻。怀疑论者们会说,奥运会是关乎运动,而非和平的;是关乎竞争,而非外交的;是关乎竞技,而非政治的。也许他们说得对。也许让朝鲜坐到谈判桌前的只是所有剑拔弩张的危机和带有威胁口气的新闻标题。也许等到两周后平昌奥运会结束时,这种友好关系也将随着奥运圣火的熄灭而不复存在。

但是,不可否认的是,奥运会现在正处于这一切的中心——事实上,它们所扮演的角色也反映了它们的终极使命。创立奥林匹克运动的初衷是为了建立一个更美好的世界,或者引用奥林匹克宪章中铿锵有力的陈述:"让世界各地的体育运动为人类服务,以建立一个更美好、更和平的世界,维护人类的尊严。"

1894年6月16日,巴黎索邦大学圆形剧场里的两千名观众纷纷起立鼓掌响应顾拜旦男爵以现代形式复兴古代奥林匹克运动会,通过体育运动使我们的世界在友谊与和平中团结起来这一提议。当晚,七十三名奥林匹克代表大会荣誉代表坐在了观众席的前排,他们中一半以上的人都是当时迅速发展的和平运动的直接功臣。

----

① 摘自《奥林匹克宪章》基本原则第二条。《奥林匹克宪章》是全世界奥林匹克运动的指导文件。

授予加拿大医学家弗雷德里克·班廷的诺贝尔奖奖章。照片现由托马斯费雪善本图书馆存档。

事实上，在 1901 年首次颁发的诺贝尔和平奖的十三位获奖者中，有六位曾在那一晚支持过顾拜旦的设想。如果你了解现代奥林匹克运动的真正起源，你就会知道它是在当时更大范围的和平运动的直接赞助和全力支持下诞生的。

时间回溯到五年前，在埃菲尔铁塔首次亮相的 1889 年巴黎世界博览会上，年仅二十六岁的青年顾拜旦曾组织了一次体育大会，并参加了更具影响力的世界和平大会——这是和平运动的第一次国际性会议。在会上，他专心地听完了自己的导师——法国前总理朱尔·西蒙发表的主题演讲。

那场和平大会是由法国运动界的老前辈弗雷德里克·帕西和英国同等量级的人物霍奇森·普拉特共同组织的。在他们最忠实的支持者中，有埃利·迪科门——引领国际和平局走向未来的领导者；有弗雷德里克·巴耶尔和亨利·拉·方丹——两位来自丹麦和比利时议会的知名和平主义者；还有无与伦比的贝尔塔·冯·苏特纳——她的小说《放下武器！》于和平大会召开的第二年成为畅销书，而她本人也于 1891 年在罗马举行的第二届世界和平大会上发表了主题演讲。

他们所有人都将看到顾拜旦的奥林匹克梦中所蕴含的智慧与它促进和平的潜力，并且将与顾拜旦一起，在那个辉煌的六月之夜于巴黎索邦大学相聚。当阿尔弗雷德·诺贝尔开始颁发他的和平奖时，帕西在 1901 成为第一批获奖者中的一员，与他一同获奖的还有红十字会的创始人亨利·杜南；迪科门于 1902 年获得了诺贝尔和平奖；冯·苏特纳于 1905 年获得了诺贝尔和平奖；巴耶尔于 1908 年获得了诺贝尔和平奖；国际和平局于 1910 年获得了诺贝尔和平奖；方丹于1913 年获得了诺贝尔和平奖。

今天的问题不是国际奥委会是否应该获得诺贝尔和平奖，而是为什么它至今还没有获得该奖。考虑到奥运会的终极使命，早在 1912 年斯德哥尔摩奥运会时，或者在 1920 年安特卫普奥运会上，当顾拜旦的奥林匹克理想兑现它通过体育实现和平的承诺，展示出它百折不挠的韧性时，国际奥委会就应该是显而易见的和平奖得主。

颇具讽刺意味的是，当皮埃尔·德·顾拜旦男爵最终被德国人提名为 1935 年诺贝尔和平奖的候选人时，他已年迈退休，穷困潦倒，孤身一人。随着第三帝国崛起掀起的政治波澜，1936 年奥运会的主导权也落入了第三帝国手中。顾拜旦因此与获奖的机会失之交臂，而这个奖项则颁给了被纳粹监禁的记者卡尔·冯·奥西茨基。

当顾拜旦发起奥林匹克运动会时，对和平的热情是他最大的动力："战争爆发是因为国家之间存在误解。只有把现在分隔不同种族的偏见消除之后，我们才能拥有和平。为了达到这一目的，还有什么方法比定期把所有国家的青年聚集在一起，进行友好的力量和灵活性的较量更好呢？"

如今，鉴于世界终于有机会通过朝鲜半岛对话重新审视他留下的精神财富，现在是时候纠正这个 125 年前遗留下来的国际性疏漏了。奥林匹克运动应该获得诺贝尔和平奖。

1 月 22 日

我很快就确信，把奥林匹克主义的大本营永久地、专门地设在希腊，对我的工作来说无疑是毁灭性打击。因此，我在短短几天的时间里下定决心，要竭尽全力与奥林匹克主义发展道路上出现的所有障碍做斗争。

　　试想一下，如果你创办了像现代奥运会这样的重大项目，却没有得到任何赞誉。试想一下，在你所创造的盛事的首次举办之日，七万名观众聚集在体育场里，你梦想中的体育荣耀时刻在你眼前化作现实，而你却被晾在一旁。人们不仅不承认这场盛会是由你所创，甚至还有当地媒体给你贴上小偷的标签，指控你窃取了他们的正当成果。这就是皮埃尔·德·顾拜旦男爵在 1896 年的雅典首届奥运会的头几天所遭遇的情况。当意识到在奥运会期间与希腊王室争夺控制权是不可能的事后，这位男爵做出了一件我们中很少有人能做到的事情：用现代术语来说，他抛弃了自我意识，转而扮演一位亲切的客人角色，同时静待时机，等奥运会结束后再重新确立自己的权威地位。在闭幕晚宴上，希腊国王乔治对整场盛会的成功举办感到十分兴奋，并宣布了他让雅典成为未来每一届奥运会的"合法的、永久的主办国"这一打算。几天后，顾拜旦给他写了一封信，信中满载感激与赞扬之情，最后坦言他期待四年后在巴黎参加 1900 年奥运会时再次见到国王。

后来，男爵在他的奥运回忆录中写道，奥运会自诞生之日起就是一场旷日持久的斗争。除了与希腊人之间的纠葛，在奥林匹克运动的第一个十年里，美国人也曾企图将它霸为己有。为了消除创办奥运会以及将它推向世界是件很轻松的事这样的误解，我们将在接下来的语录中加入一些能够反映男爵奋斗之艰苦的内容。

1月23日

从一开始，我就相信复兴后的奥林匹克主义已经广大到足以涵盖全世界。

对皮埃尔·德·顾拜旦男爵来说，奥林匹克运动会自始至终都是面向全世界的。在他将体育传播到地球上每一个角落的愿景中，普遍主义是一个不可否认的原则。随着1936年柏林奥运会引发争议，一些批评人士认为奥运会只是一种时尚，会随着时间的推移而逐渐消失。对此男爵回应说，他拒绝承认奥林匹克运动只是一种转瞬即逝的潮流。以下这段较长的引言摘自他于1936年为《柏林午间报》所写的一篇题为《运动进步的起源与局限》的文章。

"从一开始，也就是四十多年前，我就相信复兴后的奥林匹克主义已经广大到足以涵盖全世界。我将奥林匹克主义看作一种保障……以对抗……任何有可能突然扩散开来的敌意。某种趋势一旦席卷全球，就很难再将它摆脱。事实上，随着时间的推移，时尚对于体育发展来说已不再那么重要，因为体育往往会成为个人的一种习惯，随后变为一项需求。"

这是一幅描绘奥林匹亚宙斯神像的插图。该神像为古希腊雕刻家菲迪亚斯的作品，由黄金和象牙打造而成，虽然神像于5世纪失踪，但它至今仍为古代世界七大奇迹之一。

《赫尔墨斯与小酒神》，一般认为作者是古希腊著名雕刻家普拉克西特列斯。这件作品1877年出土于赫拉神庙遗址，目前藏于奥林匹亚考古博物馆。（摄影者：安迪·蒙哥马利）

1月24日

在从古到今的历史中，没有什么比奥林匹亚带给过我更多的思考。这座梦幻之城，因其人性和物质形式而受到供奉……这座生命力的工厂，连同它的柱廊和门廊，不断出现在年少时的我的脑海里。

1874年，当皮埃尔·德·顾拜旦十一岁时，一支德国考古队开始了对古奥林匹亚的为期六年的挖掘。深埋在45英尺[①]的地下，经历过地震的推挤和洪水的冲刷，经过漫长的十五个世纪，这座失落之城

---

① 45英尺约相当于13.716米

终于得以重见天日。从公元前 776 年到公元 392 年，奥林匹亚曾经是希腊世界的精神中心。那时奥运会每隔四年就会举办一次，这一传统持续了几乎十二个世纪之久，直到罗马基督教皇狄奥多西一世将其作为异教徒仪式取消。在公元前 5 世纪的鼎盛时期——也就是伯里克利、苏格拉底、柏拉图和亚里士多德所处的古典时期，奥林匹亚圣所拥有世界上最丰富的雕塑收藏，其中包括一尊令人叹为观止的、高达 50 英尺①的金象牙宙斯雕像，它是古代世界七大奇迹之一。

在一场古代战争中，宙斯雕像被作为战利品带走，圣所也遭遇了洗劫和破坏。但德国探险队并没有让人们失望——他们从这座古迹的穹顶下发掘出了 130 尊雕像、40 座纪念碑、6,000 枚硬币、13,000 件用于祭祀神话中诸神的青铜祭品和 400 个刻在石头上的古代奥运冠军的名字。1877 年 5 月 6 日，由恩斯特·库尔提乌斯领导的德国考古队在赫拉神庙发现了其中最宝贵的珍品——一尊由普拉克西特列斯所作的、保存相当完好的赫尔墨斯雕像。这尊赫尔墨斯雕像所在的确切位置和当时库尔提乌斯手中公元 2 世纪的保萨尼亚斯所著的《希腊志》中的记载完全一致。这次挖掘在欧洲掀起了一股追捧古典主义的狂热风潮，也激发了一个小男孩的想象力——就像顾拜旦在《一场二十一年的运动》一书中所证实的那样。

在同一段文字中，他写道："既然德国人使奥林匹亚的残迹重见天日，为什么法国人不能成功地重现它的辉煌呢？"于是他便那样做了，他让奥运会的辉煌重现在了现代世界。

---

① 50 英尺约相当于 15.24 米

1月25日

为什么我要复兴奥运会？为了提高和巩固体育运动的地位，为了确保体育运动的独立性和持久性，从而使体育运动更好地履行它在现代社会中应尽的教育职责。

作为现代奥林匹克运动的创始人，皮埃尔·德·顾拜旦经常被问及他复兴奥运会的动机。在这份决定性的声明中，他明确表示：在他的奥林匹克生涯中，他始终坚持自己作为一名教育改革家的初衷。对顾拜旦来说，体育是公立学校课程的重要延伸，是促进全人类智力、身体素质和情感发展的关键。在他看来，让体育为教育服务将有助于培养更优秀的公民，从而促进现代社会的发展——因为所有国家的青年都是从运动场上习得个人纪律和团队协作的。

1月26日

体育运动为社会教育提供了完美的平台。

在英国的学院和大学里，皮埃尔·德·顾拜旦找到了他人生使命的早期重点，那就是将体育运动引入法国教育。终其一生，他都是一名出色的运动员。他会拳击、击剑、划船、跑步、打网球，还能像牛仔一样骑马。他希望法国的孩子们在校期间也能参与到运动中来，从运动中获益，并学习体育教育中的所有课程。

1883年，时年二十岁的男爵参观了拉格比公学。在顾拜旦十几岁时，他曾读过法语版的《汤姆·布朗的求学时代》一书，因此对这所学校十分了解。在那里，他遇到了未来将成为他的典范的体育教育模式。在 1820 年代，拉格比公学的校长托马斯·阿诺德首次将体育运动与教育相结合（这其中的始末我在后文中会补上）。顾拜旦开始看到，体育运动和比赛不仅会影响人们的身体健康状况，也会影响社会教育，教会竞争者如何合作、适应、相处并实现共同目标。

在他最早的几篇关于具体改革措施的文章中，他开始向法国读者们阐释他在英国运动场上所注意到的体育能够带来的更加广泛的社会效益。以下文段节选自 1887 年一篇关于英国教育的文章。这篇文章发表在社会变革前沿思想的主要论坛——《社会变革》杂志上。

"体育运动也为社会教育提供了完美的平台。学生们成立了自己的运动协会，他们对组织比赛全权负责。他们联合起来，选出他们自己的领袖，然后以出色的纪律服从他们。"

1 月 27 日

和平已经成为一种宗教，围绕在其祭坛周围的信徒一天比一天多。

1894 年 6 月，皮埃尔·德·顾拜旦男爵在巴黎索邦大学成功复兴奥运会，并将希腊雅典定为第一届现代奥运会的主办城市。在取得这场巨大胜利后，他不得不前往希腊，争取人民的支持，以对抗在那里形成的政治阻力。这是本系列第二次引用他于 1894 年 11 月 16 日在雅典帕纳索斯文学协会发表的演讲。我选取这段话既是因为它强调了和平，也是因为宗教这一比喻自身之美。这种可以将和平与体育运动——尤其是奥林匹克运动会联系在一起的想法在当时注定会引起希腊观众的共鸣，因为他们一直把土耳其的持续敌对视为一种威胁。这句话也预示了体育作为一种世俗宗教观念的发展——在接下来的四十年里，顾拜旦在他的著作中花费了大量笔墨扩展这一思想。关于这点，未来我们还会进行更多讨论。

这句话出现在《新奥林匹克主义：对雅典人民的呼吁》中，摘自 1894 年 11 月 16 日在雅典帕纳索斯文学协会发表的演讲。

1 月 28 日

啊，体育，你就是美丽!

作为古典世界的学生，皮埃尔·德·顾拜旦男爵一次又一次地回归体育美的主题并不令人意外。毕竟，创办了奥运会的古希腊人也创造了西方世界最早的美学理论。亚里士多德在他的《形而上学》中写道，秩序性、对称性和确定性是美的主要形式。詹姆斯·乔伊斯对亚里士多德的理论进行了现代解读。他这样写道："要想拥有美感，事物本身必须是完整的、和谐的、灿烂的。"当运动员在奥林匹克竞赛中发挥出卓越的表现时，顾拜旦看到了人体的美。当他看到当全世界齐聚一堂庆祝奥运会时，他清楚地看到世界是完整的、和谐的、灿烂的。

这是我们从皮埃尔·德·顾拜旦男爵的诗作《体育颂》中摘录的第二段引文，这首诗是他在 1912 年斯德哥尔摩奥运会上以乔治·赫罗德和 M. 艾歇巴赫的双重笔名提交给文化艺术竞赛的。就像我们在 1 月 18 日引用的那句话："啊，体育，你就是和平!"一样。

"啊，体育，你就是美丽！ 你塑造的人体变得高尚还是卑鄙，要看它是被可耻的欲望引向堕落，还是由健康的力量悉心培育。"

1 月 29 日

奥林匹克是一个普遍概念。

1910 年，皮埃尔·德·顾拜旦在《奥林匹克评论》上发表了一篇题为《所有体育运动》的文章。他认为有必要提醒所有人，奥运会是为所有现代体育运动设立的节日。他想要确保没有人把"奥林匹克"这个词用在单一的体育项目上，他还想要强调所有的体育项目都属于奥林匹克。这幅描绘早期奥林匹克运动会的插图就是很好的例证，随着时间的推移，奥运会的项目总是不断地改变，以纳入新的运动项目。这种灵活性在今天已经变得至关重要——因为我们期待看到冲浪、运动攀岩、滑板、空手道和棒球、垒球成为 2020 年东京奥运会的一部分。

这里还有更长的一段引文，可以将今天的语录与顾拜旦的主要论点联系起来。

"在一些国家，人们似乎很难理解奥运会是所有运动的盛会这一最原始和最基本的事实。然而过去的情况就是这样。即便不是伟大的学者，奥林匹亚的人们也都知道赛马和拳击比赛是紧接在竞走比赛之后举行的。因此，复兴奥林匹克运动会的基本宪章应该再次宣布这一合乎逻辑和合法的原则，没有人会对此感到惊讶。从一开始，人们就明白，现代奥运会将竭尽最大可能囊括当今世界各地所有形式的体

JEUX OLYMPIQUES. — Courses à pied : 1. Départ ; 2. Cross-country ; 3. Arrivée ; 4. Courses de haies. — Sauts : 5. Saut en hauteur ; 6. Saut en longueur ; 7. Saut à la perche. — Lancements : 8. Du poids ; 9. Du marteau ; 10. Du disque. — Lever : 11. Du sau lourd ; 12. Des haltères. — Tirs : 13. Au javelot ; 14. A l'arc. — 15. Lutte à la corde. — Football : 16. Une mêlée ; 18. Ballon de football (rugby) [le ballon de l'association est sphérique]. V. BOXE, CANNE, ESCRIME, EQUITA-TION, LUTTE, NATATION, SPORTS, TIR, VÉLOCIPÈDE, etc.

20 世纪早期描绘运动员参与各种体育项目的插图，摘自《奥林匹克主义——顾拜旦文选》。这张图片来自该书编辑诺伯特·穆勒的私人收藏。

育运动。'奥林匹克'这个词不能也不应该被用于各种体育运动云集的盛事之外的场合，这一点再怎么强调也不为过。奥林匹克是一个普遍概念。"

1 月 30 日

我相信体育运动的道德与和平的美德。

体育运动中所蕴含的美德很多，但其中有两种尤其让皮埃尔·德·顾拜旦满怀信心，那就是体育运动的道德教化和促进和平的属性。在他的职业生涯中，他对这些美德的信念都是不可动摇的。这些美德协助他创建了自己的奥林匹克主义哲学，并贯穿始终。它们是他创办奥林匹克运动会、坚持奥林匹克运动理念的基础。如今我们可以很明显地看出，他打算通过奥林匹克运动将体育的道德美德传播到每一个参加奥运会的国家，并在这一过程中协助鼓励和平事业的发展。

这句话出现在 20 世纪 90 年代末奥林匹克委员会制作的宣传册《国际理解和对世界和平的贡献》中。这句话可与 1 月 5 日的语录合并为以下完整的文段。

"我相信体育运动的道德与和平的美德。在赛场上，人们不再是政治或社会层面的友人或敌人，而只是同场竞技的运动员。"

1 月 31 日

我举杯敬奥林匹克理念。它像一束全能的阳光，穿越时代的迷雾，带着充满欢乐希望的梦想，重新照亮了 20 世纪的门槛。

截止到今天，我们开始学习顾拜旦语录已经一整个月了，是时候举杯庆祝一下了。

在 1894 年的那个晚上，皮埃尔·德·顾拜旦男爵成功地取得了举办现代奥林匹克运动会所必需的支持，因此他的祝酒词中充满了喜悦之情。为了体现他的口才，我们尽量保持文段的精简：

"在大会即将结束之际，电波将希腊奥林匹克主义在缺席了几个世纪后回归的消息传播到世界各地。我举杯敬奥林匹克理念，它像一束全能的阳光，穿越时代的迷雾，带着充满欢乐希望的梦想，重新照亮了 20 世纪的门槛。"[1]

----

① 这句话出自一段对 1894 年 6 月在索邦大学举行的奥林匹克代表大会的描述，摘自顾拜旦的《奥林匹克回忆录》。

二月

奥林匹克主义不是一种制度，而是一种心境。

没有任何一个种族或时代可以将它独占。

2月1日

在某一领域取得卓越成就会让人产生事事争先的欲望。

　　在皮埃尔·德·顾拜旦男爵职业生涯的早期，当他开始推动将体育融入法国教育体系的进程时，他曾断言体育锻炼和比赛为个人带来的好处远远超过了强身健体，并用余生将这个论点发扬光大。作为一名理想主义者，他相信将奥运选手提升到国际竞赛巅峰水平所需的训练和追求卓越的动力也能让他们在生活的各个方面受益匪浅。他满心相信，当那些在赛场上取得伟大成就的人们结束运动生涯后，他们也能在他们选择从事的任何职业中达到同等的高度。1887年，时年二十四岁的男爵在一篇题为《英国教育》的文章中首次提出了这一观点。这篇文章发表在处于社会变革前沿的法国进步杂志《社会变革》上。

　　为了提供更多背景信息，以下是一段较长的摘录：

　　"有人说，思想家和运动员的生活方式是完全对立的。就我而言，我倒是常常发现那些在体育锻炼中奋勇当先的人在他们的研究领域中也是佼佼者。在某一领域取得卓越成就会让人产生事事争先的欲望。"

2月2日

体育运动可以激发出人们最高尚的与最卑劣的激情；它们可以培养出无私和高洁的品质，就像它们可以培养出对财富的迷恋一样；它们可以是正直的，也可以是腐败的，可以是阳刚的，也可以是兽性的；最后，它们可以用于巩固和平，也可以用于酝酿战争。

皮埃尔·德·顾拜旦男爵认识到，体育可以被用作或善或恶的工具。从他的奥林匹克梦想诞生的那一刻起，他就打算确保世界上所有国家都把体育运动用于正确的目的，旨在创造体育竞赛的巅峰，建立国际友好的平台。虽然这段话摘自他的《奥林匹克回忆录》第二章《征服希腊》，但它最初出现在1894年的《奥林匹克公报》第二版中，该公报力图概述国际奥委会复兴奥林匹克运动会的意图。

2月3日

在每一届奥运会期间，我都会读到这将是最后一届奥运会的报道，因为……因为，如果你真的想知道的话，记者们（他们必须实事求是）的住宿条件总是很糟糕，还总会在餐馆里"被宰"，或者因为电报或电话出问题而无法正常工作。记者也是人，有点情绪无可厚非。

在平昌冬奥会即将开幕的这一周，我惊讶地发现媒体竟没有像往常一样发表对灾难的预测以及对奥运会即将终结的预言。这种令人耳目一新的趋势无疑得益于朝韩关系在奥运会期间缓和所产生的压倒性积极情绪，希望它能延续下去。看到来自朝鲜的奥运代表队带着灿烂的笑容抵达奥运村，人们更加坚信，唯有体育运动能把我们团结在一起。它还提醒我们，皮埃尔·德·顾拜旦男爵描绘的那个通过体育实现友谊与和平的理想在我们的世界中仍然发挥着重要的作用。

如果男爵能够见到今天这一切，他一定会非常高兴，尤其是对媒体没有像往常一样预言奥运会即将终结这一点。他在《奥林匹克回忆录》的最后一章中回顾了 1896 年到 1932 年间媒体对前九届奥运会的新闻报道，其中用非常人性化的措辞解释了这些负面奥运预言的来由。要我说，还带着点幽默感。

2月4日

奥林匹克主义仍然牢固地立足于面向新天地的坚实基础上。这就是为何在这里熄灭的火炬总能在别处重新点燃，此刻的风足以将火焰吹向地球上的每个角落。

当皮埃尔·德·顾拜旦男爵展望未来的时候，他相信奥运会将跨越新的地平线，并通过体育在全世界传播他的友谊与和平的信息。20 世纪 30 年代，当他的生命之光暗淡下来时，他想象着圣火照亮新的土地——那时 1940 年奥运会已计划在东京举办，这是奥运会第一次踏上亚洲的土地，这也激起了世界各地的人们对竞技体育的兴趣。

今天的引用出自《传奇》，顾拜旦的《奥林匹克回忆录》最后一章的最后一页。在此，我还要特别向我的朋友特伦斯·伯恩斯表示感谢。在 2010 至 2011 年间，特伦斯是平昌申奥活动的首席传播战略家和作家。他以"新天地"为主题，巧妙地呼应了顾拜旦对未来的展望。七年后，世界将在韩国跨越那些新的地平线。

2月5日

奥林匹克主义进入亚洲了！无论火炬是在现实中传递还是象征性地传递，它的意义都和它所唤起的精神力量的火焰是一样的。

大约 82 年前，也就是 1936 年，皮埃尔·德·顾拜旦男爵发觉自己心花怒放，因为奥运会即将踏上亚洲的土地。尽管他时年七十三岁，身体每况愈下，但他的文字中却明显透露出一种兴奋的情绪。在一篇发表在《体育杂志》上的名为《下一届奥运会将在东京举行》的文章中，男爵滔滔不绝地描述了 1940 年奥运会的前景。当然，这届奥运会因为战争而被取消了。在本周平昌 2018 年冬奥会即将开幕之际，回顾一下男爵早年对亚洲的热情似乎是再合适不过了。

"奥林匹克主义进入亚洲了！无论火炬是在现实中传递还是象征性地传递，它的意义都和它所唤起的精神力量的火焰是一样的。奥林匹克主义将在我们最纯粹的欧洲文明和最杰出的亚洲文明之间建立起联系。这是一个有益的、和平的日子，是人类命运中永远不会被忘记的日子。"

2月6日

奥林匹克主义是对爱好和平的、自信的年轻人的崇拜。

在第一次世界大战的余波中，在 1920 年安特卫普奥运会使奥林匹克运动完全恢复生机之前，皮埃尔·德·顾拜旦男爵回顾了现代奥林匹克运动的前 25 年历史，并宣布奥运会是一场青年的盛典。顾拜旦着眼于未来，希望全世界都能将所有奥运选手视为和平大使。对男爵来说，重要的是每个人都能认识到举行奥林匹克运动会的目的是表达对所有青年参赛者的敬意。这段话摘自顾拜旦于 1919 年 6 月 23 日发表的题为《奥林匹克运动会 25 周年宣言》的演讲。

"奥林匹克主义是对爱好和平的、自信的年轻人的崇拜。对于昔日的古老文明来说，和平与自信日益成为实用的工具，因为古老的文明也会偶尔缺乏力量。"

2 月 7 日

体育是培养勇气、活力和坚韧意志的学校。由于它们的本质，它们总会倾向于过度教学。

94 年前，历史上第一届冬季奥运会在法国霞慕尼落下帷幕。皮埃尔·德·顾拜旦和他在国际奥委会的同事们对成果感到十分欣慰。在闭幕式上的演讲中，顾拜旦对东道主"在这第一届冬季运动的奥林匹克盛会中体现出的技术完美程度"表示了"钦佩和感激"。他先是赞扬了运动员们展现出的才华和勇气，然后说，"在过去几天来观看比赛的众多观众中，有许多人都是第一次看到这些运动，他们之前从未想象过它们的美丽……体育是培养勇气、活力和坚韧意志的学校。由于它们的本质，它们总会倾向于过度教学"。

毫无疑问，在未来的两周里，观看平昌冬季奥运会的人们将再次被冰雪之上的勇敢壮举所震撼，也会对那些再次突破人类极限的奥运选手们充满敬佩之情。

2月8日

奥林匹克主义可以追溯到两千多年前，时至今日，它一如往昔般拨动着人们的心弦——它能满足一种人们最重要、最高尚的本能需求。

在我们期待明晚第二十三届冬奥会开幕的同时，也不妨回顾一下这一通过体育促进友谊与和平的现代运动诞生的故事。在将近一百二十四年前，皮埃尔·德·顾拜旦在巴黎索邦大学创立了现代奥林匹克运动会。那天晚上，他同样在回顾历史——跨越了二十个世纪的历史。他指出，奥林匹克理想的力量曾激励着古代的人们，正如它激励着今天的我们一样；他还注意到，奥林匹克运动满足了人类对竞争的重要需求，也为角逐出这世界上每一个体育项目中的佼佼者提供了一个崇高的平台。

"我们有机会把国际体育界的代表召集到一起，在没有任何争议的一致投票中，他们决定恢复一种可以追溯到两千多年前的理念。时至今日，这个理念一如往昔般拨动着人们的心弦——它能满足一种人们最重要的本能需求，不管其他人怎么说，这种本能也是最高尚的。"①

---

① 摘自 1894 年 6 月顾拜旦在巴黎索邦大学大会上的总结。

2月9日

奥林匹克主义不是一种制度，而是一种心境。没有任何一个种族或时代可以将它独占。

随着平昌冬季奥运会开幕式今晚开始，全世界数亿人将怀着敬畏之情观看这一盛会拉开帷幕。

在全球共享的奥运会体验中，他们将被各国的游行、升旗仪式、火炬传递和点燃仪式所吸引，还将欣赏到东道主韩国的文化表演。

当来自九十二个国家的优秀年轻运动员心怀他们崇高的梦想站在一起时，见证了这一非凡的人类庆典的世界各地的人民将充满希望。未来似乎更加光明，团结友好、和平统一的世界似乎指日可待。今晚，观众们将进入一种被皮埃尔·德·顾拜旦男爵称为奥林匹克主义的美好心境。

"奥林匹克主义不是一种制度，而是一种心境。无论多么不同的方法都可以被它接纳，没有任何一个种族或时代可以将它独占。"①

2月10日

奥运会是对过去的朝圣，也是对未来的信仰。

昨晚，在平昌冬奥会开幕式的进行过程中，很明显，我们既在庆祝盛大的传统，也在庆祝希望和梦想；既在庆祝古老的火种仪式，

① 这段话出现在顾拜旦于 1918 年发表的《奥林匹克书信（4）：奥林匹克主义是一种心境》中。

也在庆祝未来的体育壮举。我们沉浸在过去的辉煌中，对未来充满了憧憬。这段话摘自皮埃尔·德·顾拜旦男爵 1910 年为《奥林匹克评论》撰写的一篇关于"仪式庆典"的文章。

"在奥林匹亚，人们聚集在一起，既是为了朝圣过去，也是为了表达对未来的信仰。这当然也适用于现代奥运会。在转瞬即逝的一刻，它们的任务和命运就是将过去和未来统一起来。奥林匹克是最卓越的，是青春、美丽和力量的庆典。因此，我们必须尝试用同样的思路举行开幕式，探索那些仪式的秘密。"

2 月 11 日

奥运会是全球性的，所有人都必须有权参加，对于这点不能有任何争议。

现代奥林匹克运动会无疑是世界上最伟大的对于人类多样性的庆祝活动。从原则上来说，奥运会应该永远都是具有普遍性的，就像皮埃尔·德·顾拜旦男爵于 1925 年 5 月在布拉格的退休演讲中向他的同事们强调的那样。

"我们是否有必要回顾一下，奥运会不是任何国家或任何特定种族的财产，也不能被任何群体垄断。它们是全球性的，所有人都必须有权参加，对于这点不能有任何争议，就像无论公众舆论怎样波动变化、反复无常，所有的体育运动都必须被平等对待一样。"

2 月 12 日

古代运动员像雕刻家雕琢雕像一样雕琢自己的身体，以此向诸神表示敬意。现代运动员也以同样的方式向他的国家、他的种族与他的旗帜表达敬意。

平昌冬奥会再次提醒我们，卓越的运动荣誉是永恒的。当奥林匹克精神笼罩着韩国的群山时，我们这个时代最优秀的年轻运动员们重复着拥有近三千年历史的竞技仪式——当他们这样做的时候，他们也在为他们的国家争得荣誉，为他们的运动带来荣耀。皮埃尔·德·顾拜旦男爵在一篇于 1935 年发表在《瑞士体育报》上的有关现代奥林匹克主义哲学基础的文章中提出了这一观点。

"古代运动员像雕刻家雕琢雕像一样雕琢自己的身体，以此向诸神表示敬意。现代运动员也以同样的方式向他的国家、他的种族与他的旗帜表达敬意。因此，我相信我在创立现代奥林匹克主义之初重新唤起一种宗教情绪的行为是正确的。这种宗教情绪已经被我们这个时代的显著特征——国际主义和民主所改变和拓展了。然而，正是这种宗教情绪将渴望肌肉胜利的希腊年轻人引向了宙斯祭坛的脚下。"

2 月 13 日

仅仅因为一件事情很困难而爱上它是完全符合人性的。这就是体育的哲学。

在观看平昌冬奥会的观众中，没有人会问自己："这有什么难的？"简单来说，我们所见证的那些不可思议的运动壮举背后的难度是超乎想象的，正如皮埃尔·德·顾拜旦男爵所料想的那样。他知道人类的本性中有一种对挑战的热爱。他也知道，奥运会这一全球性的舞台能让每一代年轻运动员发挥出他们的最佳水平。

"（年轻人）服从一种具有双重效力的纪律，因为他们是自愿同意的……以无私的方式崇拜努力，仅仅因为一件事情很困难而爱上它是完全符合人性的。这就是体育的哲学，更是我们这个联盟的哲学。"

这段话摘自顾拜旦于 1892 年 11 月在巴黎索邦大学发表的演讲《现代世界的体育运动》，那是他首次提议复兴奥林匹克运动会。

2 月 14 日

体育运动是全人类与生俱来的权利，在同等程度上没有任何东西可以取代它。

19 世纪末，皮埃尔·德·顾拜旦男爵创办了现代奥运会，同时他还不得不与流行的观点做斗争。当时的人们普遍认为体育运动是一种奢侈的消遣活动，是有闲阶级的特权。在他的整个职业生涯中，"业余运动"一词的定义一直在变化，这意味着要将各种各样的群体排除在外。当顾拜旦在他的《奥林匹克回忆录》中谈起早些年那些"战斗"时，他仍然坚信参与体育运动是每个人都必须享有的权利。

"体育运动为每一位男人、女人和儿童提供了自我完善的机会。这与职业或现实生活中的地位无关。体育运动是一种全人类平等享有的权利，在同等程度上没有任何东西可以取代它……体育运动是所有种族与生俱来的权利。"

2 月 15 日

国际主义是一种趋势，它源自人类内心深处对和平与博爱的深切需求。

奥运会显然可以被视为 19 世纪末出现的国际主义浪潮的副产品——那时各国都在寻求跨越国界，与其他国家合作，以减少敌对行动，建设一个更美好的世界。1894 年，皮埃尔·德·顾拜旦男爵将奥林匹克运动会直接放在了这一新兴现象的背景之下。

"当然，国际主义被理解为对本国的尊重，而不是破坏。这种趋势源自人类内心深处对和平与博爱的深切需求……这就是为什么每隔四年，恢复后的奥林匹克运动会必将为全世界的青年提供一处众人其乐融融、亲如手足的聚会场所。在那里，人们对彼此的无知将会消除。正是这种无知延续了古老的仇恨，加深了误解，促成了战争等野蛮事件。"

以上段落摘自 1894 年发表于《雅典信使报》上的一篇题为《新奥林匹克主义：对雅典人民的呼吁》的文章。

2月16日

体育运动需要冠军和记录；体育运动之所以能让人们变得更加强壮和健康，正是因为它具有美丽而真实的残酷一面。

1924年2月5日，当第一届冬季奥运会在法国霞慕尼落下帷幕时，皮埃尔·德·顾拜旦男爵回顾了在这场盛会中创造的新纪录以及加冕的新冠军，思考了这些榜样将如何激励其他人在未来取得更大的成就，同时在追求成就的过程中变得更强壮、更健康。在最后的讲话中，他也承认了"体育运动美丽而真实的残酷一面"会带来失败的严峻现实。正如我们在平昌以及过去的每一届奥运会中所看到的那样，对于那些距领奖台仅一步之遥的人们来说，对人类运动表现新高度的追求往往也会以惨痛的结局告终。

2月17日

每个人都是伟大的人类交响乐团中的一员。

我们很少能在世界范围内感受到人类的团结。能够在一瞬间将数十亿人联系在一起的共同经历确实很难得。奥林匹克运动会就是为此而生的。奥运会让我们彼此相连，通过它们讲述的故事将我们团结起来——因为我们每一个人都能从这些故事中认识到自己的一部分以及我们共同的人类经历。无论你为哪位运动员加油，关注哪项运动，来自哪个国家，奥运会都会以一种不可言喻的方式将你和全世界联系在一起。皮埃尔·德·顾拜旦知道奥林匹克运动会有能力将我们团结起来，让我们在比赛中那些转瞬即逝的瞬间体会到我们是更伟大的存在的一部分。

在顾拜旦的《奥林匹克回忆录》中，他将自己一生的工作称为"未完成的交响曲"。在同名的章节中，他写到了人类的团结，我们是如何被联系在一起的，以及我们中只有少数人能在这座全球性的舞台上享受片刻。那时他的语气是哀伤的，但如果他能活到今天，看着全世界最优秀的冬季运动员在世界舞台上竞技，他的内心一定会充满喜悦。因为这正是他那曲伟大的交响乐所要传达给这颗星球上所有人的讯息。

"每个人都是伟大的人类交响乐团中的一员。不得不承认，我们大多数人都扮演着非常次要的角色。不是每个人都能融入其中，有些人永远也找不到属于自己的位置。很少能有人被命运眷顾到可以自己作曲的程度。至于那些有幸在有生之年听到（自己的作品）被演奏出来的人，更是少之又少。"[1]

2 月 18 日

奥林匹克是最卓越的，是青春、美丽和力量的庆典。

如果你一直在观看平昌冬奥会的比赛，你就不会对皮埃尔·德·顾拜旦男爵提出的"青春、美丽、力量在比赛中占据了中心位置"这一主张有任何异议——因为它们的表现一如既往，堪称卓越。

这段话摘自顾拜旦为《奥林匹克评论》所写的一系列定义奥运

---

① 摘自《未完成的交响曲》，《奥林匹克回忆录》，1936 年。

会的特点和仪式的文章。在这里，他特别强调了一个观点，那就是典礼仪式也必须反映出年轻人在比赛中展现出的优秀品质。

"奥林匹克是最卓越的，是青春、美丽和力量的庆典。因此，我们必须尝试用同样的思路探索那些仪式的秘密。"①

2 月 19 日

对所有国家遵守信义和公正，同所有国家促进和平与和睦。

由于今天是美国的总统日，我们今天引用的这句话出自乔治·华盛顿之口，其中表达了一种与顾拜旦的奥林匹克主义哲学相似的精神气质。在 1796 年的告别演说中，乔治·华盛顿解释了他为什么不参与第三个任期的竞选，尽管他拥有压倒性的人气。他向那些追随他坐上我国最高职位的人们提出了一系列公理，其中就包括这一条。

一百年后，当皮埃尔·德·顾拜旦总结雅典第一届现代奥林匹克运动会的影响时，他写道："我相信，如果所有文明国家都能伸出援手，这种制度一定能繁荣起来，或许还会成为确保世界和平的一个有力的（假设它是间接促进和平的话）因素。"

显然，华盛顿和顾拜旦对人类的未来抱有同样的希望。②

---

① 摘自《现代奥林匹克运动会》，第六章：仪式，《奥林匹克评论》，1910 年。

② 顾拜旦的这段话摘自一篇题为《1896 年奥林匹克运动会》的文章，这篇文章刊登在当年 11 月份的《世纪杂志》上。

图上二人为顾拜旦与美国第一任总统乔治·华盛顿。华盛顿像由美国画家伦布兰特·皮尔绘制。

Coubertin & Washington

2 月 20 日

奥运会使所有国家团结在一起……希望这些和平、有礼貌的对抗能成为国际主义的最佳形式。

1894 年 6 月，奥林匹克运动会在巴黎索邦大学成功复兴，随后国际奥委会在发表的第一份公报中报道了此事。皮埃尔·德·顾拜旦男爵在公报中阐述了他发起这项运动的终极目标。上面的解读体现了以下信息的精髓，并明确指出奥运会旨在改善所有国家之间的关系。

"在符合现代生活需要的基础上和条件下恢复奥林匹克运动会，就是要让世界各国的代表们每四年聚会一次。我们希望这些和平、有礼貌的对抗能成为国际主义的最佳形式。"①

----

① 节选自 1894 年 7 月刊登在《国际奥林匹克委员会公报》上的一篇题为《巴黎大会》的文章。

2月21日

大学生是知识和想象力的使者，他们将会是这项伟大任务中最活跃的营队，他们会让体育成为创建和平社会的难以估量的工具。大众的奥林匹克主义即将诞生，让学生们做好为它服务的准备吧。

皮埃尔·德·顾拜旦男爵发起奥林匹克运动会时，是把它作为全世界青年的节日来看待的——其目的是汇集世界各地最优秀的青年运动员来参加奥运会。由于这些运动员中有许多人是大学生，男爵相信他们会成为一线的奥林匹克主义推广大使。终其一生，他一直对他的学生运动员们寄予厚望，希望他们能够领导一场革命，通过广泛传播奥林匹克主义的理念，创建和平的社会。

"大学生是知识和想象力的使者，他们将会是这项伟大任务中最活跃的营队。这么说吧，他们就好比是一架飞机的飞行员。我之前已经说过，现在我还要重申一遍，由于体育可以对人的身体和道德产生巨大影响，它将成为他们手中创建和平社会的难以估量的工具。因此，他们必须知道如何明智地使用它，以及如何从中获得最大成效。大众的奥林匹克主义即将诞生，让学生们做好为它服务的准备吧。"

第一次世界大战结束后，他把这些想法整理记录在了《奥林匹克书信（11）》中，并于1919年发表在《奥林匹克评论》上。

2 月 22 日

奥林匹克会旗上的六种颜色再现了我们这个时代在世界各地飘扬着的所有国旗的颜色。

拥有众多才能的皮埃尔·德·顾拜旦男爵也是一位伟大的平面设计师。1913 年，他设计了奥林匹克五环标志，由此创造出了人类历史上最优秀、最持久的标志。这个如今被全世界公认为人类团结的象征的五环标志于 1920 年安特卫普奥运会期间首次出现在奥林匹克会旗上。

纵观 20 世纪，数十亿人都曾对奥林匹克五环赞叹不已。虽然如今它们几乎无处不在，但很少有人看过男爵亲手绘制的初版五环草图。这两张照片拍摄于洛桑奥林匹克图书馆，上面展示了他在 1913 年 7 月写的一封信上手绘的五环草图。

以下段落是男爵对会旗和五环的描述全文，节选自一篇题为《奥林匹克仪式的教育价值》的文章。这篇文章发表在 1931 年的《国际体育教育公报》上。

"奥林匹克会旗是白色的，中间有五个相连的圆环。圆环分别为

男爵于 1913 年 7 月在信纸上绘制的奥运五环初版草图。照片由本书作者乔治·赫斯勒拍摄于洛桑奥林匹克图书馆。

蓝、黄、黑、绿、红五种颜色，左上方的蓝环位于最靠近旗杆的位置。这个设计具有象征意义，代表着世界的五个部分通过奥林匹克主义团结在一起。会旗上的六种颜色再现了我们这个时代在世界各地飘扬着的所有国旗的颜色。"

2月23日

这股新兴的运动热潮是健康而成果丰硕的。我愿意做任何事情来增强它的力量，帮助它克服前进道路上的障碍。

1890年，皮埃尔·德·顾拜旦男爵宣布，他将尽其所能支持国际体育竞赛的新兴浪潮。在法国，人们仍然对一般的体育运动、体育教育和与其他国家竞争的想法抱有强烈的反对意见。顾拜旦在法国领导推广体育的斗争的同时，他也设想了利用体育运动在国际上——特别是在英国和美国日益增长的热潮来推进他的社会运动——由此，奥林匹克运动会应运而生，把体育运动的热潮传播到了全世界。

这句话的灵感来自于顾拜旦1890年对英国马奇温洛克的访问。在那里，他目睹了一场特殊的奥林匹克运动会，一场为什罗普郡人们举办的一年一度的乡村节日庆典。这一庆典由威廉·佩尼·布鲁克斯博士主持已有四十余年。在今后的语录中，我们将会对马奇温洛克和布鲁克斯博士有更多的了解。但是今天，我们要关注的是顾拜旦的文章《马奇温洛克的奥林匹克运动会：竞技运动史上的一页》中的完整段落。这篇文章发表在1890年12月的《体育评论》上。

"人们大声疾呼，咒骂，为反对这种运动精神的传播而抗争，但是反对者们已经被高涨的浪潮所淹没。我相信这股新兴的运动热潮是健康而成果丰硕的。我愿意做任何事情来增强它的力量，帮助它克服今天在法国遇到的前进道路上的障碍，就像从前在英国一样。"

2 月 24 日

奥林匹克主义摧毁了分隔人们的高墙。它要为所有人争取空气和光明。

皮埃尔·德·顾拜旦男爵相信奥林匹克运动拥有团结人类的罕见力量；奥林匹克主义的本质在于摧毁将我们分隔开的高墙，使我们相聚在一起，欢庆我们共同的纽带和共同的愿望。

尽管这句话是他在一百年前写下的，但其中蕴含的真理至今仍在国际体育界的最高层回响。事实上，国际奥委会主席托马斯·巴赫2014 年在联合国首次发表演讲时就使用了这一意象，他说："体育运动的职责永远是搭建桥梁，而不是筑起高墙。"随着奥林匹克运动通过每一届奥运会努力将全世界团结在一起，我们离摧毁分隔我们的高墙的那一天也越来越近。①

---

① 这段话摘自顾拜旦的《奥林匹克书信（3）：奥林匹克主义与教育》，刊登在 1918 年的《奥林匹克评论》上。

2 月 25 日

对我来说，奥运会上最美妙的事情就是，在一切结束之后，所有来自世界各地、之前互不认识的运动员聚在一起参加闭幕式。在闭幕式上，他们互相拥抱，其中有些人还会哭。就好像他们是真正的兄弟姐妹，而这个家庭即将面临分离。

这句话非常精彩，多年来我曾在许多印刷品上看到过，然而事实是，我一直未能验证它的真实性。当然，这听起来像是皮埃尔·德·顾拜旦男爵会说的话。这段话可能来自一段已经遗失的采访。我不知道。我翻遍了这位男爵的所有著作，但依然没有找到出处。尽管如此，在平昌用精彩的闭幕式为美丽的奥林匹克节日画上句号的这一天，我们还是不能错过如此精彩的发言。

2 月 26 日

奥林匹克主义的目标是使体育为人类的和谐发展服务，以促进一个关心维护人类尊严的和平社会的发展。

在韩国，全世界刚刚目睹了奥林匹克主义在一个真正具有历史意义的层面上发挥作用。奥林匹克运动具有使体育为人类服务的独特能力这一点，我们刚刚已经看到了一个非常明显的实例。现在平昌冬季奥运会已经结束，眼下摆在所有人面前的核心问题是，在冬奥会期间朝韩两国产生的善意能否成为更持久的和平倡议的基础。如果皮埃尔·德·顾拜旦男爵今天还在世，他一定会对这种奥运会期间局势缓和的特殊情况表示赞赏。他也应该会认识到自己的发言所产生的影响。这段论述是当前版本的奥林匹克宪章中七项"奥林匹克基本原则"中的第二项。该宪章实质上规定了奥林匹克运动的发展方向和运作方式。

2 月 27 日

体育运动结合了确保社会和平仅有的两个要素：团队合作和竞争。

1925 年，皮埃尔·德·顾拜旦男爵从国际奥委会主席的职位上退休后，仍然积极从事写作和演说工作，尤其是在体育和教育领域，他更是奉献出了余生的精力和心血，1928 年 11 月，他在国际体育教育局发表了题为《体育活动的教育用途》的演讲。今天的引文就摘自下面的这段话。

"我曾听过（法国教育家们）讨论一个熟悉而重要的话题，那就是把体育运动的特征从体育领域挪用到道德领域……他们清楚地意识到，正是体育运动，包括其中所有激烈的身体接触、提供的各种选择和机遇让人们的身体和性格做好了打好人生这一仗的准备（不好意思！应该说是能够让它们做好准备）。他们认为体育运动结合了确保社会和平仅有的两个要素：团队合作和竞争。"

2月28日

自信与谨慎、勇敢与精明、热情与自制的结合……是通过体育运动实现适当的人体平衡的基础。

作为体育运动自身价值和体育运动在教育中价值的先驱倡导者，皮埃尔·德·顾拜旦不断探索体育对个人生活的影响和益处。每当他写到或者谈到体育的回报和价值时，他常常以平衡和均衡的思想为主题。上面的解读摘自下面的完整引文，这是1928年11月男爵在国际体育教育局发表的题为《体育活动的教育用途》的演讲中的一部分。

"在体育运动中……自信与谨慎、勇敢与精明、热情与自制的结合是成功所必需的。这些是通过体育运动实现适当的人体平衡的基础。"

2月29日

我们必须组织文学和艺术力量积极参与到恢复后的奥林匹克运动会中。

1906年初，皮埃尔·德·顾拜旦男爵的"把体育和艺术结合在奥林匹克竞技场中"这一提议取得了重大进展。5月23日至25日期间，他在著名的法兰西喜剧院主持召开了艺术、文学和体育咨询会议，并得到了导演M·朱尔斯·克莱蒂的赞助。两个月前，也就是在三月底，他曾致信国际奥委会成员，将他的计划告诉了他们，并请他们把"你认为应该邀请的贵国10位文艺名人"的名单寄给他。会议详细讨论了以下主题：建筑、戏剧艺术、舞蹈、装饰、文学、音乐、绘画和雕塑。会议吸引了六十余人参加，其中包括五名国际奥委会成员。上面的语录和下面引用的文段节选自男爵于 5 月 23 日在会议开幕式上的讲话。在六年后的 1912 年，文化奥林匹克，也就是后来众所周知的艺术竞赛在 1912 年斯德哥尔摩奥运会期间首次举行。从那以后，它获得过不同程度的成功，也曾不同程度地缺席。

"……召开这次咨询会议是为了研究'文学和艺术可以在多大程度上，以及以哪种形式参与到现代奥林匹克运动会中，并在整体上与体育实践联系在一起，从中受益，使其升华'，因此我们的目的是双重的。一方面，我们必须组织文学和艺术力量积极参与到恢复后的奥林匹克运动会中。另一方面，我们必须努力将它们在适当、合理的范围内纳入地方级的日常体育活动。先生们，请相信我们会成功。也请诸位理解完成我们的任务需要大量的时间和耐心。"

三月

在体育运动中寻求各方面的和谐，

寻求一种平静而快乐的力量——

这样体育运动才能最好地服务于一个国家的利益，

也能在最大程度上拓展国家的命运。

3月1日

奥运会是每一代人在迈过成年的门槛时都要以青年活动庆祝的节日。

由于奥林匹克运动会具有年轻化的特征，皮埃尔·德·顾拜旦男爵希望人类能够不断更新。奥运会每隔四年举行一次，这样的时间安排能够让每一代人都有机会在世界面前亮相，并通过"各种形式的青年活动"展现自己的新锐风采。就我们刚刚在冬奥会上看到的情况来看，一位19世纪的贵族能够构想出如此具有持久意义的赛事和活动，着实令人赞叹。1930年，顾拜旦在他的《奥林匹克回忆录》中阐述了每一届奥运会都会促进庆祝活动发展的理念。

"（奥运会是四年一度的）节日，每一代人都在即将迈入成年的门槛时努力奋斗，心怀抱负，以各种形式的青年活动庆祝它。"

3月2日

宽容和相互尊重是古代奥林匹克主义留给我们的伟大训诫。

皮埃尔·德·顾拜旦男爵很早就发现，奥林匹克的理念能够吸引各阶层和各领域的人才——不仅是体育人才，还有杰出的思想家、梦想家、艺术家和管理者。在1897年的勒阿弗尔奥林匹克代表大会上，顾拜旦请英国代表罗伯特·S·库西-拉凡牧师发言。拉凡就体育的道德价值发表了精彩演讲，顾拜旦对此表示震惊，因为"这种最纯粹的法语的选择和表达方式着实出人意料"。这位拉凡先生是车特咸学院的院长，也是顾拜旦在奥林匹克运动中结交的最宝贵的盟友之一。此人于 1905 年创立了英国奥林匹克协会，并于 1908 年指导了伦敦奥运会的组织工作。

1912 年，斯德哥尔摩奥运会第一次真正实现了顾拜旦的愿景。当他为取得如此引人瞩目的成功而欢欣鼓舞时，拉凡则为斯德哥尔摩奥运会上运动员间一派祥和的景象做出了最振奋人心的总结。顾拜旦在他的《奥林匹克回忆录》中总结了拉凡的《和平奥运》一文的影响，这篇文章发表在当年的《奥林匹克评论》上。

"《和平奥运》（是）拉凡笔下一篇启发人心的布道。它不仅非常经典，同时也在呼吁人们重视古代奥林匹克主义留给我们的宽容和互相尊重这两条伟大诫律；这篇布道必将产生深远的影响，因为在此之前，众多运动员之间从未呈现出如此和谐的景象。"[①]

3 月 3 日

人类社会遵循竞争的原则；过去是这样，将来也会是这样。

皮埃尔·德·顾拜旦男爵认识到，对竞争的欲望在人类的本性中根深蒂固，这是人类性格中不可否认的一部分。在对竞争背后的驱动力的研究中，他意识到这种驱动力可能会被不惜一切代价赢得比赛的欲望所扭曲，但他也意识到竞争的原则将永远存在——因此，他主张通过奥运会对竞争进行引导，使竞争驱动力以最佳形式发挥出来。这些都是他于 1908 年在一篇题为《我为什么复兴奥运会》的文章中

---

① 车特咸学院（Cheltenham College）是英国规模最大的寄宿学校之一。另有一译名"乔汀汉学院"。

提出的观点。

"为了赢得什么而参加体育运动可以是一种非常直接、强有力的动机，也可能是一种我们无法忽视的伤痛。我们无法否认它是一种有效的激励手段，甚至可以说是最有效的。人类社会遵循竞争的原则，过去是这样，将来也会是这样。"

3月4日

如果我们实现了政治自由却忘记了社会平等，文明就可能像没有安全阀的锅炉一样，随时可能爆炸。

作为一名敏锐的政治和社会观察家，在第一次世界大战的余烬还在欧洲大陆上燃烧时，皮埃尔·德·顾拜旦男爵致信国际奥委会，强调了他们在试图再次重启奥运会时需要注意的陷阱。从顾拜旦的职业生涯之始，他就把体育运动看作是在赛场上实现某种形式的社会平等的平台，他通过奥林匹克运动将体育运动推广到所有国家。顾拜旦始终把体育运动看作是实现更大目标的手段。在1919年1月写给同事们的这封信中，他再次谈到了一个他经常重复的主题，那就是体育在民主和社会和平的发展中发挥的作用。下文的段落是上面的解释的出处。

"西方列强赢得了最近的那场战争，这要归功于一个'神圣的联合'。这种联合的基础是战争中的两项重大利益即国家的政治自由和个人的社会平等的坚定信念。如果我们在实现了第一个目标后忘记了第二个目标，文明就可能像没有安全阀的锅炉一样，随时可能爆炸。"

3月5日

体育锻炼并不能消除社会条件中的不平等，但它能将人际关系置于平等的基础上。

皮埃尔·德·顾拜旦男爵笔下关于体育的社会目的的文字具有很强的一致性。作为一个曾经帮助羽翼未丰的法兰西第三共和国找到民主立足点的年轻人，他信奉平等、自由和博爱的原则。他在体育领域看到了实行平等主义的优势，并力图将其纳入法国的公共教育体系。在一篇1913年8月发表在《奥林匹克评论》上，题为《体育与社会问题》的文章中，他承认虽然体育不能消除社会上的不平等现象，但至少每个人在比赛中都是平等的。因此他相信，体育在民主发展的讨程中起到了至关重要的作用。

"体育锻炼并不能消除社会条件中的不平等，但它能将人际关系置于平等的基础上。在这方面，形式可能比内容更重要。毕竟，谁敢保证平等的条件会让社会更加和平呢？这大概是世界上最不确定的事了。然而，对于平等主义的人际关系来说，情况却大不相同。可以说，这（体育）是民主社会中最有用的平等主义实施方式。"

3月6日

事实上，奥运会的全部工作都是以和谐为基础的——这意味着抹去对过去的斗争的记忆，或者避免新的斗争发生。

今天，顾拜旦通过体育传达的和平信息再次在新闻头条中回响。

就在 15 分钟前，广播中传来了朝鲜领导人愿意与美国就放弃核武器进行谈判的特别消息。消息来源是在平壤进行和平谈判的韩国代表团。我在此提醒一句，免得有人忘记：这一系列会谈是在朝韩关系缓和后发起的，而两国关系改善得益于朝鲜上个月参加了在韩国边境举行的 2018 年冬季奥林匹克运动会。现在，顾拜旦肯定正在来世玩跳台滑雪庆祝吧。虽然今天的语录指的是奥运会项目之间的和平，但它显然影射了国家之间的和平伦理这一奥林匹克运动的核心。以下段落出自顾拜旦于 1903 年为《奥林匹克评论》写的一篇题为《奥林匹克组织》的文章。

"事实上，奥运会的全部工作都是以和谐为基础的——从最微小的细节到最宏大的图景，为它工作意味着抹去对过去的斗争的记忆，或者避免新的斗争发生。奥运会接受各种形式的体育运动，任何人不得享有损害他人利益的特权。总而言之，如果所有参加奥林匹克组织的人们都能坚信和谐是实现目标的最佳途径，那么他们的努力将会很快获得成功。"

3 月 7 日

在体育运动中寻求各方面的和谐，寻求一种平静而快乐的力量——这样体育运动才能最好地服务于一个国家的利益，也能在最大程度上拓展国家的命运。

皮埃尔·德·顾拜旦男爵认为，个人通过体育运动所能达到的平衡与国家社会的和谐之间存在着直接的关系，这种关系得益于国民广泛参加体育运动。今天引用的这句话将两者直接联系了起来。1894年，顾拜旦在《新奥林匹克主义：对雅典人民的呼吁》中表达了这一想法，这封信刊登在当年的《雅典信使报》上。当时，他已经为1896 年的第一届现代奥运会争取到了希腊人的支持。从那时起，"体育可以服务于一个国家，进而服务于整个世界"的理念就一直贯穿于奥林匹克运动中。以下是这段话的全文：

"在体育运动中寻求各方面的和谐，寻求一种平静而快乐的力量——这样体育运动才能最好地服务于一个国家的利益，也能在最大程度上丰富国家的命运。我的雅典朋友们啊，向世界展示这种特殊方式的荣誉是属于你们的。"

3月8日

由于运动员们都是个人主义者，他们往往对竞争对手的表现很感兴趣，并且欣赏有加。

竞争者之间相互尊重的理念是奥林匹克运动会的基础。在皮埃尔·德·顾拜旦男爵看来，相互尊重是奥运赛场上的对手之间建立友谊的第一步。如今，奥林匹克运动将它的三个基本价值观表述为："卓越、友谊和尊重"，这是顾拜旦本人价值体系的直接反映，尽管他认为通常是尊重促成了友谊。今天引用的这句话出自一篇 1935 年发表于《体育杂志》上，题为《体育是和平使者》的文章。顾拜旦在其中描述了相互尊重是如何形成的。

"由于运动员们都是个人主义者，他们往往对竞争对手的表现很感兴趣，并且欣赏有加……你会经常看到他们不仅密切关注那些已经被打破的记录，还会密切关注那些失败的尝试，只要那些尝试是带着勇气，拼尽全力的。"

3月9日

体育运动需要极致的自由，这是体育的本质、体育存在的理由，也是体育的道德价值的奥秘。

1925 年，在布拉格奥林匹克代表大会上，皮埃尔·德·顾拜旦男爵站在国际奥委会的成员们面前，准备在掌权 31 年后退休。但在告别时，他鼓励同事们勇敢无畏地领导奥林匹克运动走向未来。1924 年，他的奥林匹克运动会在巴黎攀上了全球体育运动的顶峰，但在大会的开幕式演讲中，他依然敦促他的同事们要达到更高的目标。

3月10日

奥林匹克运动会是形式最广泛多样的肌肉活动的殿堂，不过我们没有必要在美丽和高贵的等级内部划分等级。

平等主义，是一种坚信人人享有平等的价值和社会地位的理念。皮埃尔·德·顾拜旦男爵对平等主义的承诺是如此根深蒂固，以至于他将这种理念推广到了所有的奥运会项目中。虽然他个人认为划船是最好的运动形式，也热爱击剑和拳击，但他拒绝在奥运会上将运动划分为三六九等，而是选择平等对待各种形式的肌肉活动。在奥林匹克运动的早期，他希望所有形式的运动都能被纳入到奥运会中。

今天，我相信他会同意奥运会的规模要求它对团队、项目和纪律有一定的限制，但他肯定会欣然接受我们最近看到的体育项目的变化——让许多新兴的体育项目有机会大放异彩。

这句话摘自男爵于 1910 年在《奥林匹克评论》上发表的一篇题为《所有体育运动》的文章。

3 月 11 日

在体育运动中，人们可以寻求 种人类机体的奇妙固化，一种精神和身体的微妙平衡，以及一种更激烈的生活乐趣。

当我们见证平昌冬季残奥会上运动员们的丰功伟绩和精彩表现时，我们再次看到了更激烈的生活乐趣以一种不同寻常的方式展现在我们面前。尽管残奥会起源于二战之后（那时顾拜旦去世已有十年），但这位男爵经常提到的"努力的喜悦"在今天的残奥会中依然可见，奥林匹克主义的哲学适用于这一世界性的精英体育盛会，就像它适用于过去一样。

今天的引文摘自《新奥林匹克主义：对雅典人民的呼吁》一文，这篇文章于 1894 年发表在《雅典信使报》上。

"为了更好地保卫自己的国家、更好地履行自己作为公民的义务而进行英勇的军事演习，这绝对是高尚美好的行为。如果有人敢于这样说的话，其实还有一件事更完美、更符合人性，那就是在体育运动中寻求一种人类机体的奇妙固化，一种精神和身体的微妙平衡，以及一种更激烈的生活乐趣。"

3 月 12 日

失败并非不幸的事，没有尝试过才是。

皮埃尔·德·顾拜旦曾提出过这样的观点：努力远比结果重要。他在这段话中强调的不是胜利，而是训练。他知道在精英竞赛领域，训练是成功的关键，而个人意志则是训练的关键。在他看来，失败是通向成功的必经之路。

"失败并非不幸的事，没有尝试过才是……训练要克服很多困难，虽然不是所有的困难。训练就是要每天下定决心，一步一步地向上攀登，中间会有停顿和挫折，但背后有种叫做意志的坚实支柱在支持着。"

这段话出自顾拜旦于 1928 年 11 月在国际体育教育局发表的演讲《体育活动的教育用途》。

3 月 13 日

谁都没有权利拆毁某样东西，除非这个人同时提供了建造替代物的方法。

皮埃尔·德·顾拜旦男爵对人类整体的发展十分感兴趣，无论是从身体方面、精神方面还是道德方面。在对体育运动的研究中，他试图理解体育运动对人类心理、社会化以及肌肉发展的影响，可见，他希望所有的科学学科都能参与到体育运动的实践中来。他经常受到批判，他对当时的教育制度进行改革的尝试也遭到了抵制。但他相信当体育运动被人类充分理解后，能为人类带来更多的益处。这是他于1909年为《奥林匹克评论》撰写的一篇关于"体育文化的哲学"的文章中提出的观点。

"如果我不提出一些积极的建议，那我对各种系统的批评，特别是那些指责他们对心理学一无所知且毫不重视的批评就毫无意义。长期以来，人们已经习惯了使用'人人都是批评家'这样的说法。谁都没有权利拆毁某样东西，除非这个人同时提供了建造替代物的方法。"

3月14日

我们要对不断重生的人性感到欢欣。要对它有信心，要对它倾注精力，要把我们的希望和它的希望融合在一起。

皮埃尔·德·顾拜旦男爵常常将奥林匹克主义描述为一种现代宗教——奥林匹克精神是其活力之源。他一生中都是一名天主教徒，但他从古希腊和启蒙运动中汲取灵感，发展出一种以体育为核心的人文主义。他经常提到的"宗教运动员"一词便是一个这样的现代概念，指能够体现奥林匹克精神价值的运动员。

这句话出自顾拜旦1918年在《奥林匹克评论》上发表的文章

《奥林匹克书信（7）：成为奥林匹克的秘诀》。

"现在我们已经从奥林匹克主义走向了福音。《圣经》在教导人们如何得救时说'爱人如己'。而奥林匹克主义建议我们要对不断重生的人性感到欢欣。要对它有信心，要对它倾注你的精力，要把我们的希望和它的希望融合在一起。利己主义的快乐是间歇的阳光。利他主义的快乐是永恒的曙光。"

3月15日

现代体育运动只能在肌肉方面承认贵族统治。

出生于法国贵族家庭的皮埃尔·德·顾拜旦，毕生致力于通过体育运动来促进社会平等。在他的职业生涯中，为了让奥运会的大门向每一个阶级、每一个种族敞开，他进行了一场似乎永无休止的战斗。各种各样的团体，尤其是那些富有的运动员们，都曾试图用"业余"这一定义来阻止工人阶级参加奥运会，但男爵没有听之任之。他也绝不允许种族主义或民族间的纷争将任何国籍的人排除在奥运会之外。他一直坚信奥运会是属于所有国家的。今天引用的语录是他为体育运动需要一套开放的、非歧视性的资格审查程序做出的最激烈的辩护之一。这段话出现在1910年1月的《奥林匹克评论》上一篇题为《现代奥林匹亚》的文章中。

"资格包含技术、民族、社会和道德方面的资格。任何试图为某些社会阶级建立特权而损害其他阶层利益的做法都是违背公众良知的。现代体育运动只能在肌肉方面承认贵族统治，参与体育运动不是任何一类人的特权。社会资格也是如此。在某种程度上，民族资格的认定标准在恢复后的奥林匹克宪章中已经有所涉及。该宪章规定，任何国家都只能由该国的国民来代表，包括出生即为公民的国民和已入籍的国民。一个人必须能从其为之战斗的旗帜的颜色中获得灵感。"

3 月 16 日

体育运动不是一种奢侈的消遣，不是少数人的休闲活动，也不只是一种脑力劳动的体力补偿形式。

在皮埃尔·德·顾拜旦男爵看来，运动和体育锻炼是人充实生活和全面发展的必要组成部分。他驳斥了那些认为只有在时间充裕的情况下才能从事体育运动的观点。除了这一观点背后的社会阶层含义，顾拜旦还反驳了体育主要是智力活动的补偿形式这一观点。我在读到《奥林匹克回忆录》的最后一章中的这段文字之前，都没有见过"脑力劳动"这个词。但我并没有改正这个词，而是让它维持原样，因为我相信这个具有时代特征的错误会让这句话更具说服力。

3 月 17 日

和平与自信是未来的年轻文明的根本基础，这种文明将在狂风暴雨中诞生。

1919 年 4 月，皮埃尔·德·顾拜旦男爵在瑞士洛桑发表了纪念现代奥林匹克运动会诞生二十五周年的演讲。在第一次世界大战刚刚结束之际，他宣布了奥林匹克主义存活下来的消息，以及它未来将发挥的作用。虽然他仍然被战争的影响所困扰着，但他极富有先见之明地认识到要想在未来的冲突中建立新的文明，就必须要有奥林匹克主义所产生的平和的勇气。

"（自1914年我们在巴黎相聚，庆祝奥林匹克运动会诞生二十周年以来）五年过去了，在此期间，一个世界已经崩溃了。奥林匹克主义不是这场灾难的受害者。它安然度过了风暴，没有丝毫恐惧，没有丝毫责备。它的视野突然变得开阔起来，这证明了未来新角色的重要性……和平与自信是未来的年轻文明的根本基础，这种文明将在狂风暴雨中诞生。"

3月18日

平等主义唯有在运动场上才能诞生和独立存在。

今天，"公平的竞争环境"通常意味着一个对任何团队或个人都没有不公平优势的环境，但在早期的体育运动中，这一概念有着更广泛的含义。对皮埃尔·德·顾拜旦男爵来说，公平竞争环境意味着无论王子还是贫民，在体育这片绿茵场上都是平等的。在他看来，体育运动有一种均衡的影响，可以消除队友间和对手间的社会差异。从训练、准备到比赛，每一个环节都在推进他所追求的平等主义，也使他相信体育将为社会其他部分提供一种有效的社会化模式。他在1913年8月出版的《奥林匹克评论》上一篇题为《体育与社会问题》的文章中阐述了这一观点。

"平等主义唯有在运动场上才能诞生和独立存在……然而，平等主义并不是由体育运动本身产生的，而是由围绕运动行为、为运动行为做准备时和在运动行为之后的种种细节产生的。通常情况下，这些都需要大量的体力劳动。如果有同事帮了你的忙，你必须在必要的时候回报他，而不会对双方的社会地位之分别有丝毫的顾忌。"

3 月 19 日

一天晚上，月光照亮了奥林匹亚的朦胧景色，星夜降临在我前来追寻的两千年历史上。

随着举世瞩目的 2018 年冬季奥运会和残奥会近期落下帷幕，我们在今天与皮埃尔·德·顾拜旦男爵一起回到古奥林匹亚，与这场世界性运动的起源地来一次亲密接触似乎是再适合不过的了。顾拜旦在

在希腊古奥林匹亚遗迹中盛开的紫荆花（摄影者：克里斯托弗·特洛尔）

他的《奥林匹克回忆录》中曾回忆自己在创立现代奥运会不久后初次造访这处古代遗址的情景。

"1894年11月的一天晚上，我从雅典来到这里……我记得有条小路，蜿蜒通向博物馆和旅馆所在的小山头。清凉纯净的空气里带着田野的芬芳，从阿尔菲奥斯河岸飘来。那一刻，月光照亮了奥林匹亚的朦胧景色，星夜降临在我前来追寻的两千年历史上。第二天我早早起了床，坐在窗前等着太阳升起，当第一缕阳光拂过山谷时，我便独自向废墟赶去……那时我还不甚了解的希腊建筑，是一种道德形式的建筑，它可以放大所有的维度。我整个上午都在沉思默想，只有被赶着去阿卡迪亚的牲口的铃铛声偶尔打破寂静。"

3月20日

我们需要鼓励儿童参与体育运动，无论他们的年纪大小。

皮埃尔·德·顾拜旦男爵在19世纪80年代领导了一场将体育纳入法国教育体系的运动，期间他不断强调体育运动对所有儿童的益处。他还告诫人们不要采用错误的教学方法，以及，如果孩子们在参与体育活动时受到嘲笑会受到怎样的伤害。这段话摘自1889年出版的顾拜旦的第二本书《法国的英式教育》。将近一百三十年的时间过去了，事实证明，他的"让孩子们远离体育是一件非常容易的事情"这一见解仍然是正确的。

"我们需要鼓励儿童参与体育运动，无论他们的年纪大小。在这个过程中我们也必须非常谨慎，因为孩子们会因为不恰当的玩笑、刺耳的话语以及种种他们自己未能察觉的原因而失败，从而气馁。他们会误入歧途。如果孩子们没有一定程度的自发性或对运动的兴趣，换句话说，如果强迫他们，他们就会对这段经历产生不好的回忆，产生一种怨恨的感觉，还会对我们希望他们享受的体育运动产生厌恶的情绪。"

3 月 21 日

体育意味着身体的运动，运动对身体的影响自古以来就是显而易见的。

　　这是皮埃尔·德·顾拜旦男爵在改革法国教育制度的运动中最早发表的文章之一。这句话摘自他 1887 年在《社会变革》杂志上发表的一篇关于英国教育的文章。该杂志是弗雷德里克·勒·普莱创办的社会和平联盟下属的期刊，该联盟倡导提高全体法国公民的生活质量。尽管当年顾拜旦只有二十四岁，他却把他的观点建立在整个人类历史的基础上，仿佛体育的好处一直以来对每个人都是显而易见的。他对体育教育能为学生带来益处的信念是不可动摇的。请注意在下面这段话中他是如何宣称"只有通过体育运动"才能实现他所呼吁的进步。

　　"在我看来，英国教育最值得关注的方面是体育在教育中的作用。这个作用既是生理上的、道德上的，同时也是社会上的……我相信，尽管我们可能希望对我们的体制进行某些特定的改革，但这些改革只有通过体育才能实现。体育意味着身体的运动，运动对身体的影响自古以来就是显而易见的。"

3 月 22 日

向现代运动员致敬——这是他的节日，他的复兴之日。

　　1934 年 6 月，在庆祝奥林匹克运动诞生四十周年之际，时年七十一岁的皮埃尔·德·顾拜旦男爵把奥运会成功的焦点放在了它本应的归属——运动员们身上。这段话摘自他当年为《瑞士体育报》撰写的《奥林匹克主义四十年》一文。

　　"最后，我必须向现代运动员致敬，因为这也是他的节日，被他的杰出祖先——古代运动员所主导的复兴之日。从奥林匹克运动会在巴黎索邦大学正式宣布复兴至今已有四十年。它们的命运完全符合我的工作和我的愿望。"

3 月 23 日

我很钦佩那些来自世界各国的青年男子，他们能够找到足够的道德力量来处理一场刻骨铭心的失败，却没有显露出任何痛苦。

　　在皮埃尔·德·顾拜旦男爵为现代奥运会建立的价值体系中，尊重几乎排在首位。在竞技场上，尊重竞争对手意味着具备输得优雅的能力。在 1928 年为《体育杂志》撰写的一篇题为《体育精神主导的所有其他问题》的文章中，男爵强调了他多年来在众多运动员身上看到的谦逊品质。他对男性代词的一贯使用提醒我们，这位男爵是 19世纪父权制社会的产物。虽然他拥有无比的远见卓识，但他对性别平等的看法远非完美。关于这点，我们将在以后进行更多的讨论。

"我一直很钦佩这些青年男子，他们从世界各国聚集在一起，来参加一场罕见的、历史性的、庄严的比赛，他们能够找到足够的道德力量来处理一场刻骨铭心的失败，却没有显露出任何痛苦，并带着发自内心的热情与胜利者握手。这样的场景我已经见过上百次了，我从来没有厌倦过。这让我感到无比喜悦。"

3 月 24 日

为了有效地提高自己，一个人必须首先了解自己。

从奥林匹克运动的最初开始，皮埃尔·德·顾拜旦男爵就力图将体能发展建立在西方文化的伟大智慧传统之上。顾拜旦参照苏格拉底的不朽公理"认识你自己"，将自知之明定为体育运动的先决条件。他相信，只有了解自己，运动员才能欣赏、理解和充分享受体育运动带来的益处。以下文段摘自 1909 年 5 月刊登于《奥林匹克评论》上的一篇题为《体育文化哲学》的文章。

"认识你自己：从某种意义上来说，这一古老的格言涵盖了体育文化的一切，它总结了体育文化对人的要求和希望人达到的目标。人类自身就是强身健体的主要工匠。为了有效地提高自己，一个人必须首先了解自己。"

3 月 25 日

人们对体育锻炼的热情以势不可挡的力量传播开来。没有必要唤起人们对希腊的记忆，也没有必要从过去寻求鼓励。人们喜欢为了运动而运动。

1890 年 10 月，皮埃尔·德·顾拜旦男爵作为贵宾出席了在马奇温洛克举行的特别版奥运会。马奇温洛克是英格兰什罗普郡的一个小村庄，离威尔士边境不远。他此次是应威廉·佩尼·布鲁克斯博士的邀请而来的。布鲁克斯博士是一位体育运动的热情支持者。四十年来，他每年都会为他的乡亲们举办结合了奥林匹克和中世纪体育运动特征的体育节。在马奇温洛克，身穿长袍的少女将奖牌授予获胜者，人们满怀热情地参加比赛，而顾拜旦则亲眼见证了古代奥运会的鲜活的生命力。当时已八十一岁高龄的布鲁克斯成了顾拜旦的直接导师，在他的影响下，顾拜旦走上了一条直接导致四年后奥林匹克运动会重启的道路。1890 年 12 月，顾拜旦在《体育评论》杂志上发表了一篇题为《马奇温洛克的奥林匹克运动会：竞技运动史上的一页》的文章，其中讲述了布鲁克斯为把这一当地节日国有化所做出的努力，以及体育运动在英国传播所产生的影响。

这张照片摘自《奥林匹克主义——顾拜旦文选》，现由温洛克奥林匹亚协会收藏。其中展示了 19 世纪 80 年代的马奇温洛克奥林匹克颁奖典礼。图上右数第二位为布鲁克斯博士。

3月26日

意志、勇气和毅力组成了三位一体，其产生进步的能量是无与伦比的。

在皮埃尔·德·顾拜旦男爵的青年时期，体育文化还未在法国出现。在不断发掘体育文化给人类带来的益处的过程中，他也探索了人类动机的深度。他广泛阅读，与医学专家和运动理论家合作，在著作中描述了他所观察到的人体对体育运动带来的挑战的反应。这句话摘自他于1909年5月发表在《奥林匹克评论》杂志上的一篇关于体育哲学的文章，这也是他在职业生涯中发展出的众多理论之一。就像他的许多想法一样，这个理论已经被证实了。一个世纪以后，那些意志坚定、以大胆的方式不断鞭策自己的运动员仍然奋勇当先。

"许多道德和智力的力量和谐地作用于改善人体。毫无疑问，意志和它的附属品——勇气和毅力，组成了三位一体，其产生进步的能量是无与伦比的。然而，我们也可以通过观察体育锻炼对我们自身和他人的影响，以及了解如何有条理、有成效地对这些影响进行反思取得重大进步。"

3月27日

在古希腊的竞技训练场里，人们争夺不休的两种力量之间呈现出了一种令人钦佩的妥协——肌肉与思想比肩而立，相互较量。

皮埃尔·德·顾拜旦男爵并不总是把古希腊或古代奥林匹克运动会理想化，但当他呼吁雅典人民支持现代奥林匹克运动会时，他强调了他们辉煌历史中的所有精华。诚然，在古代，训练场既是教室又是健身中心。苏格拉底和他的继承者们就经常在学生的短跑或摔跤比赛之间给他们上课。可见，在没有竞争的情况下，智力与体力的发展是和谐一致的。

"（在古希腊，）竞技训练场里的生活使两种力量之间呈现出了一种令人钦佩的妥协。人们为这两种力量争论不休，一旦平衡状态被打破，就很难恢复。在这个系统中，肌肉与思想比肩而立，相互较量。现在看来，这种和谐是完美的，甚至达到了把青年人和老年人统一起来的程度。"①

3 月 28 日

力量和敏捷……是通过锻炼和练习获得的道德秩序中的平衡，正如古人常说的，有健全的身体才有健全的精神。

在古罗马，"有健全的身体才有健全的精神"是通往美好生活的格言，是人们渴望达到的目标。皮埃尔·德·顾拜旦男爵将其描述为道德秩序中的一种通过锻炼和练习可以达到的快乐平衡。他声称从古到今，无论是在最先进还是最原始的社会里，人们都认识到了它的好处。1887 年，二十四岁的顾拜旦在《社会变革》杂志上发表了一篇关于英国教育的文章，这是他最早的几篇著作之一。他在这篇文章中提出了这一观点。

---

① 这段话摘自《新奥林匹克主义：对雅典人民的呼吁》一文，这篇文章于1894 年刊登在《雅典信使报》上。

"无论是野蛮人还是文明人，都对力量和敏捷十分赞赏。这两者都是通过锻炼和练习获得的道德秩序中的平衡。正如古人常说的，有健全的身体才有健全的精神。"

虽然"野蛮"这个词在今天的使用让我们感到有些难堪，但它是顾拜旦那个时代通用语的一部分，反映了殖民国家中普遍存在的可悲态度——这种态度正是顾拜旦在发展奥林匹克主义的包容性哲学的过程中要努力改变的。

3 月 29 日

在生活中，平衡是一种结果，而不是一个目标；它是一种奖励，而不是什么需要追求的东西。

平衡的生活是一种理想的生活方式——这种观念已经持续了几个世纪。你可以在历史上任何一个时代的哲学中找到它：从古人到新时代的拥护者，再到皮埃尔·德·顾拜旦男爵的著作。在男爵看来，平衡的生活是一种副产品，往往显现在那些身体、精神和情感都达到健康水平的人们身上。1918 年，他在《奥林匹克评论》上发表了一篇题为《奥林匹克书信（7）：成为奥林匹克的秘诀》的文章。他在这篇文章中指出，平衡可能会被过度的谨慎扼杀，但却可以通过互补性学科的实践来实现。

"在生活中，平衡是一种结果，而不是一个目标；它是一种奖励，而不是什么需要追求的东西。它不是通过采取一切可能的预防措施来达到，而是通过交替努力来实现的。"

3 月 30 日

目标已经达到，我的工作也完成了。然而按照你们的愿望，我将继续担任你们的主席至 1924 年，这样我们就能在第八届奥林匹克运动会开幕之际，在巴黎共同庆祝奥林匹克运动复兴三十周年。

圣周五[①] 这一天，似乎正适合用来纪念皮埃尔·德·顾拜旦男爵发出的第一个他的奥林匹克生涯即将结束的重要信号。1921 年 9 月 15 日，在一封致国际奥委会成员的通函中，他承认了新任执行委员会的到来，以及他对所有奥林匹克事务的全权控制基本结束。以下是这封信的全文，感兴趣的朋友可以读一读。可以说，在余下的这段担任主席的日子里，男爵打算把工作重点放在促进大众教育和区域运动会的发展上。

皮埃尔·德·顾拜旦男爵肖像照，大约拍摄于 1921 年。

亲爱的各位同事：

从 10 月 1 日起，你们应我的要求任命的执行委员会将开始工作，他们将在我不在时处理本委员会的事务。这个委员会由德·布隆奈先生、古斯－雅科夫斯基先生、德·巴耶·拉图尔先生、埃德斯特隆先生和波利尼亚克先生组成。他们既熟练又敬业。我们完全可以相信，这支队伍将出色地完成工作。

---

① 圣周五，又称沉默周五、耶稣受难日、复活节周五，指复活节前的一个星期五。这一天在美国的 12 个州被定为法定节假日。

从各方面来看，奥运会的形势都很令人满意。第八届和第九届奥林匹克运动会的未来已经确定，从所有人的最大利益出发，这应该是我们做出决定的唯一标准。国际委员会包含来自欧洲、非洲、美洲和亚洲四十一个国家的五十二名成员，可谓是真正的"全球"。它的权威地位从未如此稳固，也从未如此正当。它的成员、代表我们的各个国家委员会以及国际联合会之间的相互理解带来了许多成果。

　　因此我可以说，目标已经达到，我的工作也完成了。然而按照你们的愿望，我将继续担任你们的主席至1924年，这样我们就能在第八届奥林匹克运动会开幕之际，在巴黎共同庆祝奥林匹克运动复兴三十周年。在那之前，按照我的承诺，我将努力推动区域运动会的发展。在你们的赞助下，这些运动会将定期在世界各地举行，为奥林匹克主义提供宝贵的人力支持。因此，在十五万观众面前，最近在上海举行的第四届远东运动会在各方面都取得了相当出色的成绩。

　　不过，在继续担任委员会主席的同时，我计划从现在开始行使我的自由，为大众教育服务。我坚信，现代社会不会从其野心和不公正所积累的废墟中崛起。我相信，在不久的将来世界将会需要不同形式的社会存在。我认为普遍进步的唯一保证是优先传播文化，最主要的是对历史的研究。

　　谨致问候。

皮埃尔·德·顾拜旦

3 月 31 日

在人类所青睐的所有形式的情谊中，也许没有哪种比体育运动带来的情谊对人类影响更大、更有效。

1883 年，皮埃尔·德·顾拜旦男爵首次造访英格兰，在那里的球场上目睹的一切令他目瞪口呆。在放学后的校园里，男爵观察到队友之间（有时是竞争对手之间）存在一种情谊，于是他开始考虑如何更广泛地应用这种情谊。这种情谊其实就是相互信任和友谊，正如男爵指出的那样，它会在共同目标的基础上自然而然地产生，并带领团队走向胜利。下面这段话摘自男爵的论文《体育文化哲学》，发表在1909 年 5 月的《奥林匹克评论》上。

"毫无疑问，某些特定的社会力量是有用的：比较分析、对斗争的品味、和解精神、团结精神、集体精神。在人类所青睐的所有形式的情谊中，也许没有哪种比体育运动带来的情谊对人类影响更大、更有效。共同承担具有危险性的威胁，或者至少是具有风险性的威胁，经常性的互助，身体的愉悦感，以及一项富有男子气概的、健康的事业所带来的影响——所有这些因素共同作用，使体育运动在发挥其社会效益时更令人愉快、更富有成效。正如我前面所说的那样，进行比较的习惯会让人们彼此钦佩，有时还会产生一丝有益的嫉妒，这是这一过程的自然结果。"

四月

青春的命脉，永不改变，永远充满活力，
随时准备奋发向上，热情洋溢，欢乐无限，
努力建立人性的平衡。

4月1日

在雅典举行的第一届奥运会上，我清楚地记得一位美国女士在向我道贺后微笑着说："我已经看过奥运会了。""真的吗！"我说，"那是在哪里呢？""在旧金山。"见我一脸困惑，她补充道，"非常漂亮。恺撒也在那儿。"

认识皮埃尔·德·顾拜旦的人都说他很有幽默感，也喜欢开怀大笑。在他的《奥林匹克回忆录》中，有许多令人会心一笑的趣闻轶事，包括这篇——这不是一个愚人节玩笑，而是一段真实的回忆。1892 年 11 月 11 日，当他在巴黎索邦大学第一次提议恢复奥林匹克运动会（后来惨遭失败）时，在场的观众却乐呵呵地对他在说什么一无所知。他们虽然祝愿他一切顺利，但却完全不明白他想干什么。你们在下面的文章中也能注意到，美国人在雅典的故事是一个十分恰当的补充。

"当然，我预见到了各种可能性，却唯独没有料到眼前发生的这一幕。反对，异议，讽刺？甚至漠不关心？这些都没有。每个人都为我鼓掌，每个人都表示赞同，每个人都祝我一切顺利，但他们都没有真正听懂。我即将踏上的是一段完全不被理解的旅程，而且它将持续很长一段时间。"

"四年后，在雅典举行的第一届奥运会上，我清楚地记得一位美国女士在向我道贺后微笑着说：'我已经看过奥运会了。''真的吗！'我说，'那是在哪里呢？''在旧金山。'见我一脸困惑，她补充道，'非常漂亮。恺撒也在那儿。'在那些远去的日子里，人们习惯于在阿尔玛大道的赛马场或者伦敦的奥林匹亚展览中心观看再现

古代奥运会场景的游行或露天表演，这些都是 1892 年时我和我的观众之间顽固的隔阂。"

"他们满怀善意，却并不明白我的意思。他们根本无法理解我的想法，无法领会这种已经被遗忘的东西：奥林匹克主义，无法将它的灵魂、本质、原则从包裹着它的古老形式中分离出来。这种形式在过去的一千五百年间已经被世人遗忘了。"

4 月 2 日

青春的命脉，永不改变，永远充满活力，随时准备奋发向上，热情洋溢，欢乐无限……努力建立人性的平衡。

有时候，皮埃尔·德·顾拜旦男爵的著作带有一种与其所属年代不符的既视感。虽然这几句话写于近一百年前，本意是展现从一战余烬中崛起的一代运动员身上体现出的奥林匹克精神的复兴，但我们也很容易将它与当今世界各地街头的年轻人们日益高涨的情绪关联起来。虽然面临的具体问题可能有所不同，但年轻人推动我们的世界更新换代、为我们的世界重新找回平衡的动力是永恒的。男爵在 1920 年为《体育杂志》撰写的一篇题为《奥林匹克主义的胜利》的文章中认识到了这一点。这一段的全文如下：

"青春的命脉，永不改变，永远充满活力，随时准备奋发向上，热情洋溢，欢乐无限——奥林匹亚的运动员们也是如此。如今，三千年过去了，这命脉仍然奔腾在相聚于安特卫普的年轻人们之间，努力建立人性的平衡。"

4 月 3 日

野心？没有野心什么也做不成。

有人说野心统治世界——我想皮埃尔·德·顾拜旦男爵也不会反对他们这种观点。作为一名研究人类心理学的终身学习者，男爵认识到，人若没有野心，便什么都无法实现。和往常一样，他最关心的是如何将个人的抱负引向最积极的渠道，尤其是人如何通过体育运动带来的身体挑战来提升自我。他将这一理念应用于奥林匹克运动，他说，奥林匹克运动的野心是全球性的，事实也确实证明了这一点。下面这段话摘自他 1909 年 5 月发表在《奥林匹克评论》上的《体育文化哲学》一文。

"野心？没有野心什么也做不成。雄心壮志不必着眼于最高的目标。并不是每个人命中注定要获得冠军，也并非每个人都有这样的抱负。但是……我会毫不犹豫地说，没有野心，体育文化将一事无成。这种野心可能来自本能，也可能来自某种外部因素。它可能源于遗传、个人品位、某种特殊的倾向、自私自利的算计或者某种比较健康的嫉妒。野心来自哪里是次要的。重要的是它存在，被我们转化为行动。"

4月4日

肌肉带来的愉悦是快乐、活力、平静和纯洁的源泉，它必须由最谦卑的人掌握，也必须由现代世界所创造的多种形式呈现。这就是今大我们为之奠定基石的完整的、民主的奥林匹克主义。

1919年4月，皮埃尔·德·顾拜旦男爵在瑞士洛桑发表了庆祝现代奥林匹克运动创立二十五周年的演讲。当他回首往事，为前五届奥运会取得的成就感到自豪的同时，他更想借此机会展望未来。他相信未来可以围绕一套全新的原则来建设，并且勉励他的听众们将奥林匹克主义的价值观传播到世界各地。一场世界大战，动摇了公民社会的基础。在这一背景下，顾拜旦从奥林匹克主义的价值观中看到了创造一个更美好、更平等的世界的希望。在他看来，奥林匹克主义的价值观是民主的重要支柱。

"有些原则，迄今为止都被看作乌托邦式的空想。面对一个按照这样的原则来安排的新世界……人类必须从过去的遗产中找到一切可用力量，以便建设自己的未来。奥林匹克主义就是其中一股力量。

为了保证社会和平，仅仅在人们之间更公平地分配物质生活必需品是不够的。仅仅根据青少年的心智能力肆意对他们进行智能开发也是不够的，还应考虑其父母的社会地位。肌肉带来的愉悦是快乐、活力、平静和纯洁的源泉，它必须由最谦卑的人掌握，也必须由现代工业发展所创造的多种形式呈现。这就是我们今天为之奠定基石的完整的、民主的奥林匹克主义。"

4月5日

对我来说，体育是一种宗教，它有自己的教堂、信条和礼拜仪式，但它首先是一种宗教感觉……（它是）全世界青年的节日，人类的春天。

如果你曾经参加过奥运会，目睹过它最庄严感人的仪式，你就会知道皮埃尔·德·顾拜旦男爵在说什么了。在那些时刻，空气中弥漫着一种明显的超然感，那是一种有形的、可触知的神秘感，这种感觉就是人们常说的奥林匹克精神。正是这种精神使千百万人对奥林匹克运动的理想主义充满信心，使许多人的心中充满希望，希望我们的世界能够通过体育找到友谊与和平的共同基础。男爵经常在著作中从宗教角度谈到体育和奥林匹克主义。这段话见于他的《奥林匹克回忆录》，这本薄薄的小书写于1930年，共有141页，至今仍由国际奥委会出版。

"我自己对体育的理解一直与很多运动员（也许是绝大多数运动员）的理解大不相同。对我来说，体育是一种宗教，它有自己的教堂、信条和礼拜仪式，但它首先是一种宗教感觉……（它是）全世界青年的节日，'人类的春天'。"

4月6日

奥林匹克主义引发了一场通向体育统一的伟大运动，这场运动每天都在向前推进。

19世纪80年代末，皮埃尔·德·顾拜旦男爵正处于职业生涯的起步阶段，那时他所面临的最大挑战是让法国的各个体育机构相互合作。以体操项目为例，那时曾有多个实体组织在比赛规则、参赛资格和得分标准方面产生了分歧。他们花在争夺控制权上的时间比花在推广这项运动上的时间还要多，而这些问题在国际层面上只会成倍增加。不过，在接下来的十年里，顾拜旦协助领导了国内和国际范围内所有体育项目的规则标准化工作。到1912年斯德哥尔摩奥运会时，体育组织之间的合作程度达到了最高点，男爵因此用文字记录下了他所亲眼见证的进步。下面这段话摘自他1913年12月发表在《奥林匹克评论》上的文章《体育的统一》。他的满足之情是显而易见的。

"奥林匹克主义引发了一场通向体育统一的伟大运动，这场运动每天都在向前推进。几乎所有的体育分支部门都能和睦相处。这是上一代运动员完全意想不到的，这或许是即将结束的这一年中最引人注目的特征。"

4 月 7 日

体育运动能激发勇气。没有什么比它更能锻造灵魂了。

皮埃尔·德·顾拜旦男爵在研究体育运动在英国运动场上发挥的作用时，曾先后七次访问了二十多所学院和大学，期间他仔细观察了竞争对性格的影响。看着学生们在赛场内外的表现，他确信体育运动可以激发参与者的勇气，强健参与者的体魄。这是他发表的关于学校体育运动对年轻人影响的首批观察报告之一。这段话摘自他于 1887 年在《社会变革》杂志上发表的一篇关于英国教育的文章。

"总结一下体育运动对道德秩序的影响，它也能激发勇气。没有什么比它更能锻造灵魂了。"

4 月 8 日

举行奥运会是为了提高运动员的个人水平，而运动员的个人水平对于保持全体运动员的综合竞争力至关重要。

皮埃尔·德·顾拜旦男爵的思想中有个有趣的矛盾之处，那就是比起团体运动，他更喜欢个人运动。尽管他对体育道德价值的观察大多来自观看英国队比赛的经历，但他仍然将个人冠军视为体育精神的典范。尽管他写过大量关于团队运动如何培养人的品格、如何促进民主发展的文章，但他最终仍然回归了他的主题，那就是奥运会是为了庆祝个人成就而举办的庆典。这段写于他晚年的话表明了他对个人运动执着的偏爱。这篇文章于 1931 年发表在《瑞士体育报》上，题为《奥林匹克运动会与体操》。

"奥林匹克运动会是为了提高运动员的个人水平而举行的，运动员个体的存在是团体进行肌肉活动的必要条件，而运动员的个人水平对于保持全体运动员的综合竞争力至关重要。"

4月9日

没有什么比胜利的习惯更能确保成功。

一个人在运动场上的胜利可以确保他在生活其他方面的成功——这一观点很早就成为皮埃尔·德·顾拜旦男爵写作的主题。他相信体育运动是充实生活中必不可少的一环，也是个人成就的坚实基础。我们曾在2月1日探讨过一则类似的观点："在某一领域取得卓越成就会让人产生事事争先的欲望。"这两句话都出自一篇题为《英国教育》的文章，该文于1887年发表在《社会变革》杂志上。

4月10日

朱尔·西蒙曾说过："当一个人登上山顶时，他一定会看到快乐的人性……让我们快乐起来吧！"

在1888年的某一天，顾拜旦遇到了朱尔·西蒙，这也许是他职业生涯中最大的转折点。西蒙曾担任过第三共和国的总理和公共教育部长，当他们会面时，西蒙仍然在法国议会中担任参议员。西蒙是公

朱尔·西蒙坐在他的书房里。摘自19世纪90年代的《世纪杂志》。

认的法国最杰出的知识分子和作家之一，正当他忙于支持十几项不同的社会事业时，男爵向他提出了将体育运动和体育教育纳入公立学校体系的想法。尽管他们的年龄相差四十九岁，但时年七十四岁的西蒙还是立即接受了二十五岁的顾拜旦的提议。他们成立了一个体育宣传委员会，并很快将它命名为朱尔·西蒙委员会，这个名字为他们接触政府、学术界、教育界和体育界的领导人提供了便利。在西蒙生命的最后十年中，他成为顾拜旦的导师，并对顾拜旦的主要工作，特别是奥林匹克运动给予了明确的认可。当顾拜旦于1918年在《奥林匹克书信（7）：成为奥林匹克的秘诀》中回忆起"人生之乐"时，西蒙早已不在人世。这段话的语气和它所传达的敬意让我们看到男爵仍然对他的导师怀有持久的感情。

4 月 11 日

奥林匹克运动会把体育的各个分支在平等的基础上团结起来，以促进人类的进步。

皮埃尔·德·顾拜旦男爵在其职业生涯之初面临的最大挑战之一，就是将 19 世纪 80 年代管理法国体育界的各种俱乐部和协会团结起来。他成功地让大多数俱乐部和协会就一套标准的竞赛规则达成了一致，并由此达成了更广泛的协议，但在这种恶劣环境中吸取的惨痛教训也使他坚持主张奥运会上所有的体育项目一律平等。所有体育项目一律平等因此成为现代奥运会的基本原则。当然，在如今的奥林匹克运动会上，各个体育项目之间存在一套明确的等级制度。每个项目的收入份额都是根据门票销售数量、电视转播期间吸引的观众数量等各项指标来确定的。然而，如果不在所有参赛项目之间建立平等关系，男爵就不可能发起奥运会。因为如果大家都认为自己的参加的项目会被视为二流或三流的竞赛项目，那就几乎不会有人报名参加这场盛会了。这句话是对男爵 1910 年为《奥林匹克评论》撰写的文章《所有体育运动》中一段话的改写。

"没有体育各个分支的接触和合作，奥林匹克就不可能把各种体育运动在完全平等的基础上团结起来，以促进人类的进步。"

4 月 12 日

世界历史变得容易理解，并不仅仅是因为它变得可以书写了。我们仍然要为它创造适当的环境。

对于皮埃尔·德·顾拜旦来说，过去总是存在于当下。当他还是一名研究古典世界的耶稣会士时，他就已经具备了敏锐的历史意识。像我们中的许多人一样，他认为现代世界必须以之前发生的一切为背景来理解当代生活。1925 年，当他从奥林匹克运动中退休后，他完成的第一个项目就是他的四卷本《世界普遍史》①，这套书于 1926 至 1927 年间出版。1927 年，他在雅典学院发表演讲时谈到了以正确的心态看待历史的重要性——就如同运动员看待体育运动的心态一样。他的演讲题目是：《历史研究的转变和传播：它们的特点和结果》。以下这段文字是今天这则语录的出处。

"世界历史变得容易理解，并不仅仅是因为它变得可以书写了。我们仍然要为它创造适当的环境。我们必须在自己身上创造一种心境，使我们能把握它的真正比例，享受其中，并坚持下去。比例、平衡和尺度是我们这个紧张时代的基本需求。这些都是无与伦比的品质。"

4 月 13 日

体育运动缩短了社会距离，有时完全消除了这种距离……把卑微的工匠置于比王子更高的地位。

虽然皮埃尔·德·顾拜旦男爵出生在法国贵族家庭，但他利用他所掌握的一切资源，通过体育和教育为普通人服务。他渴望缩短阶级与阶级之间的距离，于是体育运动成为了他实现这一目标的主要工具。他相信体育运动剥去了社会传统那层故作正经的伪装，创造了将

----

① 普遍史（Universal History）是一种史学文类，也是西方史学中的一个重要传统。它旨在将全人类的历史作为一个整体、连贯的单位进行呈现，通常从人类的起源开始，到当时人类所处的时代结束，具有十分明显的线性结构。

人们聚集在一起所需要的互动机会。1913 年 8 月，他在刊登于《社会变革》杂志上的《体育与社会目的》一文中阐述了这一概念。

　　"体育运动缩短了社会距离，有时完全消除了这种距离，有时甚至将一名卑微的工匠置于比王子更高的地位，从而颠覆了社会的沙漏。它能够激发斗争、努力和冒险的精神，而对斗争、努力和冒险的品味所可能激起的任何残忍或狂野的过度行为也都会被它所产生的内在团结力量抵消。（除了体育，）还有什么因素能以这种方式影响社会关系呢？"

4 月 14 日

对于那些志在摘得桂冠的人来说，奥林匹克运动会一定是一片光辉的景象。

　　奥林匹克运动可谓是终极的人才搜寻行动。它以其不断将体育运动推广到世界每一个角落的动力，为所有具备能力和天赋的人开辟了一条上升的道路。当它发现真正有天赋的人时，就会打开通往奥运会的大门，而那些心怀壮志的人们往往能应对自如。这就是为什么皮埃尔·德·顾拜旦男爵坚持认为奥运会应该对所有人开放——因为这样才能让所有有天赋、有动力的人们有机会在最高水平的体育赛事中同台竞争，就像精英体制一样。这是他在 1903 年的《奥林匹克评论》上发表的《奥林匹克组织》一文中提出的观点。

　　"奥运会不能得罪任何人。他们必须成为普遍竞争的场合，成为那些志在摘得桂冠的人眼中的光辉景象。"

4月15日

（古）希腊的遗产是如此丰富……有些人把训练看作是国防的一种形式，另一些人把训练看作是通过微妙的身心平衡来追求身体之美与健康的过程。

在1894年巴黎奥林匹克代表大会的闭幕宴会上，皮埃尔·德·顾拜旦男爵提醒他的同事们，运动和训练可以有多种用途。在他们开始启动现代奥林匹克运动之际，顾拜旦希望他们把注意力集中在他的目标上——为了个人的健康、成就和幸福而发展和推广体育运动，并在这个过程中，通过奥运会将世界团结在友谊与和平的氛围中。以下是他演讲中的一段话，今天的语录就引自这里。

"先生们，（古）希腊的遗产是如此丰富，以至于在现代世界中，所有那些从体育运动的某一个方面属性看待它的人都有正当理由对希腊提出要求，因为希腊包含了所有这些方面。有些人把训练看作是国防的一种形式，另一些人则把训练看作是通过微妙的身心平衡来追求身体之美与健康的过程。"

4月16日

在我看来，现代奥林匹克主义的核心是一种高尚的道德品质，它是一座神圣的堡垒，在那里，充满男子气概的体育项目让优秀的参赛者们汇聚一堂，相互较量。

当皮埃尔·德·顾拜旦男爵在1935年写下这段话时，他已穷困潦倒，独自一人住在日内瓦的一间单间公寓里。他继承的财富已经耗尽，眼下他的居住环境在某种程度上与他出生时的贵族奢华生活截然相反。然而，他拒绝让自己苦闷和失望的情绪渗透到奥林匹克相关的写作中。在这篇发表在《瑞士体育报》上的，题为《现代奥林匹克主义的哲学基础》的文章中，他仍然在颂扬自己四十一年前发起的这场运动的力量。

此处值得注意的两点是：现代奥林匹克主义的核心是一座神圣的道德堡垒的想法可能是他用来反对抵制 1936 年柏林奥运会的那些人的论点——当然，那时的柏林奥运会已被纳粹控制了；他提到的"充满男子气概的体育项目"反映了他反对女性参加奥运会的顽固态度，尽管在他退休后的十年里，奥运会已经在性别包容方面取得了很大进步。

4月17日

生活很单纯，因为斗争很单纯。一位优秀的战士会后退，但不会放弃。他会让步，但他从不屈服。

随着 19 世纪末的临近，皮埃尔·德·顾拜旦男爵的创作冲动促使他转向了虚构文学的创作。于是他写下了一生中唯一的一部小说。1899 年，他以乔治·霍罗德的笔名完成了《集会小说》。这本小说讲述了一名年轻贵族到法兰西第三共和国参加集会的成长故事。在某种程度上，它也是一部几乎不加掩饰的自传。就像皮埃尔本人一样，书中的主人公也是从体育的训诫中领会到了人生的真谛。在这方面，下面这段话无疑是很有说服力的。

"生活很单纯，因为奋斗很单纯。一位优秀的战士会后退，但不会放弃。他会让步，但他从不屈服。当面对不可能达到的目标时，他会改变方向，勇往直前。如果他气喘吁吁了，他会停下来休息并等待时机。如果他在战斗中被打倒，他会用他的言语和他的存在继续鼓励他的兄弟们。即使周围的一切在他身边轰然倒塌，他也从不绝望。"

4 月 18 日

在过去的四十年里，我对希腊主义，对它的未来，以及对它将持续产生丰硕成果的信心越来越坚定。

古希腊的思想和文化，在基督时代之前被称为希腊主义，它对皮埃尔·德·顾拜旦的生活和工作产生了重大影响。如果顾拜旦今天仍然在世，他一定会说希腊主义是现代人文主义的基础。在他看来，希腊主义提供了一种植根于现世的即时性信仰——而不像主流宗教那样植根于来世。他相信希腊主义强调人的身心和情感全面发展的理念能够改善我们在这个世界的生活质量，而奥林匹克运动会就是这种信念的产物。

虽然皮埃尔·德·顾拜旦男爵在奥林匹克世界的影响力逐渐减弱，但他依然继续与远近的朋友保持着或私下或公开的联系。1934年4月，在他创立现代奥林匹克运动会四十年后，他写下了《致我的希腊朋友们的公开信》，这封信可以在国际奥委会的档案馆和出版物《选集》中找到。正如今天这则简短的引文所表明的那样，他想让希腊人知道，他并没有对他们的古老哲学中蕴含的力量失去信心。

4 月 19 日

我们复兴一项有着两千五百年历史的制度，是为了让你们成为体育宗教的新主人，正如我们伟大的祖先所构想的那样。

1927 年 4 月，皮埃尔·德·顾拜旦男爵从奥林匹克运动主席之位上退休两年后，他应希腊人的邀请访问了古奥林匹亚。他的东道主在神圣的阿尔蒂斯树立了一块刻有顾拜旦姓名的白色大理石碑，他就在那里接受了表彰。他的女儿蕾妮不久前刚刚成为他的助手，这次也与他同行，这无疑为这一场合增添了不少乐趣，也是对他在复兴现代奥运会的过程中发挥的独特作用的认可。在那里，他写下了《致各国青年运动员》一文，下面这段话就摘自这篇文章。

"我和我的朋友们努力复兴奥林匹克运动会，并不是为了让它们成为博物馆或电影院的陪衬；我们也不希望它们被商业或选举利益集团控制。我们复兴一项有着两千五百年历史的制度，是为了让你们成为体育宗教的新主人，正如我们伟大的祖先所构想的那样。"

4 月 20 日

如果有人问我"成为奥林匹克的秘诀是什么"，我会说第一个前提是快乐。

在皮埃尔·德·顾拜旦男爵近五十年的职业生涯中，"快乐必须是运动和锻炼的核心"是他写作中的一贯主题。在他看来，快乐是任何体力活动或任何体育运动的第一要素。他指出孩童从游戏中体验到的是一种纯粹的快乐，他希望看到每一位奥林匹克运动员都能怀着这种享受的态度参加奥运会。这是他试图在下面的段落中传达的关键信息，这段话摘自他写于1918年的《奥林匹克书信（7）：成为奥林匹克的秘诀》一文。

"如果有人问我'成为奥林匹克的秘诀是什么'，我会说第一个前提是快乐。毫无疑问，我的回答似乎很令人惊讶。'奥林匹克'这个词总会错误地让人联想起稳定的平衡，力量的相互制衡，以及处于完美平衡状态的天平。'有健全的身体才有……'这句老话常常在颁奖典礼的发言中被引用。但现在看来！这几乎不符合人性，或者至少，不符合年轻人的秉性。这完全是老家伙们的理想……那我问你，除了快乐，还有什么能为努力创造动力呢？"

4 月 21 日

在我们如今的生活中，体育运动是一所优秀的预科学校，也是一名优秀的和平使者……它能驱除恶意，代之以对生活的热情。

皮埃尔·德·顾拜旦男爵从他教育改革的使命之初就确信"体育学校"将有助于改变世界各地年轻人的行为方式。他总是不厌其烦、想方设法地把体育教育可以带来的益处传达给人们，他相信体育教育可以培养出更优秀的公民，让他们过上更充实的生活，并在此过程中为缔造和平做出贡献。这段话节选自《体育与社会问题》一文，该文于 1913 年 8 月发表在《社会变革》杂志上。

"在我们如今的生活中，体育运动似乎是一所优秀的预科学校，也是一名优秀的和平使者……它能化解嫉妒，因为它标榜绝对的、近乎数学水平的公正。它能驱除恶意，代之以对生活的热情。"

4 月 22 日

今天，奥林匹克运动会一如既往地回应着世界各国人民自然而健康的喜好。

或许你在阅读的时候并没有感觉到，但这是一则辩护性的声明。1900 年，在巴黎第二届奥运会上，皮埃尔·德·顾拜旦男爵试图将这个节日置于国际体育浪潮的大背景之下，满足所有国家对竞争的内在渴望。他这样做实际上是想赋予奥运会现实中缺乏的身份认同，因为奥运会的存在感几乎被巴黎世界博览会的盛大庆祝活动淹没。这届奥运会从 5 月开始，一直持续到 10 月，期间共有七十五项赛事分布在城市的各个角落。然而，虽然历史上有超过一千名运动员参加了比赛，但是其中的许多人当时并不知道自己正在参加奥运会。男爵后来承认这场奥运会的组织工作完全是一团糟。然而，在他当年 6 月发表的一篇题为《1900 年巴黎奥运会》的文章中，他还是试图为他们的庆祝活动增添一丝历史声望和国际意义。

4月23日

奥林匹克运动会……是四年一度的人类春天的庆典，是对人类世世代代相继到来的纪念。

在这句话中，我们发现皮埃尔·德·顾拜旦男爵一再地用"人类的春天"这一美丽的短语来定义奥林匹克运动会。这是一个充满乐观和希望的短语，因为它意味着未来充实人生的起点，因为它代指每一代人崛起的更新点，所以它也带有永恒的意味。男爵创立奥林匹克运动会，是为了让全世界的年轻人永远都能参与其中，让最优秀的运动员代表自己的国家与自己这一代人，向世界纪录发起挑战。

下面是这段话的全文，摘自男爵于 1935 年发表在《瑞士体育报》上的《现代奥林匹克主义的哲学基础》一文。他在这里提出的论点是，无论奥运会是否举办，每四年一届的奥运会的编号都将按其应有的顺序维持下去。后来，虽然 1940 年的第 12 届和 1944 年的第 13 届奥运会因第二次世界大战爆发而取消，但是数字的顺序仍然没有中断，这就是为什么今天我们在期待着东京举办的第 32 届奥林匹克运动会。①

"休战的理念是奥林匹克主义的另一个要素。它与节奏的概念密切相关。奥林匹克运动会必须按照严格的天文节奏举行，因为它们是四年一度的人类春天的庆典，是对人类世世代代相继到来的纪念。这就是为什么我们必须严格遵守这个节奏。今天，如同古代一样，如

---

① 由于新型冠状病毒疫情的影响，2020 年东京奥运会将推迟至最迟 2021 年夏季举行。国际奥委会表示，延期后的第 32 届奥运会仍将使用"东京 2020 奥运会"这一名称。

果因不可预见的情况造成不可逾越的障碍，奥林匹克运动会可能无法如期举行，但是奥林匹克运动会的次序和数量都不能改变。"

4月24日

奥运会纪录是一个人通过自然的力量……和他的性格能量所达到的极限。

一个多世纪以来，奥运会纪录一直是运动造诣和人类进步的见证。它量化了每一代人中最优秀的运动员的成就，然而，尽管统计数据十分准确，它仍然充满了神秘色彩。因为关于如何才能成为冠军的争论至今没有休止——也永远不会有尽头。当然，自然的天赋、严格的训练，以及难得的临场应变能力都是不可或缺的基本要素，但是最后的几项个人动机，以及当时的具体环境，归根结底还是无法量化的。在每一位实现了所有预言的冠军背后，都有一群人在不被看好的情况下出人意料地实现了逆转。成为冠军的关键至今仍然是个谜团——这是理所应当的。体育的戏剧性正是植根于它的不可预测性。我们会对比赛结果感到兴奋，正是因为没人真正了解什么赋予了一名运动员（无论男女）战胜所有竞争对手的能力。

这就引入了我们今天要讨论的这条语录。和古今所有体育迷一样，皮埃尔·德·顾拜旦男爵也经常猜测成为冠军需要付出什么代价——然而和其他人一样，他自己也搞不清楚。在 1920 年安特卫普奥运会期间，他在比利时国王面前发表了这样的声明，尽管如此，男爵关于创造奥运会纪录所需的条件的表述听起来并不十分令人信服——虽然关于社会地位这一点他说得完全正确。

"奥运会纪录是一个人通过自然赋予他的力量和他性格中的能量达到的极限。他的社会地位、他的名声或者他从父母那里继承来的财富都无益于纪录的提高。无论他是王子还是工匠，这层身份都不会使他在规定的时间内跑出、游出或划出的距离增加哪怕一尺。"

4 月 25 日

荣誉感和无私奉献的精神使体育运动能够履行其改善道德风尚、维护社会和平以及促进身体发育的使命。

如今，世界各地的企业实体都在努力把自己打造成"以价值观为基础"的组织。他们通常会进行研究，建立一套原则，印发讲义，并且让员工参加品牌培训，以便内化他们的经营宗旨。让一个企业大家庭围绕一系列共同的理想前进是商业活动中最难实现的目标之一，然而皮埃尔·德·顾拜旦男爵在大约一百年前就单枪匹马地做到了。他通过自己创立的奥林匹克主义哲学，也就是通过体育运动实现友谊与和平的意识形态，把世界范围内的奥林匹克运动推上了一条以价值观为导向的道路，这条道路至今仍在地球的各个角落与理想主义的力量产生共鸣。在男爵提出的价值层次结构中，个人荣誉感和无私奉献的精神几乎位于顶端，因为他知道它们对促进道德世界中的社会和平至关重要。正如今天的语录所示，他在《新奥林匹克主义：对雅典人民的呼吁》一文中明确地表述了这一思想。今天的引用摘自他在帕纳索斯文学协会发表的演讲，这篇演讲的文字稿于 1894 年刊登在《雅典信使报》上。

4 月 26 日

炽热的心灵寓于训练有素的身体。这就是冒险家的教育观。

罗马诗人尤维纳利斯创造了著名的拉丁语格言 "有健全的身体才有健全的精神"，并将这一永恒的公理传给了世人。当皮埃尔·德·顾拜旦男爵考虑将这句话应用到奥林匹克的语境中时，他认为这句话不足以表达他所钦佩的运动员的成就。因此他对这句格言进行了改写，在基本配方中加入了对知识的热情和体育锻炼两种元素。下面的这段话是对 1911 年 7 月的《奥林匹克评论》的摘录。在这段话中，男爵讨论了 "炽热的心灵寓于训练有素的身体"这句略作修改后的表述。

"'炽热的心灵寓于训练有素的身体'。《奥林匹克评论》对这句格言的价值进行了讨论……一位杰出的拉丁语学家兼国际奥委会委员对'训练有素'一词的使用并不完全满意。后来，教皇庇护十一世表达了对'炽热'一词的关注。在这两种情况下，过度的概念都取代了平衡的概念，这就是发起人的意图；他在这个问题上秉持的原则是众所周知的。现代教育体系正在为自己创造一个大胆的定义：炽热的心灵、训练有素的身体、与发达的肌肉或对立或互补的活跃的思想。这就是飞行员和冒险家等人的教育观。"

4 月 27 日

敏捷在于对力量的合理分配。平衡和战斗是本能。

像这样的语录为我们展示了大约一百年前最先进的运动心理学观点。在现代体育运动的早期阶段，皮埃尔·德·顾拜旦男爵还是一位认真研究体育实践和运动表现的学生。他的工作横跨所有科学领域，广泛地参考了体育运动、心理学和体育教育的主要拥护者们的研究和著作。下面的这段话摘自《运动心理学》一文，这篇文章收录在阿歇特出版公司 1901 年出版的三百二十页的《公共教育笔记》一书中。男爵当时对竞技成功的各种属性的看法，从这段话中可见一斑。

"大多数时候，敏捷在于对力量的合理分配……当'诀窍'开始发挥作用的时候，观众是察觉不到的，就像在观看摔跤比赛时他们意识不到摔跤选手正在巧妙地运用力学定律一样。每一名优秀的拳击手都十分敏捷，就如同每一名优秀的滑冰运动员都拥有巨大的力量。说到底，力量和敏捷只是表象。平衡和战斗才是本能。"

4 月 28 日

（现代奥林匹克）运动的目标是保护人类，实现自我掌控，掌握危险，掌握元素，掌握动物，掌握生命。

在奥林匹克运动的层面上，竞赛的纪律要求完全的自我掌控。在皮埃尔·德·顾拜旦男爵看来，运动员必须在一定程度上掌控自己的身体、自己所处的环境和生活本身。这是他 1935 年 8 月 4 日在日内瓦发表的广播讲话中提出的观点。在三天后的 8 月 7 日，他这篇题为《现代奥林匹克主义的哲学基础》的发言稿被刊登在了《瑞士体育报》上。 这是时年七十二岁的男爵人生中的一个重要时刻，关于这则广播的重要性，我们将在接下来的语录中进行更多的讨论。

4 月 29 日

我们必须为明天而努力，为即将进入学校的下一代而努力……必须引入一整套关于青年的哲学，这套哲学将成为今后男子汉气概哲学的基础：人不能作弊。

　　皮埃尔·德·顾拜旦男爵从国际奥委会退休后，将工作重心转回了教育领域。他在 19 世纪 80 年代开始了他的教育改革生涯，并将体育和教育的联系定为奥林匹克主义的核心，然而令他颇感失望的是，各地的学校都对体育教育抱有一种或忽视或轻视的态度。1928年，他创立了国际体育教育局，并在洛桑大学发表的演讲中明确了该机构的宗旨：协助发展一种全新的教学哲学，重新强调体育教育的重要性。今天的语录摘自《体育活动的教育用途》，这是男爵发表的一篇演讲，其文字稿于 1928 年 11 月 28 日刊登在《瑞士体育报》上。
　　"我们必须为明天而努力，为即将进入学校的下一代而努力。当下的主人翁是学校的老师和教授。 需要改进的地方是研究生阶段的师资培训。 青年教师必须重视体育的教育用途。 必须引入一整套关于青年的哲学，这套哲学将成为今后男子汉气概哲学的基础：人不能作弊。在比赛中，通过扭曲真相获得的成功并不算成功，这就好比以摄取毒物代替进食。失败并非不幸的事，没有尝试过才是。"

4月30日

奥林匹克主义不仅仅强化了体育运动。它也为体育教育开辟了全新的、富有成效的道路。

1919年1月，距离第一次世界大战结束刚刚过去几个月。皮埃尔·德·顾拜旦男爵在一封致国际奥委会成员的信中，提醒他们要牢记他们最重大的成就之一，那就是团结起了各种体育组织。这些组织在合作举办奥运会之前，曾经彼此对立。奥林匹克运动汇集了田径、体操、自行车、拳击、摔跤、游泳等领域的权威人士，开启了一个多项目合作、共同繁荣的新时代。当顾拜旦鼓励他的同事们收拾战后的残局时，他希望他们牢记过去的成就，并提醒他们奥林匹克运动和教育之间的联系对他来说仍然是最重要的。

"（创造）体育折中主义，既是复兴奥林匹克主义的先决条件，也是复兴后的奥林匹克主义所能产生的最大利益。在此之前，各项体育运动的从业者之间互不关注，或者互相对立。他们过着闭关自守的生活，认为自己与他人喜欢的运动是相互排斥的，或者是相互有害的。奥林匹克主义要求他们携手合作。这样一来，奥林匹克主义不仅仅强化了体育运动。它也为体育教育开辟了全新的、富有成效的道路。"

五月

奥林匹克主义，是身体与心灵的博爱主义，
而禁欲主义是身体与心灵势不两立的教义。
这两者之间注定要发生冲突。

5月1日

我将非常乐意看到军事对手在战争中停止敌对行动，以庆祝充满体育精神的、公平和有礼貌的（奥林匹克）运动会。

1935年8月4日，也就是第十一届奥林匹克运动会在柏林开幕的前一年，皮埃尔·德·顾拜旦男爵来到位于日内瓦的瑞士广播电台演播室，发表了一篇长篇广播，这是他正在录制的《现代奥林匹克主义的哲学基础》系列节目的一部分。当天他所传达的信息中的一个方面是，无论外部环境如何，奥运会都要按照正常的周期举行。男爵在某些问题上总是先知先觉，当时他的脑海里也一定闪过了战争的念头。在这段演讲中，他着重强调了为举办一场和平的运动会而休战的可能性。这是他最后一场重要的公开演讲，考虑到当时欧洲的和平正面临威胁，他这段确保奥运会继续举行的呼吁十分有意义。以下是这段讲话的部分内容。

1935年8月4日，皮埃尔·德·顾拜旦男爵在日内瓦瑞士广播电台的演播室里。摘自《奥林匹克主义——顾拜旦文选》。

"休战的思想是奥林匹克主义的另一个要素……还有什么方式比定期宣布暂停敌对、争端和误解行为更能体现（奥林匹克运动会的）荣耀呢？人不是天使，我不相信让大多数人成为天使会让人类获益。但是，真正的强者是拥有强大意志力的人，他们的意志力强大到可以使他们自己和他们所属的群体停止对征服和占有的追求——无论这类追求听起来有多么正当合理。我将非常乐意看到军事对手在战争中停止敌对行动，以庆祝充满体育精神的、公平和有礼貌的（奥林匹克）运动会。"

在广播的最后，男爵以乐观的语气结束了讲话，尽管此刻他已经意识到自己时日无多。

"现在我的人生已经临近尾声，我要趁着第十一届奥林匹克运动会即将到来之际，向你们表达我最美好的祝愿和感谢。同时，我也要向你们传达我对青春和未来不可动摇的信念！"

5 月 2 日

奥运会将成千上万的年轻运动员聚集在一起，对这些年轻人来说，奥林匹克的桂冠就是最高的体育理想。

随着 1924 年巴黎奥运开幕式的临近，皮埃尔·德·顾拜旦男爵对一些人对运动员发表的评论感到很沮丧。在他的《奥林匹克回忆录》中，他回忆起在巴黎时"那些运动员们普遍的幽默感"，并对那些认为运动员对东道主要求过高的人发出了指责。在男爵看来，事实恰恰相反，他对他们的雄心壮志表示了赞赏。这段话摘自《第八届奥运会》一章。

"那些每时每刻都在说（运动员）难以取悦的人只是在暴露自己的无知。这也说明他们并没有注意到在这样一个庄严的场合中，成千上万的年轻运动员聚集在一起时表现出的持续兴奋和狂热。对这些年轻人来说，奥林匹克的桂冠就是最高的体育理想。"

5月3日

感激是最容易付诸实践的美德之一。它也是最容易表达的一种感情。

19世纪80年代，当皮埃尔·德·顾拜旦男爵开始进行他的教育改革工作时，他并不知道这项工作将引领他走上复兴失传已久的奥林匹克运动会的道路。但十余年后，他发觉自己正在1894年的索邦大学大会闭幕式宴会上发表演讲。那一刻，他的心中充满了感激之情，正如他演讲中的这段话所表明的那样。

"感激是最容易付诸实践的美德之一。它也是最容易表达的一种感情。这次大会圆满地实现了我成年生活头十年中的愿望。在大会闭幕之际，我环顾四周，寻找那些帮助和支持过我的人，我必须向他们表达深切的谢意。"

5月4日

虽然时世艰难依旧，但现在破晓的曙光是暴风雨之后的曙光；临近正午，天色将放亮，油亮的谷穗将再次填满收割机的怀抱。

终身的乐观主义可能是童年的馈赠，可能是与生俱来的性格特征，也可能是意志行为的结果。然而不管它的来源是什么，皮埃尔·德·顾拜旦男爵始终是一位坚定不移的乐观主义者。虽然他的人生充满了苦难，他的事业充满了挣扎，但无论周围的环境如何，当他展望未来时，他总能看到更光明的一天。在第一次世界大战刚刚结束时，男爵写给瑞士总统古斯塔夫·阿多尔的一封信中就带着那种无法抑制的希望感。这段他对那些日子的回忆摘自《奥林匹克主义四十年：1894-1934》一文，这篇文章于 1934 年刊登在《瑞士体育报》上。

"在我不久前提到的 1919 年的那场庆祝活动上，我在回答（瑞士）总统古斯塔夫·阿多尔的问题时说过：'虽然时世艰难依旧，但现在破晓的曙光是暴风雨之后的曙光；临近正午，天色将放亮，油亮的谷穗将再次填满收割机的怀抱。现在还未到正午，先生们。历史的日子还长着呢。我们要有耐心，也要保持信心。'"

5月5日

我们已经把目光投向了复兴后的奥林匹克主义所能够达到且必须达到的高度。

奥林匹克运动的目标始终是崇高而深远的。由于迄今为止，奥运会的最终目的都是通过体育将世界团结在友谊与和平中，所以皮埃尔·德·顾拜旦男爵希望他的同事们在一战后重启奥运会时，能够着眼于这个目标。我们以前曾经引用过这封信的内容，以后还会再次引用，因为这封信清楚地捕捉到了男爵对奥林匹克运动在战后的真正使命的看法。

"长久以来，我们已经把目光投向了复兴后的奥林匹克主义所能够达到且必须达到的高度。"

5月6日

奥林匹克主义，是身体与心灵的博爱主义；而禁欲主义是身体与心灵势不两立的教义。这两者之间注定要发生冲突。

虽然皮埃尔·德·顾拜旦男爵终生都是一名虔诚的天主教徒，但他也认为教会对灵与肉的战争的强调损害了体育教育对广大公众的益处。他在这里使用"禁欲主义"一词是对直接批评教会教义的礼貌性回避，但下面较长的一段话清楚地表明，他所指责的就是宗教教义。有趣的是，当时他将作为现代人文主义形式之一的奥林匹克主义置于与禁欲主义相冲突的地位。今天，由于教会对体育运动的广泛接纳，这种冲突已经在很大程度上得到了消解。这段话摘自男爵于1929年在巴黎发表的一篇题为《奥林匹亚》的演讲。

"奥林匹亚并非仅仅从地球表面上消失了。它也从人们的心目中消失了。禁欲主义占据了主导地位……这种信仰在人们心中扎下了根，无论这个过程是有意还是无意的，这种信仰都得到了那些不按它的教义行事的人们的认可和尊重。这种信仰认为，身体是心灵的敌人，它们之间的斗争是不可避免的、再正常不过的，不应该为了使二者能够联合起来管理个人而寻求相互理解……奥林匹克主义，是身体与心灵的博爱主义；而禁欲主义是身体与心灵势不两立的教义……它们之间注定要发生冲突。"

5月7日

奥林匹克主义重新出现在现代文明的背景下，并不是为了发挥地区性和暂时性的作用。它所肩负的使命是普遍而永恒的。它很有野心。它需要占据所有的时间和空间。

奥林匹克运动会在现代文明中占有永久的地位。每隔两年，在冬天和夏天，世界都会把目光转向人类最盛大的庆典。这一永久地位是皮埃尔·德·顾拜旦男爵愿景的实现。他一直希望奥林匹克运动能够吸引地球上的每一个国家参与进来，希望奥林匹克运动会能够成为每一代人即将跨越成年的门槛时永恒的更新仪式。虽然每一届奥运会都会让人想起过去的英雄事迹，但它也会展望未来。奥林匹克主义适应当今时代的发展，并为即将到来的时代做准备。它吸收新的趋势，采用新的技术，随着社会的变化而变化，在保持历史意义的同时又与时俱进。当新一届奥林匹克运动会的主办城市和国家迎接全世界的到来时，奥运会也将新的文化和习俗展现在了世界面前，这样实质上是将人类的多样性充分展示在每个人面前。而这正是男爵所希望的。当他在 1913 年为《奥林匹克评论》撰写《1914 年的会徽和会旗》一文时，正是用我们今天引用的这句话表达了这一想法。

5月8日

当然，运动员们都知道拥有一身强壮健康的肌肉需要付出的代价和它所带来的满足感的力量，但这还不足以创造全部的快乐，因为其中还有另一个因素在起作用，那就是利他主义。

在个人层面上，满足感是对达到奥林匹克水平的运动表现所需的牺牲和自律的回报。在皮埃尔·德·顾拜旦男爵看来，这种满足感可以带来令人愉悦的平衡感和内心的和谐感，然而要获得完全的快乐，仅仅这样还不够。因此男爵说，运动员必须要跳出自身的思维局限。在体育运动的语境下，利他主义是一种对他人的奉献，它意味着确保他人也能从竞争中获得充分的利益，体会到完全的快乐。今天，我们也常听别人说，最伟大的运动员能让每一位队友都变得更优秀。这一定就是男爵在《奥林匹克书信（7）：成为奥林匹克的秘诀》中借这句话想要表达的内容，这篇文章于1918年刊登在《奥林匹克评论》上。

在男爵的原文里，还出现了现在已经过时的"体液"一词："当然，运动员们都知道达到体液平衡需要付出的代价和它所带来的满足感的力量……"早期医学宣称，人体中有四种重要的液体，称为体液。在适当的平衡状态下，它们可以促进人体的健康。男爵相信体育运动有助于维持这些体液的平衡。

5月9日

教育必须成为人生的序言。成人要有自由，孩子也要有自由。关键是要教会孩子如何运用自由，并理解自由的重要性。

皮埃尔·德·顾拜旦男爵对 19 世纪 80 年代英国教育制度的赞赏程度之深，无论怎样形容都不为过。他极力推崇已故的拉格比公学校长托马斯·阿诺德，认为他创造了一种通过体育运动培养学生责任感的全新模式。男爵从小在巴黎的耶稣会士学校里接受教育，那里没有体育课，没有锻炼，也没有任何运动项目。男爵希望所有的法国孩子都能像英国孩子们一样，享受到运动场上的自由。正如他于 1887 年在《社会变革》杂志上发表的《英国教育》一文中所说的那样，他相信孩子们在运动中学到关于自由的知识会在多年后为共和国培养出更多负责任的公民。

"教育必须成为人生的序言。成人要有自由，孩子也要有自由。关键是要教会孩子如何运用自己的自由，并理解自由的重要性……对（英国）学校的日常生活做一个简单的概述，就能更好地了解他们被允许拥有的自由，以及他们如何充分利用这种自由……这种自由会带来两种必然结果：责任感和等级制度，或者学生自己对学生的监督……孩子会由此学到如何待人处事。既然要为自己的行为承担风险，他就必须预测自己的行为带来的结果。"

5 月 10 日

一旦运动员不再把自己的努力带来的快乐看得比其他任何事情都重要，他的理想就会受到玷污。

在皮埃尔·德·顾拜旦男爵看来，运动员的个人动机是最重要的。他相信，只有当运动和比赛的追求是纯粹的，不是为了虚荣或个人利益，而是为了实现体力活动的光荣理想时，体育和竞赛才能给人带来最大的利益。在这里男爵似乎是在告诫运动员们要做到心无杂念，否则就会偏离巅峰表现。用今天的话来说，这句忠告可能会被转化成一句耳熟能详的教练口号，比如"集中注意力"或"保持专注"。从最广泛的意义上来说，男爵希望每一位运动员都能接受奥林匹克运动会的核心是理想主义这一荣誉准则。这句话出自 1920 年 8 月第六届奥运会期间男爵在安特卫普市政厅发表的演讲。

"一旦运动员不再把自己的努力带来的快乐看得比其他任何事情都重要，一旦他不再陶醉于这种快乐带来的强健体魄与平衡感，一旦他允许自己被虚荣或私利的考虑所支配，他的理想就会受到玷污。"

5 月 11 日

现在各地都在盲目地兴建体育场馆……近些年来，几乎所有的体育场馆都是地方利益，而且往往是商业利益的产物，根本不是奥林匹克利益的产物。

如果是在我们这个时代，皮埃尔·德·顾拜旦男爵一定会毫不犹豫地跳进围绕着新体育场馆建设展开的争议中。这句话摘自他于1928年11月发表在《瑞士体育报》上的《体育活动的教育用途》一文，这表明如果在今天，男爵可能是今天的可持续发展引领者的先驱。在"体育场馆过多"的副标题下，男爵抨击了在当时推动非必要建设的显赫商业利益。看样子，我们再次从他的早期奥林匹克经历中学到了教训，一直以来对这些教训的忽视让我们付出了高昂的代价。男爵担心如果商业利益集团获得了更多的控制权，他们最终会使运动员走向堕落。

"现在各地都在盲目地兴建体育场馆。如果某些读者有足够的好奇心去翻阅国际奥委会的九卷本官方出版物《奥林匹克评论》，他们就会发现其中有不要把体育变成表演的警告，以及那样做的最终后果——这几篇文章分别写于十八、二十和二十二年前。当时我曾说过，一旦为四万名观众设立了座位，就必须要把它们填满，这就意味着要吸引观众。要想吸引观众，就得做宣传，要想宣传得有理有据，就得引入一些轰动性的数字……是的，这些话我说了一遍又一遍，但根本没有人听。近些年来，几乎所有的体育场馆都是地方利益，而且往往是商业利益的产物，根本不是奥林匹克利益的产物。"

5 月 12 日

运动教会人们"明智的规则"，使人发挥最大强度的努力而又无损健康的肌体。

在 1912 年斯德哥尔摩奥林匹克艺术竞赛上，皮埃尔·德·顾拜旦男爵表现出色，他的诗作《体育颂》获得了文学竞赛的金质奖章。此前我们已经多次引用过《体育颂》中关于美丽与和平的诗句，在今年结束前，我们将再次引用。今天的引文出自诗歌的第八节"啊，体育，你就是进步！"，男爵在其中称颂了体育锻炼和比赛对身体的好处。有趣的是，这首诗是他以乔治·赫罗德和 M·艾歇巴赫的笔名提交的。这个双重笔名的来历几十年来一直不为人知，直到德国奥林匹克学者诺伯特·穆勒注意到在法国阿尔萨斯有两个小村庄分别名为赫罗德和埃歇巴赫欧瓦尔，这两个村庄都很靠近男爵夫人玛丽·罗唐的家族庄园鲁特巴赫。

"你告诉人们遵守规则，使人发挥最大强度的努力而又无损健康的肌体。"

5 月 13 日

我对历史，特别是罗马史的了解比其他领域深入很多。也许是教给我这一切的母亲用她的悉心教导使这一切显得容易，她对那些事情了如指掌。

既然今天是母亲节……皮埃尔·德·顾拜旦男爵拥有一种敏锐

的历史感，而这似乎来自他的母亲，玛丽－玛瑟尔·吉戈尔·德·克利塞诺伊，顾拜旦男爵夫人。根据男爵的回忆录，她是一位受过高等教育的女性，她曾经和她的兄弟们一起学习，也曾经在体育比赛中与他们同台竞争。在这段摘自《青年回忆录》的长文中，男爵明确表示，他的母亲在他很小的时候就把这种对历史的热情灌输到了他早熟的头脑中。有趣的是，在学习之初，他对罗马史的熟悉程度远远超过了希腊史。

"我对历史，特别是罗马史的了解比其他领域深入很多。也许是教给我这一切的母亲用她的悉心教导使这一切显得很容易，她对那些事情了如指掌。她对拉丁文非常熟悉，也和她的兄弟们一起追随过大师的教诲，这些教诲不仅在她头脑中形成了历史的轮廓，也让她对史实有了更深层次的理解。在她的引领下，'帝国的演替'在我眼中呈现为一幅幅激动人心的浮雕图景。相反，我对希腊一点也不清楚，或者说，至少我所了解和吸纳的古希腊与真实存在过的古希腊截然不同。此后，我又温习了我学习时使用过的书籍和照片。我发现，的确，在那时，古罗马有着很好的含义，而古希腊背后的含义却不怎么好。古希腊文明与古罗马文明被认为是平行存在的；我们通过后者来设想前者，并把这种方式当成是一种无视其复杂多样性的绝对可靠的观照方式。后来，考古学家们的合作帮助我们唤起了真正的希腊主义。在1869年，我根本没有在雅典的街道上见到庇西特拉图或者伯里克利的心理准备，因为在我心中他们无法代表这个仍然活着的城市的面貌⋯⋯与之相反，大西庇阿、穆修斯·斯卡沃拉、西塞罗，甚至罗慕路斯才是我期望在广场的废墟上遇见的人物。"①

5 月 14 日

体育运动可以让人产生生理上的享受……挥动、疾驰、搏击和飞舞带
来的沉醉感就像常见的醉酒感一样强烈。它能带给人感官上的平静，
不仅是因为它会令人疲惫，也是因为它能使人满足。

1928 年，在洛桑的一场演讲中，皮埃尔·德·顾拜旦男爵试图
将成年人通过感官寻求的"强烈的生理快感"与运动所产生的愉悦感
进行类比。在他看来，这两者的最终结果都是带来满足感，由此达到
平复情绪的效果。显然，在性事方面，男爵并不是什么老古板——当
他试图向成年观众描述体育运动的好处和乐趣时，他涉足了肉欲激情
的领域。这段话摘自男爵为纪念国际体育教育局成立而发表的题为
《体育活动的教育用途》的演讲。1925 年，顾拜旦从国际奥林匹克
委员会主席的职位上退下来之后，他开始发起一系列努力，吸引那些
已经离开学校很久的成年人们接受体育教育，享受体育运动的乐趣。
体育教育局的建立便是其中的一环。

"体育运动可以让人产生生理上的享受，即强烈的身体愉悦。在

---

① 庇西特拉图为古希腊雅典僭主；伯里克利为希腊雅典黄金时期具有重要
影响的领导人；大西庇阿为古罗马政治家，也是领导了第二次布匿战争的统帅；
穆修斯·斯卡沃拉全名昆塔斯·穆修斯·斯卡沃拉·斯喀埃沃拉，为古罗马著名
演说家；西塞罗为古罗马著名哲学家、政治家、律师、作家、雄辩家；罗慕路斯
与其孪生兄弟雷穆斯是罗马神话中被母狼抚养的双生子，也有一些学者认为罗慕
路斯是真实存在过的历史人物。

特定情况下，这种快感呈现出感官激情的迫切和令人不安的特性，这点许多运动员都可以作证。显然，不是每个人都能有这样的体验。从事体育运动需要一定程度的沉着、热情和心无旁骛，以及感官愉悦的核心自控能力。但是一些游泳运动员、骑手、击剑运动员和体操运动员会告诉你，他们很熟悉这种兴奋感。挥动、疾驰、搏击和飞舞带来的沉醉感就像常见的醉酒感一样强烈。这种感觉既真实又明确，而且它比"其他"形式更胜一筹，因为它不会被想象力人为地激起，也很少因饱足而失望。它能带给人感官上的平静，不仅是因为它会令人疲惫，也是因为它能使人满足。它的作用不仅仅是中和感官，它还能使感官得到满足。"

5月15日

每隔四年，重启后的奥林匹克运动会必将为全世界的青年提供一处众人其乐融融、亲如手足的聚会场所。在那里，人们对彼此的无知将会消失。

当皮埃尔·德·顾拜旦男爵呼吁希腊雅典人民支持两年后他们主办的第一届现代奥林匹克运动会时，他向希腊承诺，奥运会将不仅仅是一次国际体育赛事。他承诺说，奥运会将服务于更伟大的目的，那就是帮助各国的年轻人打破一直以来将他们分隔开的无知，让他们通过赛场上的接触建立起友谊，最终使世界变得更美好。这段话出自男爵于1894年发表的一篇题为《新奥林匹克主义：对雅典人民的呼吁》的演讲。这篇演讲的文字稿随后刊登在当时的重要报纸《雅典信使报》上。

"每隔四年，重启后的奥林匹克运动会必将为全世界的青年提供一处众人其乐融融、亲如手足的聚会场所。在那里，人们对彼此的无知将会消失。"

5 月 16 日

……在阳光的照耀下，在音乐的烘托下，在门廊的建筑中……古代奥林匹克主义的光辉梦想……主导了古代社会的许多世纪。

这段充满诗意的文字，浓缩了皮埃尔·德·顾拜旦男爵在1919年庆祝"宣告恢复奥林匹克运动会二十五周年"的演讲中提出的古代奥林匹克主义思想。他谈到了如果现代运动员能像古代运动员一样在奥林匹亚享受到浸入式的文化体验，那将是多么美好的事情。在那里，艺术、文化、体育和自然完美融合在一起，创造出了一种被希腊人珍视了十二个世纪的体验。

"想象一下，如果（运动的快乐）向外扩展，与自然的快乐以及艺术的幻想交织在一起。想象一下，它在阳光的照耀下，在音乐的烘托下，在门廊的建筑中定格。就这样，古代奥林匹克主义的光辉梦想在阿尔菲奥斯河河畔诞生了，这一美景主导了古代社会许多世纪。"

5 月 17 日

体育运动总是倾向于过度：更快的速度、更高的高度、更强的力量……
永远追求"更多"。这是它的缺点，但也是它的高尚之处和诗意所在。

当皮埃尔·德·顾拜旦男爵目睹现代国际竞赛的发展，并以一
种前无古人后无来者的方式引导这种现象时，他认识到体育运动是一
股不可阻挡的力量。一旦这股力量被释放出来，它就会带着对"更
多"的需求势不可挡地向前发展。它是一种不可阻挡的内驱力，它会
激励人们去发现最优秀的人才，为人类能够发挥出的最佳表现创造条
件。1901 年，他在《公共教育笔记》收录的《运动心理学》一文中
将这一概念定性为"过度"。如今，当我们为自己喜爱的队伍和英雄
们欢呼雀跃，庆贺他们创造了新的辉煌时，这一概念仍然是竞争的最
主要特征。

"今天，就像过去一样，体育运动总是倾向于过度。它的目标
在于追求更快的速度、更高的高度、更强的力量……永远追求'更
多'。就人类的平衡而言，这是它的缺点，那就顺其自然吧！因为这
也是它的高尚之处和诗意所在。"

5 月 18 日

希腊的理想是人类努力付诸实践的所有思想中最明智、最深刻的一种。

显然，在皮埃尔·德·顾拜旦男爵七十一岁那年，他依然热情
地崇拜着古希腊人和他们创造的生活哲学。他相信，世界最终会接纳

加入了现代思想和发明的古希腊人文主义，并将其价值观传播到世界各地。1934 年 4 月，在《致我的希腊朋友们的公开信》中，男爵坚持认为现代世界将再度回归希腊的理想。

"在克服了现代主义的躁动，完全接受了科学进步所提供的美好和实用的东西之后，现代世界最终会在现代思想和发明的作用下再度回归希腊的理想，那是人类努力付诸实践的所有思想中最明智、最深刻的一种。"

5 月 19 日

奥运会的原则现在已经被所有国家接受了。

当皮埃尔·德·顾拜旦男爵写下这句话的时候，他的心中一定充满了深深的满足感。虽然更加悲惨的日子还在后头等着他，但在 1922 年 1 月，当他纵览世界各国，发现他们都想参加他的国际青年节时，他便知道自己的最终目标已经实现了。奥林匹克运动会在世界大战的硝烟中幸存了下来，在当时被公认为全球体育运动的巅峰。这句话摘自《两场战役之间：奥林匹克主义与大众大学》一文，这篇文章曾刊登在当时的《本周回顾》杂志上。

"当我计划重新创立奥运会时，人们都把我当成了疯子。然而，奥运会还是被重新创立起来了，奥运会的原则现在也已经被所有国家接受了。"

5 月 20 日

有时候，最具先天优势的运动员会被那些……用更旺盛的精力和更顽强的意志力取胜的运动员淘汰。

今天，我们经常赞美那些全力以赴、拒绝屈服于自己的先天不足、用纯粹的意志力克服困难的运动员们。体育记者们经常赞美那些更加努力、更加拼命、那些超越了他们自身潜在极限的人。皮埃尔·德·顾拜旦男爵在晚年对这一现象进行了反思，并于 1936 年接受了《柏林午间报》关于"运动进步的起源和局限"的长篇采访。他认识到，那些不把自己的天赋发挥到极致的人往往会被淘汰。

"在每一届奥运会上……我总会看到意志力和沉着自信以某种方式'逼迫'人们成功。有时候，最具先天优势的运动员反倒会被其他运动员淘汰——虽然那些运动员没有那么好的先天条件，但他们会用更旺盛的精力和更顽强的意志力来取得胜利。"

5 月 21 日

我们不是在侵犯社会的特权；我们不是技术警察委员会。我们只是奥林匹克理想的受托人。

从一开始，皮埃尔·德·顾拜旦男爵就坚持要求国际奥林匹克委员会完全自主运作，不受政治或商业压力的影响。他非常钦佩皇家亨利赛艇日的管理委员会所具备的独立性，该委员会掌管着全世界最著名的赛艇比赛。他借鉴了他们的自我招募原则，以确保国际奥委会成员享受持久的自由代理权。这些成员至今都是由国际奥委会选拔出来，被任命"到"自己国家的代表，而非"来自"自己国家的代表。今天的这句话出自 1908 年刊登在《奥林匹克评论》上的《奥林匹克理想的受托人》一文，它抓住了顾拜旦关于确保奥林匹克运动最高权力机构——国际奥委会的独立性这一观点的精髓。

"捍卫自由和为民主服务的最佳办法并不总是把一切都交给选举，相反，我们应该在选举的海洋中保留几座小岛，在岛上，用独立自主和持续稳定的努力确保连续性。我们不是在侵犯社会的特权；我们不是技术警察委员会。我们只是奥林匹克理想的受托人。"

5 月 22 日

我将怀着我们共同培养的体育精神来从事这项新工作，也就是带着同样的努力的喜悦……

美国奥林匹克委员会曾为 1912 年斯德哥尔摩奥林匹克艺术竞赛发行"努力的快乐"奖章，以彰显男爵对快乐的强调。奖章底部的铭文意为"努力的快乐"。

如果说皮埃尔·德·顾拜旦男爵的体育哲学中有一个永恒的主题的话，那就是快乐源于努力。在他五十年的写作生涯里，快乐的理念贯穿于他的著作中。正如我们之前在许多条语录中看到的那样，他一次又一次地在不同的语境中回归这一主题，例如：

"带着充满欢乐希望的梦想……"

"……第一个前提是快乐。"

"……以及一种更激烈的生活乐趣。"

"肌肉带来的愉悦是快乐……的源泉。"

"……完全的快乐……"

"他一定会看到快乐的人性……让我们快乐起来吧！"

展望未来，还有更多有关快乐的名言在等待着我们，其中包括：

"啊，体育，你就是乐趣！"

"运动员享受着自己的努力。"

今天的这句话出自 1925 年男爵在布拉格的奥林匹克代表大会上发表的退休演说。当时，他宣布了自己的新计划，并决心以他们在领导奥林匹克运动时共同培养的努力的喜悦来对待这些新项目。

5 月 23 日

首先，运动员们普遍都很幽默。

1924 年的巴黎奥运会是皮埃尔·德·顾拜旦男爵主持的七届奥运会中的最后一届，当他在这届奥运会上对运动员的风度表示钦佩时，我们可以感受到他心中的感激之情。七年后，当他撰写《奥林匹克回忆录》时，他在《第八届奥林匹克运动会：1924年，巴黎》一章中回忆起了那些年轻运动员们给他以及全世界留下的不可磨灭的印象。

"首先，运动员们普遍都很幽默……真正的运动员们在他们的实践哲学中表现出的平和是多么均衡，多么强烈啊！当然也有例外，很多的例外！但例外并不影响整体印象。"

5月24日

关于奥林匹克运动会……复兴奥林匹克运动会的想法不是心血来潮的幻想，而是一场伟大运动的必然结果。

虽然皮埃尔·德·顾拜旦男爵最终作为现代奥林匹克运动会的"唯一作者"获得了全部的赞誉，但他也承认自己的努力是一场伟大的全球体育运动的一部分。就以往的奥林匹克赛事而言，直接的先例有1859年至1890年间在希腊雅典举办的四届扎帕斯奥林匹克运动会，以及在英国乡村什罗普郡举办的四十余届马奇温洛克奥林匹克运动会，它们都注定成为男爵继续努力的基础。然而，总体而言，复兴奥运会的动力还是来自于英国、美国和欧洲各国体育事业的发展以及对国际竞赛日益增长的需求。从本质上来说，男爵利用这一国际性体育运动建立了一种共识：每四年都要在不同国家的首都举办一届具有现代特征的奥林匹克运动会。1894年6月，他在巴黎领导了一场直接引向现代奥运会创立的运动。今天的这句话出自顾拜旦为《1896年雅典奥运会官方报告》撰写的文章。

5 月 25 日

现代世界充满了强大的可能性，却又有无数致人堕落的陷阱。在这里，奥林匹克主义或许能成为一座培养高尚道德和纯洁心灵的学校……未来的发展取决于你们。

在皮埃尔·德·顾拜旦男爵看来，奥林匹克主义的号召是对更高层次的生活的号召，这种生活的动力来自一个崇高的目标：致力于追求卓越，加强社区建设，为更美好的世界做出贡献。1927 年 4 月，男爵在参观神圣的古奥林匹亚遗址时受到启发，于是他发表了一篇题为《致各国青年运动员》的讲话。为了响应自己年轻时听到的奥林匹克的号召，他呼吁每一位有抱负的奥林匹克运动员都要怀有与对成功的渴望相匹配的对荣誉的执着追求。

"现代世界充满了强大的可能性，却又有无数致人堕落的陷阱。在这里，奥林匹克主义或许能成为一座培养高尚道德和纯洁心灵的学校，又或许是一座培养身体耐力和精力的学校；但前提是你们要不断地把荣誉观念和体育的无私精神提高到与肌肉力量匹配的程度。未来的发展取决于你们。"

5 月 26 日

要支持和引领你们，就要培养三重意志：身体愉悦的意志、坚持不懈的利他主义的意志和全面理解事物的意志。

1933 年，在皮埃尔·德·顾拜旦七十岁生日之际，他在洛桑大学受到了表彰。当时的礼堂里挤满了来自这座奥运之城的崇拜者们，男爵就如何过上诚实正直的生活向他们提出了建议。了解他的处境的人们都知道，他并不是在开具什么幸福生活的处方——因为他自己的生活就充满了挣扎和痛苦。然而我们可以从这个"三部曲指南"看出，男爵得到的公式在一定程度上给当时的他带来了内心的安宁。他对利他主义的强调，以及让人们为了更大的利益而奉献自己的呼吁，一定反映了他从自己的工作产生的广泛影响中获得过多少慰藉。

"要支持和引领你们，就要培养三重意志：身体愉悦的意志，这种愉悦来自激烈的肌肉活动；其次是诚实的、完全的和坚持不懈的利他主义的意志……最后是从整体上理解事物的意志。"

5 月 27 日

啊，体育，你就是正义！你体现了社会生活中追求不到的公平合理。

这是本系列每日语录中第三次引用《体育颂》，也就是那首皮埃尔·德·顾拜旦男爵为 1912 年斯德哥尔摩奥运会艺术与文化竞赛所著的金奖诗作。这首诗以乔治·赫罗德和 M·艾歇巴赫的双重笔名写成，以抒情的方式诠释了体育所具备的和它赋予人类的诸多品质。从男爵的角度看来，在一个正义常常显得虚无缥缈的世界里，正是体育为竞争提供了一座公正的舞台。

"啊，体育，你就是正义！你体现了社会生活中追求不到的公平合理。任何人不可超过速度一分一秒，逾越高度一分一厘，取得成功的关键，只能是体力与精神融为一体。"

5 月 28 日

体育锻炼……有助于塑造性格，加强社区建设，甚至可以在民主时代的不同社会阶层之间建立起联系。

皮埃尔·德·顾拜旦男爵一生都在宣扬体育锻炼的好处，仿佛一位坚定不移的传道者。在 1918 年发表于《奥林匹克评论》上的《奥林匹克书信（8）：性格的形成》一文中，他从个人到社会再到人类的大局，对体育锻炼的好处的各个层面进行了一一阐释。

"体育锻炼……有助于塑造性格，加强社区建设，甚至可以在民主时代的不同社会阶层之间建立起联系。它突破了狭隘的生理界限，在心理学与艺术领域之间确立了自己的教育中心地位，并成为整体进步的主要因素。"

5 月 29 日

下一代人将看到身为运动员的杰出思想家。

　　这句话很容易让我们产生这样的印象：皮埃尔·德·顾拜旦男爵在前几代国际选手中没见过任何聪明的运动员，但这根本不是他的论点。他的基本主题是，随着现代体育运动的足迹逐渐遍布社会的各个行业和各个阶层，越来越多的人注定会接纳体育运动，其中不乏那些在过去可能没机会参加比赛的伟大思想家。当然，今天我们有成千上万运动员学者的典范，正如男爵所预言的那样，他们在学术界、体育界和其他各行各业都留下了自己的印记。今天这句话摘自男爵于1906 年 5 月在巴黎艺术、文学和体育咨询会议开幕式上的演讲，当时他正试图说服诗人、画家、作家、音乐家和雕塑家等极具创造力的听众接受奥运会。

　　"要理解运动员的刻苦训练造成的肌肉拉伤，雕塑家是不是也应该亲身体会过类似的感受呢？但是，这又是什么呢？体育和某些职业不相容的观点完全是毫无根据的、过时的偏见，难道我们要让自己被这样的偏见所阻碍吗？在这么短的时间内，体育运动的复兴所获得的力量和普及的程度，足够保护我们不受这种恐惧的影响。下一代人将看到身为运动员的杰出思想家。"

5 月 30 日

举办奥运会是为了颂扬个人冠军的功绩，他们的功绩是保持普遍的热
情和雄心所必需的。

在 4 月 8 日的语录中，我们曾引用皮埃尔·德·顾拜旦男爵于
1931 年写的一篇文章，文中断言现代奥林匹克运动会是为了提高运
动员的个人水平而设立的。今天这句类似的话摘自他于 1925 年，也
就是写下那篇文章的六年前在布拉格奥林匹克代表大会开幕式上发表
的演讲。从这两者的连贯性中我们可以看出，男爵的态度并没有改
变——比起团队运动，他依然对个人运动更加青睐。当然，今天我们
的个人运动已经与团队运动高度融合，奥运会也在生产、展示和扩
大全球影响力方面同等地为两者服务。如果男爵仍然在世的话，他
一定会欣然接纳这种平衡。然而毫无疑问的是，他坚信个人项目更具
优越性。

"举办奥运会是为了颂扬个人冠军的功绩，他们的功绩是保持
普遍的热情和雄心所必需的。在这种情况下，在奥运会中加入太多团
体项目是不合适的，因为人们已经意识到了有必要限制运动会的时
长，这样才能节省举办运动会带来的开支。"

5 月 31 日

我看到未来的运动员们在奥运会开幕前宣誓，每个人都对着他们自己国家的国旗宣誓……庄严地申明他们始终以忠诚而光荣的态度参加体育运动，并将以忠诚和光荣的精神去迎接奥运比赛。

有史以来的第一段奥林匹克誓言是在 1920 年安特卫普奥运会开幕式上宣读的，然而早在十多年前，皮埃尔·德·顾拜旦男爵就已经提出了让运动员进行宣誓的想法。在 1908 年伦敦奥运会开幕之前，男爵在英国《双周评论》杂志上发表了一篇题为《我为什么复兴奥运会》的长文，并在其中提出了他的理由。他告诉他的读者，在古代奥运会上，选手们都会聚集在朱庇特神的雕像前庄严宣誓，承诺以光荣的姿态参赛。他希望每一名奥林匹克运动员都能在现代条件下做到这一点。下面就是他阐述自己观点的那段话：

"但是，我看到未来的运动员们在奥运会开幕前宣誓，每个人都对着他们自己国家的国旗，在其他国家的国旗的见证下，庄严地申明他们始终以忠诚而光荣的态度参加体育运动，并将以忠诚和光荣的精神去迎接奥运比赛。这岂不是提供了一幕最庄严美丽的场景吗？还有什么比这更适合激发演员和观众心中最崇高、最慷慨的情感呢？"

六月

长久以来，体育运动……

都是年轻人、富人和闲人的消遣。

为了让所有的阶层都能享受到体育运动的乐趣，

我们的委员会比任何人都更努力。

6月1日

没有任何一个国家、任何一个阶级、任何一个职业会被排除在外。

当 1936 年柏林奥运会的主办方德国开始现代第一次奥林匹克火炬接力时，他们请皮埃尔·德·顾拜旦男爵向把永恒的圣火从奥林匹亚传递到柏林的火炬手们致辞。男爵在致辞中强调，这场新兴的世界性运动欢迎每个人的加入，任何人都不会被排除在外。虽然他小心言行，避免侮辱主办国，但是奥林匹克运动会所要求的包容的道德观明显与组织奥运会的国家社会主义党人的排外思想背道而驰。这句话

1936 年第一次奥林匹克火炬接力期间，穿着多褶男短裙的希腊长跑运动员。摘自《奥林匹克主义——顾拜旦文选》。

摘自他的致辞《致奥林匹亚－柏林火炬手们的信》，其文本刊登在1936 年 7 月 22 日的《瑞士体育报》上。

"现在，世界各地无数的体育场上响起了运动员的欢呼声，就像它们曾经在希腊的体育场上响起一样。没有任何一个国家、任何一个阶级、任何一个职业会被排除在外。恢复对体育运动的信仰不仅是为了加强公共健康建设，它还提供了一种快乐的斯多葛主义思想①，可以帮助个人面对日常生活中的跌宕起伏。"

6 月 2 日

美丽而又高尚的东西，不是一种运动或另一种运动本身，而是运动的方式，是驱动它的精神，是人带给它的灵魂。

皮埃尔·德·顾拜旦男爵相信体育是崇高的，相信它能彰显人类的高尚美德。他认为，所有的体育项目都必须在奥林匹克运动会上共同进行，这样才能最大程度地满足人类对体育经验多样性的需求。他坚持认为，在奥运会上，所有的体育项目都应享有平等的地位。这是他 1910 年发表在《奥林匹克评论》上的《所有体育运动》一文中提出的观点。

"美丽而又高尚的东西，不是一种运动或另一种运动本身，而是运动的方式，是驱动它的精神，是人带给它的灵魂。除了体育的各

---

① 斯多葛主义，又称斯多葛学派，是古希腊的四大哲学学派之一，也是古希腊流行时间最长的哲学学派之一。其主要思想包括在面对动荡不安、不可预测和态度刻薄的世界时，努力保持内心的平静。

个分支的接触与合作，没有任何奥林匹克的东西，能够在完全平等的基础上团结起来，为人类的进步而努力。"

6月3日

如果我们的理想仍然存在于许多人的理想之外，如果我们的理想与许多人的利益背道而驰，我们也不应该感到惊讶。我们独立又团结，我们对自己有信心。

当你将一个理想主义的愿景引入现代世界时，那些吹毛求疵的人、批评家和怀疑论者肯定会站出来反对。当国际奥委会在第一次世界大战后重新开始工作时，皮埃尔·德·顾拜旦男爵试图提醒他的同事们要坚持到底，在面对任何攻击时都要保持坚定。男爵知道，国际奥委会的独立是保持其自主性的关键，而唯一能保证这种独立的是成员的集体信念和团结一心。这段话摘自男爵于1919年1月发表的《致国际奥林匹克委员会成员的信》。

6月4日

长久以来，体育运动……都是年轻人、富人和闲人的消遣。为了让所有的阶层都能享受到体育运动的乐趣，我们的委员会比任何人都要努力。

今天这句话基本上是对皮埃尔·德·顾拜旦男爵在第一次世界

大战结束后写给国际奥委会的同事们的一封信的解读。他的用意是提醒他们在过去的二十五年里，奥林匹克运动在普及体育运动方面取得了伟大的成就，领导了在所有阶层中普及体育运动的斗争，并确保了体育运动不仅仅是富人的特权。

"长久以来，自19世纪开始复兴的体育运动都只是年轻人、富人和闲人的消遣。为了让中产阶级也能体会到体育运动的乐趣，我们的委员会比任何人都要努力。现在，也应该让工人阶级享受一下这种乐趣了。"

6月5日

赛艇运动是现存最完美的运动。

在普及所有现代体育项目并确保每一项运动都能在奥运会上享有平等地位的长期斗争中，皮埃尔·德·顾拜旦男爵并不经常偏心。然而在1919年发表的《奥林匹克书信（20）》中，男爵毫不避讳地宣布了自己对赛艇运动的真爱。当时他五十六岁，践行着自己的主张，一生都在坚持进行赛艇运动。这张照片于1935年拍摄于日内瓦湖上，当时男爵已经七十二岁。请留意背景中的德奥奇城堡。

"赛艇运动是现存最完美的运动……桨手会感觉到自己是一台思考的机器，每一次划水时他都能感受到体内的力量是如何涌现、扩散和流失的，这就是桨手的乐趣。音乐一样的节奏，在空气与水之间，在自然界的中心跳动，这种刻意的、有规律的运动是最令人满足的，最具力量感的存在。"

时年七十二岁的皮埃尔·德·顾拜旦男爵在日内瓦湖上划着他的船"耶鲁号"。赛艇运动是他最喜欢的运动，他认为这是最优秀的全能运动之一。照片摘自《奥林匹克主义——顾拜旦文选》，原件现由顾拜旦男爵的侄孙、男爵爵位继承人若伏瓦·德·纳瓦赛勒·德·顾拜旦收藏。

6月6日

让和平与进步继续成为今后会议的主题吧：因为只有这样，我们才能充分享受到奥林匹克运动带来的益处。

任何在奥林匹克运动中工作过的人都知道，只有当各方或多数人的意见一致时工作才能取得进展，而为了达成一致意见常常需要召开具有争议性的会议。和其他许多重要的机构和组织一样，奥林匹克运动的运作方式也是将持有不同意见和观点的人们聚集在一起，进行长期且往往令人费解的讨论，以寻求共同的立场。当皮埃尔·德·顾拜旦男爵为制定未来的奥运会永久性方案而召集起一个小组委员会时，他已经参加过数百次这样的奥运会议。该委员会由来自七个国家的代表组成①，于 1912 年 3 月 27 日至 28 日在瑞士巴塞尔召开会议。他们负责准备在当年夏天的斯德哥尔摩奥运会上向国际奥委会全体会议提交的建议。这项工作进行得非常顺利，男爵也十分欣慰，他称这次会议为"奥林匹克运动史上具有划时代意义的事件"，并表示希望今后的会议都能同样富有成效。以下是他在当年 5 月的《奥林匹克评论》上发表的一篇文章中的部分总结。

"我还要重提一下这次会议的和谐基调。没有什么比这更令人高兴了；种种迹象表明，分歧正在消失，剑拔弩张的局势中的那把剑被收入了剑鞘，这对所有以实现奥林匹克运动的真正目标为己任的人来说，是最鼓舞人心的。让和平与进步继续成为今后会议的主题吧：因为只有这样，我们才能充分享受到奥林匹克运动带来的益处。"

6 月 7 日

现在，体育可以为我们做更多的事情；如果我们知道如何让它发挥作用，它就能够在明天保障我们的基本利益——社会和平，没有它，我们就无法持久地开展重建工作。

1912 年 2 月，当皮埃尔·德·顾拜旦男爵写下这段话时，第一

① 尤金·布鲁内塔·德乌索（意大利）、戈多弗罗伊·德·布洛奈（瑞士）、欧内斯特·卡洛（法国）、罗伯特·德·库西-拉凡（英国）、威廉·斯隆（美国）、克里斯蒂安·范·图尔（荷兰）、卡尔·冯·文宁根－乌尔纳（德国）。

次世界大战的战火仍然在法国的乡村肆虐。那时距战争结束还有十个月，顾拜旦展望战争结束后的未来，表达了他的愿景：随着欧洲开始自我重建，体育在社会中的作用将会扩大。这段话揭示了男爵的基本理念，即体育应该服务于社会目的——在这种情况下，体育是社会和平的保障。虽然这段话出自男爵将在洛桑希腊自由俱乐部发表的演讲《我们现在可以对体育提出的要求》，但它表明他完全有意敦促国际奥委会的同事们确保在世界从战争的阴影中走出的同时，扩大体育在社会中的作用。

"体育复兴通过培养个人力量创造了国家力量……现在，体育可以为我们做更多的事情；如果我们知道如何让它发挥作用，它就能够在明天保障我们的基本利益——社会和平，没有它，我们就无法持久地开展重建工作。"

6月8日

你们的儿子今天获得的力量将成为你们的城市明天的力量。

作为一个很早就掌握了拉丁文的耶稣会学生，皮埃尔·德·顾拜旦男爵喜欢借鉴古人的语言，让自己的著作充满智慧。这句格言强调了他关于体育运动在现代社会中的价值的一大核心信条——任何城市或国家的社会结构都将受益于爱好体育运动的公民们强健的体格。这段话摘自1919年刊登在《奥林匹克评论》上的《奥林匹克书信（20）》一文。

"愿青年们常常出没于男子汉气概的工厂，正如古老的格言所说，城市的力量是在这里锻造出来的。你们的儿子今天获得的力量将成为你们的城市明天的力量。"①

6月9日

（在这个）让人类团结在一起的节日里……体力和脑力的劳动、互助和竞争、高尚的爱国主义和智慧的世界主义、冠军的个人利益和团队成员的自我否定——所有这些元素都被绑定在一起，在一个无与伦比的综合体中完成一项共同的人类任务。

在第一次世界大战给人类造成重大生命损失后，第一届恢复后的奥运会于1920年在安特卫普举办。在评估这届奥运会的影响时，皮埃尔·德·顾拜旦男爵相信世界终于明白了他的奥林匹克节日的真正含义。从本质上来说，这是一个让人类团结在一起的节日，事实已在多个层面上表明，男女老少都可以在举办一场盛大的国际体育庆祝活动的过程中找到共同点。在他看来，奥林匹克节日触及到了社会永恒的、原始的起源，重塑了将所有人团结在一起的纽带。今天的语录摘自男爵的文章《第七届奥林匹克运动会的贡献》，这篇文章于1920年发表在《体育杂志》上。

"最后，人们终于明白了这些节日的原始性质——在危险的特

---

① 和男爵笔下许多只关注年轻男性的典型言论一样，这句话中的性别偏见也反映了他所处的社会中的父权制作风。尽管他在其他众多领域都很有远见卓识，他也依然无法摆脱这种带有性别歧视色彩的思维模式。幸运的是，他在奥林匹克运动中的继承者们最终为女性的全面参与敞开了大门——这一进程一直延续至今。

殊化和令人遗憾的'分割化'时代，这些节日首先是让人类团结在一起的节日。体力和脑力的劳动、互助和竞争、高尚的爱国主义和智慧的世界主义、冠军的个人利益和团队成员的自我否定——所有这些元素都被绑定在一起，在一个无与伦比的综合体中完成一项共同的人类任务。"

6 月 10 日

人通过实际观察……来完善自己的技能。一开始没有看到的细节很快就会引起人的注意，引导人的思维方式。

要想在任何比赛中成为高手，就必须对表现、技术、速度、平衡以及在该领域中发挥作用的所有要素具有敏锐的观察力。这就是皮埃尔·德·顾拜旦在 1889 年出版的《法国的英式教育》一书中的《我们的学生》一文中提出的观点。可以说，他是在告诉法国年轻人如何提高自己的竞技水平：在观察他人和观察自己的过程中学习，然后做出调整，提高自己的竞技能力。他把运动中对观察的需要等同于小说家为了描绘现实生活而对敏锐观察力的需要。

"的确，这种不同寻常的（对法国教育的）探究，起初并没有什么特别的魅力，但到最后却变得相当吸引人。此外，人也会通过实际观察来完善自己作为观察者的技能。一开始没有看到的细节很快就会引起人的注意，引导人的思维方式。人会学着识别群体，感知真实存在的东西，并得出结论。现代小说家就是这样怀着对现实描写的渴求而工作的。他们渴望在自己的小说中描绘的都是真实存在的东西；因此，他们必须把那些东西完全记录下来，然后再运用到写作中。"

6月11日

"皮埃尔·德·顾拜旦男爵……或许是现代国际体育史上最具影响力的个人。"——芭芭拉·基斯，《体育全球化》，哈佛大学出版社，2006年。

　　随着国际足球联合会世界杯本周在俄罗斯拉开帷幕，值得注意的是，全球体育运动已经发展为一个价值六千亿美元的产业。此外，科尔尼、毕马威、德勤和普华永道等全球咨询公司的多项研究显示，全球体育现象在世界范围内的增长速度已经超过了主办国的经济增长速度。虽然像奥运会和世界杯这样的重大赛事只是整体市场的一小部分，但它们对国际竞争的发展以及对各国体育热情的影响都是毋庸置疑的。2006年，哈佛大学出版社出版了芭芭拉·基斯的《体育全球化》，这是一本关于20世纪30年代后关键的十年间国际体育爆发式增长的优秀著作。到1930年时，奥林匹克运动会已有三十六年历史，但国际足联的世界杯才刚刚起步。在这本书的第二十九页，基斯提到现代奥林匹克运动会的创始人皮埃尔·德·顾拜旦男爵"……或许是现代国际体育史上最具影响力的个人。"我认为就算删去"或许"这个词，这句话也是完全真实的。在国际竞赛的光辉舞台上，顾拜旦生平事业的影响力还在不断地显现，不断地扩大。

2018 年国际足联世界杯开幕式现场照片。（图源：俄罗斯联邦总统新闻服务处）

6 月 12 日

否认证据是没有用的。说谎和作弊的现象比比皆是。这是体育界道德滑坡的后果。

    当皮埃尔·德·顾拜旦男爵跨过退休的门槛，放弃了对国际奥委会的控制权后，他开始担心被奥运会的成功吸引来的商业利益可能会动摇他们的理想主义。正如 5 月 11 日的引文所表述的那样，他曾经耻笑过大肆兴建体育场馆的行为和为了促进门票销售而进行的夸张宣传，以及通过他的青年节日达到政治目的的心态。他担心这一切会导致运动员的堕落。1925 年 5 月，他在布拉格市政厅发表退休演讲时警告国际奥委会的同事们——尤其是那些指导各体育联合会的同事们，道德滑坡现象正在体育界蔓延，如果他们不采取行动，影响很快就会波及奥林匹克运动员自身。今天的头条新闻再次表明男爵的话仍然对体育界有重大现实意义。

"否认证据是没有用的。说谎和作弊的现象比比皆是。这是体育界道德滑坡的后果。对金钱的迷恋可能会导致一个社会腐烂至骨髓，而体育运动就是在这样一个社会中发展起来的。现在，体育协会应该以身作则，驱散他们当中的谎言和虚伪，重建对荣誉和真诚的信仰。"

6月13日

如今，政治正在渗入每个问题的核心。我们怎么能指望运动员、肌肉文化和奥林匹克主义本身能够独善其身呢？

在1936年柏林奥运会前夕，美国和法国围绕是否参加这届奥运会展开了激烈的争论。在1936年的新年致辞中，皮埃尔·德·顾拜旦男爵毅然介入了这场围绕美国和法国抵制即将到来的德国柏林奥运会的争议。顾拜旦坚定地捍卫了这样一个理念：奥运会必须受到保护，避免不断变化的世界政治格局和终将消退的现有形势的影响；无论主办国是哪个国家，奥运会都必须坚持自己的使命，通过体育将世界人民在友谊与和平的气氛中团结在一起。每一个学习奥林匹克历史的学生都知道，在阿道夫·希特勒的领导下，德国政府把奥运会变成了一个浮夸的政治宣传平台，用德国的每一场胜利颂扬他们那可憎的雅利安哲学，这样实际上完全破坏了顾拜旦关于政治中立的希望。后来，顾拜旦曾一度处于不得不为奥运会作辩护的尴尬境地，但他坚定自己的立场，拒绝批评德国东道主，并对赛事的成功举办给予了高度评价。当然，这也引来了指责的声音。难以置信的人们开始怀疑顾拜旦是纳粹的支持者。但这并不重要。终其一生，顾拜旦都坚定不移地相信，只要奥林匹克运动坚持其包容的哲学和平等主义价值观（这些显然与纳粹所代表和拥护的一切相对立），奥林匹克主义的永恒真理注定会取得胜利。这段话出自该年年初刊登在比利时《体育杂志》上的《奥林匹克主义与政治》一文。

"每一种制度，每一种创造，无论它们自身多么富有活力，都会随着当下的风俗和激情而演变。如今，政治正在渗入每个问题的核心。我们怎么能指望运动员、肌肉文化和奥林匹克主义本身能够独善其身呢？然而，这种现象可能造成的破坏仅仅停留在表面。在现实中，几乎每种制度都有两种进化形式：表象的进化和灵魂的进化。第一种是努力适应当前的潮流，并根据昙花一现的时尚进行改变。第二种则与制度赖以生存的原则一样坚定不移。它按照人类自身的规律缓慢而健康地发展。奥林匹克主义就属于其中的第二种。"

6 月 14 日

我的朋友很多，谢天谢地；我的敌人也很多。在这个世界上，事物的正反两面相互依存。敌意是友谊的反面；好的布料需要衬里——因为衬里可以保护它。友谊也是如此。

毫无疑问，要发起像现代奥林匹克运动这样雄心勃勃的活动，你需要有一群真诚的、坚定的朋友。虽然多年来对皮埃尔·德·顾拜旦男爵的志向表示反对的声音从未停止过，但他也有一个忠诚的由国际朋友组成的小圈子，对于奥林匹克的成功，他们功不可没。或许是为了结交新朋友、招募新成员，1918年10月，男爵提出了在世界各地的城市和自治区重建希腊体育场的想法。他相信它们会像在古代世界一样，帮助人们在公共话语中实现身心合一，从而促进社会和平。他在当月刊登在《洛桑公报》上的《奥林匹克书信（2）》一文中表达了这一想法。

"我总是让我的朋友们感到不安。我的朋友很多，谢天谢地；我的敌人也很多。在这个世界上，事物的两面相互依存。敌意是友谊的反面；好的布料需要衬里——因为衬里可以保护它。友谊也是如此。"

随后，顾拜旦回顾了他的朋友们帮助他重启奥运会，将艺术与文学引入奥运会，以及最终创立运动心理学这门新学科的过程，然后才转入正题。

"现在的任务是通过重建古代的体育场——也就是哲学家们传道、授业和解惑的地方——来促进社会和平。"

他提出的重建希腊体育场的提议并没有吸引到有力的支持。但男爵没有气馁，八年后，当他从国际奥委会退休时，他又重新提出了这一议题，但那次他也只取得了些许的、短暂的成功。

6月15日

几个世纪以来，运动竞赛在故乡奥林匹亚一直保持着纯净而壮丽的风格……年轻男子们被灌输了某种道德豪情，怀着近乎对待宗教般的敬畏之心去参加运动会。

奥林匹克运动会在古希腊的地位之高和影响之深，我们今天很难理解。十二个世纪以来，每隔四年，希腊人就会把目光投向奥林匹亚，仿佛众神在进行比赛。奥运会的文化如神话般神秘，令人叹为观止，其威望无与伦比。和我们这个时代中的少数人一样，皮埃尔·德·顾拜旦男爵对古代奥运会在古典世界中的作用有着敏锐的觉察力。虽然在历史面前，他是一个具有批判性和分析性思维的学生，但他也会将希腊神话和古代体育仪式理想化。他经常在著作中表达对古希腊人的崇敬之情，例如他在 1908 年发表在伦敦《双周评论》杂志上的《我为什么复兴奥运会》一文中的这段话。上面的引文是我对下面这段原译文的改写。

"几个世纪以来，运动竞赛在故乡奥林匹亚一直保持着纯净而壮丽的风格……在那里，各个州和各个城市的年轻男子们聚集在一起，他们被灌输了某种道德豪情，怀着近乎对待宗教般的敬畏之心去参加比赛。文人和艺术家们也随时准备着庆祝活力与肌肉的胜利会师；这种无与伦比的场面也是民众所喜闻乐见的。"

6月16日

啊，体育，你就是荣誉！ 荣誉的赢得要公正无私，反之便毫无意义。

对皮埃尔·德·顾拜旦男爵来说，运动员的品格和比赛规则是至关重要的，他不断强调荣誉感和公平竞争在体育运动中的作用。任何胜利、嘉奖或名誉都不值得让比赛的公正性打折扣——这样做的人也不配戴上它的桂冠。这是我们在本系列中第六次引用《体育颂》，也就是那首在1912年斯德哥尔摩文化竞赛中获得金质奖章的诗作。我们在1月6日、1月18日、1月28日、5月12日和5月27日也曾提到过，为了避免裁判对他有所偏袒，这首诗是男爵以乔治·赫罗德和M·艾歇巴赫的双重笔名提交的。它仅凭自身实力就获得了金奖。

6月17日

很显然，电报、铁路、电话、对科学的热情研究、各种大会和博览会对和平做出的贡献，比任何条约或外交公约都要多。那么，我希望体育运动能更胜一筹。

今天是父亲节，我们在此引用皮埃尔·德·顾拜旦男爵于1892年11月11日在索邦大学提出的第一个关于恢复奥林匹克运动会的建议，以此向这位现代奥林匹克运动之父致敬。虽然当晚他的提议失败了，但他并没有气馁。如同一名伟大运动员一样，他从不放弃。十九个月后，他召集了一批国际盟友和当地支持者，在同样的环境下取得了成功。他创造了四年一度的辉煌的人类庆祝活动，通过体育运动将这颗星球上的国家在友谊与和平的气氛中团结在一起。这句话在概括了 20 世纪 90 年代国际主义在世界上起到的创新作用的同时，也清楚地解释了他推广奥林匹克和平的原始动因。

6 月 18 日

这世上有三种教育者：父母、教师和记者，这些微妙的角色是现代文明赋予他们的，无论他们是否愿意。

皮埃尔·德·顾拜旦男爵从国际奥委会领导层退休三年后，仍然在大力宣传体育在教育中的重要性。从本质上来说，他又一次回归了他最初的热情所在——确保法国和全世界的孩子们都能在他们所就读的学校充分享受到体育教育的益处。当男爵认识到父母在鼓励孩子玩耍方面的重要作用，以及记者对公众舆论日益增强的影响后，他便开始呼吁他们与教师合作，共同承担起帮助儿童在身体、心理和情感方面成长的责任。今天的语录摘自 1928 年 11 月男爵在洛桑国际体育教育局发表的演讲《体育活动的教育用途》。

"这世上有三种教育者：父母、教师和记者，这些微妙的角色是现代文明赋予他们的，无论他们是否愿意。在这些人的手中，不同程度和不同方式的体育教育是促进人类发展的有力工具。"

6月19日

我们必须把这个时代的广阔前景在积极生活的开端展示给每个人，无论那一瞥是多么短暂。

作为一位敏锐的人类行为观察家，皮埃尔·德·顾拜旦男爵知道，广阔的前景，也就是生活中的无限可能性，能够启发和激励年轻人超越身份和阶层带给他们的传统束缚。在他看来，体育是一面可以映照出崭新可能性的棱镜。他深信这个现代社会的专业化和狭隘的工作角色对大众施加了压迫性的限制。这句话出自《致奥林匹亚－柏林火炬手们的信》，这篇文章于1936年夏季奥运会前夕刊登在《瑞士体育报》上。从这段话中不难看出他对德国社会的隐晦批判。

"我们必须把思想从过度专业化强加给它的束缚中解放出来。我们必须把这个时代的广阔前景在积极生活的开端展示给每个人，无论那一瞥是多么短暂。"

6月20日

面对新思想，舆论就像是坚硬的土壤——水滴要一点一点地渗入其中。

尽管皮埃尔·德·顾拜旦男爵成功地创办了现代奥林匹克运动会，并使之成为国际体育界的中心，但他于战争年代在洛桑发起的其他两项倡议却没有那么成功。他与瑞士沃州的几位市民共同创办了洛桑奥林匹克研究所和洛桑奥林匹克主义之友协会。在男爵看来，这两个组织与国际奥林匹克委员会一起，在洛桑组成了奥林匹克主义的三位一体。但他遇到了一个问题，那就是公众对研究所和奥友会的热情并没有像他们对待奥运会时那样热烈。1918 年 10 月，他在《洛桑公报》上发表了题为《奥林匹克书信（1）：洛桑的奥林匹克主义》的文章。他在文中对《洛桑公报》给予他这次宣传新思想的机会表示了感谢，尽管他受到了公众长期的冷漠对待。

"这些都是奥林匹克机器的组成部分，也是它的基本理念。它们进入公众舆论的速度这么慢，我一点也不觉得惊讶。面对新思想，舆论就像是坚硬的土壤——水滴要一点一点地渗入其中。在这种情况下，时间的流逝是无可替代的，前提是每滴水蒸发掉后都会有一滴新的来接替。感谢《公报》给了我不断补充这些水滴的机会。（在今后的文章中）我将尝试消除任何可能仍然存在的，对于奥林匹克主义、其信条、迄今取得的成果以及未来希望的误解。"

6 月 21 日

奥林匹亚的尘埃仍然是最能激发健康的竞争精神的东西。

在皮埃尔·德·顾拜旦男爵毕生所著的一万六千页书籍、文章、公告、通讯和书信中，这是他最早提及奥林匹亚的地方。在 1883 年和接下来的几年里，男爵曾多次前往英国，考察他们的教育模式，并于 1887 年为《社会变革》杂志撰写了一篇题为《英国教育》的文章。在阐述将英国学校的体育教育纳入法国教育体系的观点时，他指出，正是古代的荣耀和古希腊传说触动了玩耍中的英国儿童的灵魂。虽然他没有留下任何证据，表明他当时已经考虑过复兴奥林匹克运动会的可能性，但我们可以很容易地推测出，这次提及是男爵向现代奥运会迈出的第一步。

"心灵就像身体一样，总会被那种使它们沉浸其中、将它们征服的激情所占据。英国人相信儿童需要热情。但是……他们必须要拥有更具活力、更真实的东西。奥林匹亚的尘埃仍然是最能激发健康的竞争精神的东西，也是最自然的东西。他们看到了成年男子为荣誉自豪地参与竞争，他们也乐于追求那种荣誉。这一切会对工作产生不利影响吗？不仅仅是从它所花费的时间来说，也是从比赛本身的性质会使人专注，激发持续不断的思考来说？"

6月22日

思想会时不时地在世界范围内流动，像流行病一样蔓延。很难将这些想法全部归功于一个人。

1890年10月，应当时八十二岁的威廉·佩尼·布鲁克斯博士的邀请，二十七岁的皮埃尔·德·顾拜旦男爵来到位于英国什罗普郡，靠近威尔士边境的小村庄马奇温洛克，目睹了布鲁克斯博士在他的村子里连续组织了将近四十年的特别版"奥林匹克运动会"。当然，男爵的这段经历对他两年后提出复兴奥运会的想法具有决定性的作用，但与此同时，男爵还写了一篇动人的文章，向布鲁克斯博士和他对社区生活的核心——体育运动做出的独特奉献致敬。同年12月，男爵在《体育评论》杂志上发表了《马奇温洛克的奥林匹克运动会：竞技运动史上的一页》一文。在这篇文章中，男爵对英国体育运动的历史和现代复兴进程进行了简要的总结，并列出了六个对英国体育运动事业起到巩固作用的人物和地点。他在这段话中指出，我们无法将事业的起步归功于任何一个人。

"但是，当你要去追寻这场浩大运动的起源时，为了看清起源究竟是什么，仅仅追踪主要因素是不够的。各种思想会时不时地在世界范围内流动，像流行病一样蔓延。很难将这些想法全部归功于一个人。人们会发现，在彼此之间没有完全相互理解或达成明确协议的情况下，几个人会于同一时间在不同的地方从事同样的工作。这就是在英国发生的事情。"

6月23日

奥林匹克运动会可能是确保世界和平的一个强有力的间接因素。

今天是奥林匹克日。在这一天，世界各地的国家奥林匹克委员会及其支持者都会通过组织基层活动、趣味跑、各类比赛和简短的仪式来庆祝现代奥林匹克运动的诞生。仅在美国，全国各地的社区就将举办大约两千场活动。虽然很少有人知道皮埃尔·德·顾拜旦男爵于1894年6月23日在巴黎索邦大学提议恢复现代奥运会的细节，但大多数人都知道他的想法最终产生了多大影响——因为这正是他们要庆祝的。为了纪念这一天，我们选择了这样一句话，来呼应男爵通过奥运会将世界在友谊与和平的气氛中团结起来的终极目标。这句话摘自他发表在当年的《世纪杂志》上的文章《1896年奥林匹克运动会》。

"人们可能会对在全国大会上看到自己的俱乐部或大学获得胜

利充满了渴望，但是当他们的国家面临危险时，这种感觉又将强烈多少倍啊！我相信，当雅典体育场里的胜利者们听到人民因为他们的成就而在国旗下欢呼时，他们便别无所求了……（奥林匹克运动会）可能是确保世界和平的一个强有力的间接因素。"

6月24日

人可以像锻炼肌肉能力一样锻炼意志力和毅力。

1936年，皮埃尔·德·顾拜旦男爵接受了德国主要报纸《柏林午间报》的长篇采访，不幸的是，当时这家报社已经被纳粹控制。然而，在那年柏林夏季奥运会的筹备阶段，全国各地都对现代奥林匹克运动的起源和理念产生了极大的兴趣。这时男爵几乎已经被世人遗忘，独自居住在日内瓦的一所单间养老院里，他很乐意再次讲述他的伟大成就。他从头开始，历数了现代奥运会的历史以及他的体育哲学。在这篇题为《运动进步的起源与局限》的专访中，他强调了心灵在获得体育成就的过程中起到的重要作用。

"人们在为了获得体育成就而锻炼身体的过程中，心理属性发挥着重要的作用，有时甚至是最关键的作用……人可以像锻炼肌肉能力一样锻炼意志力和毅力。"

6 月 25 日

体育运动可以激发出人们最高尚的与最卑劣的激情。它们可以培养出无私和高洁的品质，也可以培养出对财富的迷恋；它们可以是正直的，也可以是腐败的；可以是阳刚的，也可以是兽性的。

皮埃尔·德·顾拜旦男爵在其伟大的奥林匹克使命之初，在他发起现代奥运会时，并没有对体育会被歪曲或者被用来操纵个人或群众抱有任何担忧。他在 1894 年的第一期《奥林匹克公报》上发表了一篇名为《我们的事业的特征》的文章，并在文中阐述了上述论点。从本质上来说，他是在帮助他的同事们和支持者们理解这样一条讯息：奥林匹克运动是建立在一套体现人类最高理想的价值观之上的，而他们作为这一理想的守护者，有责任保护奥林匹克运动不受卑劣激情或腐败风气的侵扰。

6 月 26 日

（实现和平）不是要杜绝打架斗殴，而是要消除可能引发战争的愚蠢的耀武扬威行为。

皮埃尔·德·顾拜旦男爵在为拳击运动辩护时，将地方与全球、微观与宏观、个人与普遍联系了起来。1889 年，也就是男爵创办奥运会的五年前，他在《社会变革》杂志上发表了一篇题为《和平教育》的文章。他在文中反驳了那些把搏击运动与军备和机关枪联系起来的观点，并宣称前者不会导致后者的发生。事实上，他认为对全人类进行教育——无论是精神教育、情感教育还是身体教育，将有助于遏止那些经常导致战争的愚蠢的耀武扬威行为。

"在学校里，英国人把拳击手套称作'和平卫士'。男孩子们之所以被允许戴着手套练习，显然是因为在某些情况下他们会摘下手套打架。教师们绝对不能认可这种行为，但如果他们聪明的话，就会知道在有些情况下可以不去理会。这种打架斗殴与毁灭性的军备、机关枪和鱼雷毫无共同之处。学校里的打架斗殴真的对社会有这么大的影响吗？它们真的会助长战争的念头吗？我不这么认为。我在此重申，实现和平不是要杜绝打架斗殴，而是要消除可能引发战争的愚蠢的耀武扬威行为。"

6月27日

竞技运动是建立在过去的原则基础上的，这些原则在今天看来，就像在雅典的体育场上一样真实与崇高，但其形式却是现代的。

几个世纪以来，社会所接受和基本维持下来的古代思想和主要制度包括城市、宗教和民主等，然而论及持久性、目前的影响范围和未来的前途，很少有哪项能与奥林匹克运动会相提并论。尽管从393年到1896年间，奥林匹克运动会被人们遗忘了十五个世纪，但它作为人类希望和梦想的节日重新归来，跨过了第三个千年的门槛。皮埃尔·德·顾拜旦男爵从未厌倦将古代奥运会与其现代化身联系在一起，这无疑是为了给对体育荣誉的崇高追求增添更加深刻的内涵。这段话摘自他于1890年12月发表在《体育评论》杂志上的文章《马奇温洛克的奥林匹克运动会：竞技运动史上的一页》。

"所有这些物质上和道德上的进步，所有这些体育和智育文化的发展都需要相当长的时间，在这段时间里，竞技运动传播开来……它是建立在过去的原则基础上的，这些原则在今天看来，就像在雅典的体育场上一样真实与崇高，但其形式却是现代的。这些形式包括板球、足球、赛艇、体操、击剑——总而言之，包括一切符合1890年时我们的风俗习惯的运动。"

6月28日

没错！竞技体育涉及一切领域——道德、艺术、社会组织。然而这还没完……它甚至涉及了文学。

今天，体育文化的影响触及到了社会和我们的社交生活的方方面面，当然也包括各种形式的艺术和媒体。在我们这个时代，体育似乎无处不在。然而，就在一百年前，体育才刚刚开始突破文化边界，在创意领域建立起合法的前哨阵地。皮埃尔·德·顾拜旦男爵在《奥林匹克书信（19）：体育运动的乐趣》一文中记录了体育文化的扩张过程，这篇文章于1919年4月17日刊登在《洛桑公报》上。当时，他对竞技体育的影响力日益增强的现状，以及奥林匹克运动会在普及体育运动方面发挥的作用表示欣慰。如果他今天仍然在世，我相信他一定会对现代体育的传播范围之广、发展规模之大感到无比惊讶和兴奋。

"没错！竞技体育涉及一切领域——道德、艺术、社会组织……

然而这还没完；总有一天，我将采纳马塞尔·普雷沃斯特在 1905 年布鲁塞尔奥林匹克代表大会上提出的想法，向你们解释它是如何涉及文学的。"

6 月 29 日

（我们）将继续向山顶进发，在那里建造圣殿，同时在平原上举行盛大的集市。圣殿将会持久矗立，而集市则会很快散去。集市还是神殿——运动员必须做出选择……让他们自己去选择吧！

从一开始，皮埃尔·德·顾拜旦男爵就将奥林匹克运动会设想为全球体育的巅峰之作，由旨在将世界在友谊与和平的气氛中团结在一起的运动维持，这是一场建立在正直的道德高地上的庆祝活动，远远高于只由获胜欲望驱使的体育混战。当他从国际奥委会退休时，他提醒他的同事们，他们的使命是保护这一愿景，让奥林匹克运动不会在作为其根基的崇高原则上妥协，希望全世界最优秀的运动员们会选择追随他们登上山顶。今天的引用摘自 1925 年 5 月男爵在布拉格市政厅举行的奥林匹克代表大会开幕式上的讲话。

"我的同事们和忠实的朋友们将继续向山顶进发，在那里建造圣殿，同时在平原上举行盛大的集市。圣殿将会持久矗立，而集市则会很快散去。集市还是圣殿——运动员必须做出选择……让他们自己去选择吧！"

6 月 30 日

瑞典委员会的先生们，你们以最出色、最成功的方式，将艺术的魅力和对技术完美的关注结合在了一起。

在皮埃尔·德·顾拜旦看来，1912 年在瑞典斯德哥尔摩举办的第五届奥林匹克运动会是奥林匹克运动第一次奏响真正完美的音符。在献给瑞典东道主的闭幕词中，男爵对这届奥运会赞不绝口。吉姆·索普在十项全能和五项全能比赛中的传奇表现，标志着本届运动会在体育竞技水平方面达到了极致，而同样让男爵高兴的是，他将文化和体育比赛融合的愿景也在斯德哥尔摩得以实现。下面这段话节选自男爵的闭幕致辞，1912 年 9 月的《奥林匹克评论》对其进行了转载。

"第五届奥林匹克运动会，这个辉煌的节日……闭幕的时刻已经到来。它给我们留下了灿烂的回忆，不仅因为瑞典的水土带我们领略了光芒四射的夏日魅力，还因为瑞典委员会的先生们，你们以最出色、最成功的方式，将艺术的魅力和对技术完美的关注结合在了一起。举办一届奥运会，仅仅掌握权力和金钱是不够的，还需要具备毅力、耐心和宽容。"

七月

体育运动会播下观察力、批判性思维、自控力、有计划的努力、能量消耗以及应对失败的实践哲学的种子。

这些都是这一代人迫切需要的品质。

7月1日

（体育运动）会播下观察力、批判性思维、自控力、有计划的努力、能量消耗以及面对失败时的实践哲学的种子。这些都是这一代人迫切需要的品质。

第一次世界大战后，皮埃尔·德·顾拜旦男爵鼓励国际奥委会的同事们立即恢复奥运会，并回顾了体育给国际社会带来的多重好处。男爵强调，在世界仍处于不安全状态的情况下，体育将有助于下一代人开发出未来成功所必需的工具。这段文字摘自1919年1月，也就是协约国与德国签署停战协议两个月后男爵写给国际奥林匹克委员会成员的信。当时距离安特卫普奥运会开幕只剩下一年半的时间了，男爵需要他的同事们在各条战线上全力支持。

"（体育）运动会播下观察力、批判性思维、自控力、有计划的努力、能量消耗以及应对失败的实践哲学的种子。这些都是这一代人迫切需要的品质。如果不具备这些品质，在今后的工作中几乎肯定会失败。"

7月2日

我将怀着我们共同培养的体育精神来从事这项新工作，换句话说，就是怀着努力的精神、对冒险的喜爱与对公正理想的追求来从事这项新工作。

1925年，当皮埃尔·德·顾拜旦男爵离开国际奥委会时，他已经六十二岁了，到了这个年纪，人们往往变得更加保守，不再那么奉行自由主义，也不再热衷于冒险。然而男爵在这里又一次偏离了常规，发起了建立"万国教育联盟"和"国际体育教育局"两项新倡议——这两项倡议旨在向工人阶级提供新形式的体育和教育，从而为他们服务。虽然他的两个新项目没有获得成功，但它们揭示了男爵性格中不变的一面——他在人生的每个阶段都力求为更广大的利益服务。这段话摘自男爵1925年在布拉格奥林匹克代表大会开幕式上发表的退休演讲。

"毫无疑问，我在本应是保守的本能更加凸显的时候表现出了革命倾向，这已经让一些听众感到惊讶甚至震惊了。但是我应该向我的同事们和我忠实的朋友们坦率地解释我的计划。我也想告诉他们，我将怀着我们共同培养的体育精神来从事这项新工作，换句话说，就是怀着努力的精神、对冒险的喜爱与对公正理想的追求来从事这项新工作。"

7月3日

体育是现代进步的重要因素。

1936年，孤苦伶仃地居住在日内瓦的皮埃尔·德·顾拜旦男爵接受了《柏林午间报》的一系列长篇采访，这家德国报社有意刊登男爵对现代奥林匹克运动起源和发展的完整回忆。在男爵人生的倒数第二年，在他几乎被奥林匹克圈之外的世界遗忘的时候，这一系列采访带给了他一次意义深远的机会，让他回顾自己的成就以及自己所创造的奥林匹克主义哲学。今天的这段话摘自其中一篇题为《运动进步的起源与局限》的采访。

"我们曾以为希腊主义是一段历史，是一个死气沉沉的概念，不可能复兴，也不适用于当前的形势。这是错误的。希腊主义是未来的一部分。它的生活哲学很适合，也能够适应现代生存。这就是为什么体育是现代进步的重要因素。"

7 月 4 日

亲爱的朋友们，我希望你们在大洋彼岸巩固我已经完成的事业，完成我未完成的工作。

为了庆祝美国的独立日，今天的引用摘自皮埃尔·德·顾拜旦男爵为庆祝现代奥林匹克运动会创立四十周年而提供给美国联合通讯的文章《致美国青年的一封信》。虽然我在每日语录中多次提到过这封信，但在今天这个特别的节日里，我们还是应当回顾一下男爵对美国的钦佩之情。鉴于多年来美国奥运代表队的表现，他显然对美国青年寄予了厚望，我相信他一定会对这个国家响应他的号召的方式感到非常欣慰。感兴趣的朋友可以读一读附图里的信件全文。

"我特别希望向美国青年发出呼吁，请他们接手我的事业，让我留给他们的遗产结出硕果……亲爱的朋友们，我希望你们在大洋彼岸巩固我已经完成的事业，完成我未完成的工作。感谢你们。我对你们伟大祖国的命运抱有最坚定的信念，我在垂暮之年仍然像我在人生的黎明时一样，敬佩和热爱着这个国家。"

致美国青年的一封信

值此庆祝恢复奥林匹克运动四十周年之际

通过美国联合通讯社发布

在这个可能为我的公共活动周期画上句号的庄严时刻，我特别希望向美国青年发出呼吁，请他们接手我的事业，让我留给他们的遗产结出硕果。

这唤起了我对西奥多·罗斯福、威廉·M.斯隆以及对许多美国朋友的记忆。在公众舆论对奥林匹克复兴的价值认识不足时，我不得不在世界各地——特别是在我的祖国法国与缺乏理解的公众舆论作斗争。在那段漫长的时期里，他们一直理解我、支持我，愿意与我一同奋斗。

不管怎么说，世界各地的年轻人对完美肌肉的追求并不过分。如果他们是带着热情去追求，那就是一种健康的奉献行为。然而国际比赛和锦标赛的大量涌现实在是很夸张。这就是为何我们应该限制这类集会的数量。为了维持各国之间的竞争精神，四年一度的奥林匹克运动会是有必要存在的，而且有它足矣。

另一个亟待改善的问题是中学教育负担过重，而且它的功能还会被本属于大学教育的专业课程所掩盖。无论在哪个国家，中学教育时期都应该是学生们纵览各个学科领域，知识水平突飞猛进的时期。这样每个人都能在找到自己将要深造的领域，安顿下来之前见识到知识领域的全貌。

这个问题与国家之间、个人之间的和平有着密切的联系。有很多人至今仍然不愿承认这一点。这项改革最终将以强迫每个人接受而告终，我很高兴自己能够为这样一项改革奠定基础、制定方案、总结出目标和方法。

亲爱的朋友们，我希望你们在大洋彼岸巩固我已经完成的事业，完成我未完成的工作。

感谢你们。我对你们伟大祖国的命运抱有最坚定的信念，我在垂暮之年仍然像我在人生的黎明时一样，敬佩和热爱着这个国家。

皮埃尔·德·顾拜旦

1934 年 6 月 23 日于洛桑

（第十届奥林匹克运动会期间）

7 月 5 日

毫无疑问，低级的野心和卑劣的激情是存在的；没有它们，就没有人类的集会，没有它们侵扰不了的人类制度。然而尽管如此，整个结果却是宏伟而强大的……

几天前，国际奥委会主席托马斯·巴赫在瑞士洛桑召开了国际反体育腐败合作组织（IPACS）会议。IPACS 成立于去年（注：2017年），他们此次再次聚首是为了讨论如何在奥林匹克界内外阻止和预防腐败的发生。会议结束后，巴赫说："体育和社会其他领域一样，不可能免于腐败的侵蚀。我们面临的挑战是在腐败现象发生时迅速有效地采取行动，这对于维护我们的廉正以及我们的信誉至关重要。"我相信皮埃尔·德·顾拜旦男爵会同意这种说法。1908 年，也就是一百一十年前，他在发表于英国《双周评论》杂志上的《我为什么复兴奥运会》一文中提出了类似的观点。在注意到现代奥运会所面临的腐败和作弊威胁后，他指出古代奥运会期间也存在同样的威胁，因为"低级的野心"总会伴随人类的存在而存在。展望未来，男爵乐观地认为现代奥运会一定能像古代奥运会一样克服这些挑战——尽管他也承认，这将是一场旷日持久的斗争。一个世纪过去了，今天，他的第九位继任者仍在奋战。

"这就是古代的奥林匹克运动会……文人和艺术家们也随时准备着庆祝精力与体力的胜利会师；这无与伦比的场面也是观众们所喜闻乐见的。毫无疑问，低级的野心和卑劣的激情是存在的；没有它们，就没有人类的集会，没有它们侵扰不了的人类制度。然而尽管如此，整个结果却是宏伟而强大的，它统治着希腊文明，快乐而光荣地影响着这个国家的年轻人，并通过他们影响着整个国家。"

7月6日

啊，体育，你就是勇气！肌肉用力的全部含义是勇于搏击。

今天我们再一次回到了皮埃尔·德·顾拜旦男爵的金奖诗作《体育颂》。在 1912 年斯德哥尔摩奥林匹克运动会文化竞赛上，男爵以乔治·赫罗德和 M·艾歇巴赫的双重笔名提交了这首诗，并获得了文学金奖。或许，《体育颂》比男爵职业生涯中的其他任何作品都更能表达他对体力活动和竞赛这一变革力量的由衷热爱。在这段话中，他对所有将自己置身于赛场上与其他人切磋天赋与实力的人给予了肯

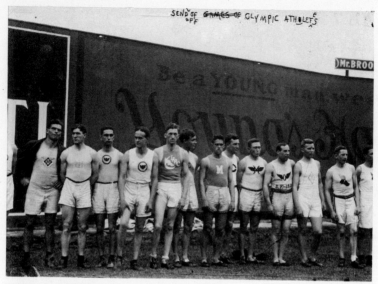

为参加1912年斯德哥尔摩奥运会的运动员送行。这张照片出自美国国会图书馆收藏的乔治·格兰瑟姆·贝恩作品集。

定，并称赞了他们无畏的勇气。在男爵看来，体育是人类胆量的最佳表现形式。

"啊，体育，你就是勇气！肌肉用力的全部含义是勇于搏击。若不为此，敏捷、强健有何用？肌肉发达有何益？我们所说的勇气，不是冒险家押上全部赌注似的蛮干，而是经过慎重的深思熟虑。"

7月7日

奥林匹克运动会的节奏已经进入了国际生活的架构，并成为其中一个常规因素。

1920年的安特卫普奥运会是欧洲经历过第一次世界大战的摧残后举办的首届奥运会，它的成功让皮埃尔·德·顾拜旦男爵相信奥林匹克的未来是光明的。1922年1月，他在《本周回顾》杂志上发表了一篇题为《两场战役之间：奥林匹克主义与大众大学》的文章。在文中，他乐观地断言四年一届的奥林匹克运动会现在已经成为世界体育历史中的一个永久特征。他说得没错——尽管第二次世界大战在1940年和1944年再次打断了奥林匹克运动会的举行。不过，从那以后，男爵的预言便一直是正确的。尽管奥林匹克运动面临各种挑战：战争、政治、恐怖主义、抵制、腐败、兴奋剂、成本超支以及公投的否决，但在过去七十年里，我们已经连续走过了十九个连续不断的四年奥运周期。在这段时间里，全世界共举办了十九届夏季奥运会和十八届冬季奥运会。两年后，我们将在东京庆祝第三十二届现代奥运会，并继续将男爵的精神遗产发扬光大。未来的确是光明的。

7月8日

古奥林匹亚是一座集体育、艺术与祈祷于一体的城市。

自从成年后，皮埃尔·德·顾拜旦男爵一直都对古奥林匹亚怀有极高的敬意。在他的著作中，古奥林匹亚是一块永恒的试金石，他

古奥林匹亚遗址中的石柱。

尊重它标志性的文化和精神传统，以及无与伦比的体育节日。古希腊建筑的规模和它们在古希腊生活中的神圣地位也让男爵无比着迷，他希望现代奥运会也能拥有同样的高尚品格。这是他于1909年（3月15日语录中写的是1910年1月）发表在《奥林匹克评论》上的《现代奥林匹亚》一文中提出的观点，今天的引文就出自此。

"古奥林匹亚是一座集体育、艺术与祈祷于一体的城市。奥林匹亚神圣和美的本性是体育发挥作用的结果。体育之城是间歇性的，艺术和祈祷之城则是永恒的。"

7月9日

该说的都说了，该做的都做了，最后总是要经过一番斗争，而斗争是
崇高的。

今天这句摘自皮埃尔·德·顾拜旦男爵著作中的话，为我们的生
活和时代提供了另一个深刻的教训。1890 年，男爵发表了一系列关
于他在北美旅行经历的文章，这些文章最终汇集在《跨大西洋大学》
一书中。他观察到从古到今，"斗争"一直是生活的固有属性，于是
他将这个发现记录在题为"从北到南"的章节中。虽然这句话中蕴含
的历史观让它听起来像是泛泛而谈，但男爵也可能是在叙述自己的个
人经历。纵观他的成年生活，从他最早将体育融入法国教育的努力，
到晚年在洛桑默默无闻的岁月，他深知不断斗争是怎样一番苦涩的滋
味。当你仔细观察他的成就时间轴时，你就会发现，他在每一个重要
的里程碑处都遭遇过反对的声音。在巴黎最初的战斗结束后，他一定
意识到了未来的岁月只会带来更多无情的敌手——就像刚刚发生过的
那样。然而他从不厌倦战斗，因为正如他在这里所写的，他相信斗争
是崇高的。

"希腊人通过协调人的各种能力来追求个人的完美。中世纪宣
扬禁欲主义，这意味着灵魂要把身体当成假想敌，并制服身体。后来
出现了军事理想，现在占主导地位的则是军事活动。该说的都说了，
该做的都做了，不管是与人、与事、与物还是与自己对抗，最后总是
要经过一番斗争，而斗争是崇高的。"

7 月 10 日

有了（艺术的）帮助，我们可以为奥运会构筑一个有价值的环境……
运动员们能够在其中意识到它赋予他们的特殊荣耀。

在皮埃尔·德·顾拜旦男爵对奥林匹克运动会逐渐明晰的愿景
中，赛场的艺术框架必须采用能够加强和提升运动员体验的设计。这
句话摘自他 1908 年发表在英国《双周评论》上的文章《我为什么复
兴奥运会》。他在这里表达的观点，即艺术应该用来为比赛创造一个
适合的视觉环境，最终将演变成今天数十亿奥运迷在每一届奥运会的
转播画面中都能看到的现代"奥运面貌"。从 1968 年的墨西哥城奥
运会开始，图形成像系统的规范应用为各个场馆的运动员以及全世界
的电视观众创造了一致的视觉体验。在 1984 年洛杉矶奥运会上，体
育场馆周围增建的临时建筑为拓展奥林匹克节日的视觉环境创造了新
的平台。为了实现顾拜旦的早期愿景，奥林匹克的品牌化程度和设计
精妙程度至今仍在继续发展，它为运动员们和他们所获得的特殊荣耀
提供了一个愈发鼓舞人心的框架。

"在所有方面，个人的努力都做好了向普遍和谐的理想靠拢的
准备。各种艺术汇聚在一起，声音、线条、颜色、形式都做好了在运
动中再次联合起来的准备，这就是活生生的美，这样就构成了现代奥
林匹克运动会的壮观元素。有了它们的帮助，我们可以为奥运会构筑
一个有价值的环境——运动员们能够在其中做好协助这一伟大节日的
准备，并且意识到它赋予他们的特殊荣耀。"

7 月 11 日

每一种制度，每一种创造，无论它们自身多么富有活力，都会随着当下的风俗和激情而演变。

当皮埃尔·德·顾拜旦男爵置身事外，远观奥林匹克运动和奥运会发展壮大的时候，他意识到他的伟大创造正在以他所预见到和未曾预见到的方式不断发展和自我调整。随着美国对 1936 年柏林奥运会纳粹东道主的抗议活动的进展，政治对奥林匹克世界的侵扰也呈现出了新的维度。在男爵为《体育杂志》撰写的一篇题为《奥林匹克主义与政治》的文章中，男爵针对可能构成威胁的抵制活动，为奥运会进行了辩护，但他也承认，为了生存，奥运会必须不断发展，适应时代。今天的引文与 6 月 13 日的引文摘自同一篇文章，涉及同一个主题，但因为它们表面上表达的观点不同，还是值得各自独立讨论。

"我太习惯于生活在大历史观的怀抱中，太习惯于审视它的曲折迂回，而忽略了进化这一重要概念。当我发现它无处不在时，我几乎毫不惊讶，更不会感到愤慨。每一种制度，每一种创造，无论它们自身多么富有活力，都会随着当下的风俗和激情而演变。"

7 月 12 日

人不是天使……但是，真正的强者是拥有强大意志力的人，他们的意志力强大到可以使他们自己……停止对征服和占有的追求。

尽管皮埃尔·德·顾拜旦男爵对国际体育的可能性抱有一种理

想主义的看法，但他在看待人性时并不天真。他知道个人的激情和自私的野心是强大的动力，它们往往会取代他希望奥林匹克竞赛能够产生的无私、利他主义与和平的冲动。正如他于 1935 年在《瑞士体育报》上发表的《现代奥林匹克主义的哲学基础》一文中所写的那样，他承认这种内部冲突总会伴随人类的存在而存在。

"人不是天使，我不相信让大多数人成为天使会让人类获益。但是，真正的强者是拥有强大意志力的人，他们的意志力强大到可以使他们自己和他们所属的群体停止对征服和占有的追求——无论这类追求听起来有多么正当合理。"

7 月 13 日

如果年轻人积极主动的话，他们会渴望以祖国的名义与其他国家的年轻人竞争。

19 世纪末，随着国际体育登上世界舞台，最有天赋的运动员和队伍自然而然地产生了与其他国家的佼佼者切磋技术的欲望。皮埃尔·德·顾拜旦男爵于是认识到，竞争的冲动与代表自己国家的荣誉感相结合将有助于推动国际体育和奥林匹克运动的发展。在 1900 年巴黎奥运会期间，男爵发表了一份关于竞技和国际参赛者动机的报告。

"如果年轻人积极主动、身体健康的话，他们就会喜欢充满男子气概的游戏和比赛，他们会在其中展示自己的力量和敏捷，在效仿本能的煽动下，他们会渴望以祖国的名义与其他国家的年轻人竞争。"

1924 年 5 月在法国举行的自行车比赛现场照片。

7 月 14 日

一个常常被忽略的伟大原则：改变人类的唯一方法就是改变孩子。

　　在漫长的国际体育运动的最初几年里，皮埃尔·德·顾拜旦男爵看到了将教育、体育与和平结合在一起，并由此改变世界的可能性。当他在 1889 年巴黎世界博览会上审视第一届世界和平大会的工作时，他被主张将和平与教育相结合的思想和提议深深打动。他在《社会变革》杂志上发表的《和平教育》一文中写下了当年所信奉的原则。

　　"他们发现，在日常实践中传播仲裁习惯的方式之一就涉及教育。和平联盟大会最近发布了以下决议：'所有国家都将在学校里实施这样一项举措，那就是将学生之间产生的所有问题和争端都定期提交给由学生自由选出的仲裁小组。'这种想法在自由的美国已经开始盛行了。这种做法很巧妙，而且符合一个常常被忽略的伟大原则：改变人类的唯一方法就是改变孩子。"

7 月 15 日

身体和精神的改变要同时抓起，你规定良好的生活习惯……

　　如果运动员要让自己对体育的投入达到奥林匹克运动会要求的程度，那将是一种近乎宗教的承诺。至少，皮埃尔·德·顾拜旦男爵是这样认为的。他从体育的兴起中看到了一种全新的、另类的现代信仰形式。今天这段简短的引用出自《体育颂》，男爵凭这首长诗在 1912 年斯德哥尔摩奥运会的艺术竞赛上获得了文学金奖。我们此前已经多次引用过这首诗的段落——在今年结束之前，我们还将再次回味。

　　"啊，体育，你就是进步！为了人类的日新月异，身体和精神的改变要同时抓起，你规定良好的生活习惯，要求人们对过度行为引起警惕。"

7 月 16 日

音乐有时会带给我们神秘而短暂的体验，让我们看到失落的世界，有那么几秒钟，聚集在巴黎的人们领略到了古代希腊的辉煌。

　　这是对现代奥运史上一个决定性时刻的难忘回忆。在 1894 年 6

梵蒂冈使徒宫的著名湿壁画，拉斐尔的《雅典学院》。（拍摄者：雷蒙德·余）

月16日晚，也就是奥林匹克运动会重生的那个晚上，当古老的《荷马颂歌：致阿波罗》用音乐唤起古代的辉煌时，聚集在索邦大学圆形剧场里的两千名观众陷入了"神圣的沉寂"。当男爵在那一年的11月写下这段话时，他已经孤注一掷了。他曾前往雅典，试图为即将召开的奥运会争取支持，却遭到了希腊政府的拒绝。这句话摘自他发表在当月《雅典信使报》上的文章《新奥林匹克主义：对雅典人民的呼吁》。当然，男爵最终成功获得了希腊人民和王室的支持，在他们的带领下，雅典于1896年恢复了往日的辉煌。

"那时同样（在索邦大学），作为参议员，同时也是现任法国驻圣詹姆斯法院大使的德·库塞尔男爵为恢复奥林匹克运动会的国际大会拉开了帷幕。近两千人挤满了大厅……随后，在一片神圣的沉寂中，两千年来合唱团首次唱起了在德尔斐出土的《致阿波罗》。效果非常感人。音乐有时会带给我们神秘而短暂的体验，让我们看到失落的世界，有那么几秒钟，聚集在巴黎的人们领略到了古代希腊的辉煌。"

7 月 17 日

我想以一种可持续的方式回馈当今世界，利用一种古老的制度，它的原则在今天再次变得重要起来。

如今，回馈的理念已经渗透到世界各地的体育运动中。如果我们查阅几乎所有高知名度运动员的档案或简历，就会发现其中总是会提到回馈他们出身的社区或是回馈赋予他们成功的运动相关的内容。皮埃尔·德·顾拜旦男爵在 1919 年表达了这一观点，并引用了自己近三十年前的著作，这一事实再次揭示了他在多个方面堪称一位真正的当代思想家。"可持续"一词的使用也体现了他的先见之明。这句话出自他发表在当年的《奥林匹克评论》上的文章《奥林匹克书信（13）：奥林匹克运动会的周期性》。

"在复兴奥运会的时候，我并没有只盯着自己周围，而是将目光投向了远方。我想以一种可持续的方式回馈当今世界，利用一种古老的制度，它的原则在今天再次变得重要起来。"

7月18日

我们生活在一个伟大的时代，因为我们在身边看到的都是出乎意料的东西。

皮埃尔·德·顾拜旦男爵活了七十四岁——其中 19 世纪三十七年，20 世纪三十七年，他因此见证了世界舞台上的许多重大变革。当他于 1863 年出生于巴黎时，这座城市里有超过五千辆马车，它们是当时的人们最常使用的交通工具；而当他于 1937 年去世时，国际航空运输的发展已经将我们的世界变成了一座地球村。正如我们现在所处的时代一样，他的一生中，变化的步伐在不断加快。虽然他相信人类最终会找到一条通向更美好世界的道路，但在他 1936 年写下《致奥林匹亚——柏林火炬手们的信》时，他就已经意识到了国家之间存在危机。很明显，他试图将国际间日益增长的敌意贴上教育危机的标签，以此表达对未来的乐观态度。

"我们生活在一个伟大的时代，因为我们在身边看到的都是出乎意料的东西。随着欧洲和新亚洲的形态如透过晨雾般逐渐明朗，人类似乎终于意识到，我们面临的危机首先是一场教育危机。"

7月19日

戴在古代胜利者头上的野橄榄冠仍然是无私和骑士精神的象征。

皮埃尔·德·顾拜旦男爵对古代奥林匹克运动会抱有毕生的热情，也很喜欢在著作中颂扬其象征意义。毫无疑问，野生橄榄叶做成

坐落于旧金山市政厅外的先驱者纪念碑，雕像的头顶戴着象征无私与骑士精神的野橄榄冠。（摄影者：弗兰克·哈珀斯伯格）

的头冠是代表古代竞争纯洁性的标志性形象——尽管我们都知道，随着奥运会在古代世界中的影响力不断增强，奥运冠军们获得的荣誉中也加入了现金和各种物质奖励。尽管如此，为简单、无私的奖励而参与竞争的想法在许多方面仍然备受尊重。在1894年发表于《雅典信使报》的《对雅典人民的呼吁》一文中，男爵激起了这一形象的力量，以唤醒希腊人对他们光荣传统的记忆。

"毫无疑问，奥林匹亚的运动员们在某种程度上受到他们所参与的运动的神圣本性的保护，而戴在古代胜利者头上的野橄榄冠仍然是无私和骑士精神的象征。"

7月20日

竞技体育在推动社会改革方面发挥着重要作用。从某种意义上来说，体育团体是民主的基本单位。

今天，我们很少会听到某个体育团体或是某支队伍被称为"民主的基本单位"，但当皮埃尔·德·顾拜旦男爵于1919年写下这封《致国际奥林匹克委员会成员的信》时，他有了一些发现。出生于法国贵族家庭的男爵意识到，体育运动可以起到平衡作用，弥合阶级差异，在当时僵化的阶级结构中创造一种新的平等。他在国际奥委会中的许多同事也看到了同样的机会，并且协助奥运会演变成了今天的面貌——这是一种真正的英才体制，仅凭天赋和个人成就就对所有人开放。实际上，正如男爵所预见的那样，体育在20世纪的社会改革中发挥了重要作用。

"竞技体育在推动社会改革方面发挥着重要作用……从某种意义上来说，体育团体是民主的基本单位。在这个团体中继续存在的唯一不平等因素来源于自然，而人为的不平等则被消除了。"

7月21日

是时候进入一个新的阶段，让奥林匹克运动恢复原本的美丽面貌了。

在回顾最初的两届现代奥运会——1896年的雅典奥运会和1900年的巴黎奥运会时，皮埃尔·德·顾拜旦男爵对这两届奥运会期间没有举行大会、讲座，没有强调体育的道德目的，最重要的是，没有像古代奥运会那样举行盛大的文艺庆祝活动表示遗憾。他决心扩大未来的奥林匹克竞赛的范围，在赞美体育运动的同时庆祝人类创造力和智力的进步。1904年6月，他在《费加罗报》上发表文章，宣布了自

今天的法兰西喜剧院（摄影者：玛丽·泰瑞斯·赫伯特）

己的打算。两年后，在法国著名导演儒勒·加候及的赞助下，他在著名的法兰西喜剧院主持召开了"艺术与文化协商会议"。奥林匹克艺术大会吸引了六十位艺术家、赞助人以及五位国际奥委会成员。大会最后以在奥运会期间举办绘画、雕塑、建筑、文学和音乐五项艺术竞赛的建议画上了句号。六年后，这一文化奥林匹克运动会的理念终于在1912年斯德哥尔摩奥林匹克运动会上取得了成果。

"是时候进入一个新的阶段，让奥林匹克运动恢复原本的美丽面貌了。在奥林匹亚辉煌的时代……正是因为艺术、文学与体育和谐地融合在一起，奥运会才能如此伟大。未来也必将如此……从今以后，奥林匹克运动会除了包含作为奥运会精髓的体育项目外，还将包括体育运动概念在文学、雕塑、音乐、绘画和建筑领域激发出的最优秀的作品。"

7月22日

人类正在向一个更美好的世界迈出小小的步伐……它所取得的成就是极其脆弱的。

1927年，也就是皮埃尔·德·顾拜旦从国际奥委会退休两年后，他最后一次回到希腊，在雅典学院的一次会议上发表了一场热情洋溢的讲话，题目是《历史研究的转变和传播：它们的特点和结果》。此时他刚刚完成四卷本《世界普遍史》的写作，在谈到一代又一代人类的逐步演进时，他依然意犹未尽。

"任何将历史作为一个整体来研究的人，都必然得出这样的结论：第一，人类正在向一个更美好的世界迈出小小的步伐；第二，人类所取得的成就是极其脆弱的，随时都有可能崩溃；第三，只有让每一代人的努力与下一代人的努力保持连续和协调，才能把已经取得的成就整合起来。"

7 月 23 日

奥林匹克主义是一台伟大而又安静的机器。它的齿轮不会发出刺耳的声音，它也永远不会停止运行。

一直以来，皮埃尔·德·顾拜旦男爵都希望奥林匹克运动能够成为世界体育舞台上一个永久固定的项目。按照他的设想，这台伟大的全球体育机器一旦启动，就会不断地从一个国家扩展到另一个国家，深入到每个国家的基层社区，在每个运动领域中发现最优秀的体育人才。这是他 1920 年发表在《体育杂志》上的《奥林匹克主义的胜利》一文的中心论点。虽然他承认奥林匹克主义的反对者们还在继续抨击它的功能和范围，但他宣称他们不会也不可能阻止它的脚步。他是对的，尽管挑战依旧存在，奥林匹克主义今天仍在两百多个国家默默运行着。

"奥林匹克主义是一台伟大而又安静的机器。它的齿轮不会发出刺耳的声音，它也永远不会停止运行。尽管某些人不断往它身上撒沙子，企图阻止它的运行，但他们都没有成功。"

7月24日

我只想请你们相信一点：你们的孩子必须要玩耍。

　　皮埃尔·德·顾拜旦男爵试图从法国的教育界开始改变世界，他首先向父母们提出了情感诉求。在 19 世纪 80 年代的法国，人们普遍认为孩子们在学校里劳累过度。虽然他们没有体育运动也没有体育课，但他们有一个形容劳累过度的词：过劳。1887 年，当男爵开始在写作中使用这个词的时候，它已经成了人们议论纷纷的话题。1889 年，他的著作《法国的英式教育》问世，其中有一章的标题便是 "治愈过劳的良药"。在最基本的层面上，顾拜旦向所有的法国家长提出，解决当前危机的良方就是玩耍——当然，对玩耍的接纳会让他们得出这样的结论：法国的教育需要让所有的孩子都参与到运动、游戏和锻炼中去。

20 世纪早期一所名为 "滨海大道小学" 的学校师生集体照。（拍摄者：哈文奇和多弗考特）

"我只想请你们相信一点：你们的孩子必须要玩耍。他们不玩是因为他们不知道怎样玩。当你让孩子们出去玩的时候，他们会玩各种各样的游戏。这些游戏与我们想要引入到教育中的游戏毫无关联，我们想引入的游戏需要我们付出完全不同的努力。不管它看起来多么容易，你真的认为你能一脚成功踢飞一个大球吗？试试就知道了。"

7 月 25 日

寓言告诉我们，真理必须从某种井中汲取。然而事实并非如此。真理存在于棱镜的中心。

对皮埃尔·德·顾拜旦男爵而言，只有透过真理的棱镜才能了解历史。他是一位历史哲学家，而对过去的解读必须以时间赋予的不可磨灭的真理来衡量。他主张用棱镜视角看待人类发展进程和其中的重大事件，认为要想清楚地理解历史上的里程碑事件，就必须将其与"原因"的概念分离开。所谓棱镜视角，是指将事物分解为其基本组成部分或色彩，并对每一部分进行仔细研究的视角。今天的引文摘自男爵于 1927 年在雅典学院发表的演讲，题为《历史研究的转变和传播：它们的特点和结果》。今天，这段话再次在我们的时代引起了回响。

"就利用世界历史而言，对均衡比例的欲望是必不可少的，但只有在心灵活动的辅助下，这种欲望才会生效。我相信，我们必须让以下这两种心灵活动成为习惯。首先，我们必须以棱镜视角看待人和事物；其次，我们必须用'功能'的概念取代'原因'的概念。寓言告诉我们，真理必须从某种井中汲取。然而事实并非如此。真理存在于棱镜的中心。"

7月26日

啊，体育，你就是乐趣！想起你，内心充满欢喜，血液循环加剧……你可使快乐的人生活更加甜蜜。

今天我们再次回到了皮埃尔·德·顾拜旦男爵的金奖诗作《体育颂》，这是他在1912年斯德哥尔摩奥林匹克艺术竞赛上以乔治·赫罗德和M·艾歇巴赫的双重笔名创作的诗作。节选的这一节反映了顾拜旦毕生都在强调的"努力的快乐"——那是一种在运动中发现的，独特而鼓舞人心的快乐。他在这里描绘了从体力活动中流淌出的振奋人心的情感，以及从竞技时刻走向更宏大的人生喜悦的心理益处。

"啊，体育，你就是乐趣！想起你，内心充满欢喜，血液循环加剧，思路更加开阔，条理更加清晰。你可使忧伤的人散心解闷，你可使快乐的人生活更加甜蜜。"

7月27日

社会改革必须通过教育来实现。为了确保成功，我们的努力不能以成年人为重点，而要以儿童为重点。

作为一名在法国社会变革前线工作的年轻教育改革家，皮埃尔·德·顾拜旦男爵成为弗雷德里克·勒普勒的社会和平联盟的成员。勒普勒经常被称为现代社会科学的先驱，几十年来，他在政治和教育两条战线上致力于提高法国穷人和工人阶级的生活质量。他的联盟团结社区来倡导变革，他创办的出版物《社会变革》将他的思想传达给了精英阶层。1889 年，男爵的文章《法国的英式教育》发表在该杂志上，其中有这样一段话。

"社会改革必须通过教育来实现。为了确保成功，我们的努力不能以成年人为重点，而要以儿童为重点。我们必须赋予孩子们思想品质，使他们能够理解事物；还要赋予他们性格品质，使他们能够实施变革。你们杰出的创始人正是在这种变革中看到了法国的救赎。"

7 月 28 日

现代奥运会通过恢复一系列的仪式和象征性活动，一点一点地回溯他们显赫的祖先。这些仪式和活动赋予了现代奥运会如此伟大和深刻的意义。

1920 年，第一次世界大战之后举办的第一届奥林匹克运动会在比利时安特卫普举行。皮埃尔·德·顾拜旦注意到这届奥运会增加了两项特殊的仪式——这两项仪式后来成为了现代奥运会的永久性标志。这是有史以来第一次，奥林匹克旗帜与五环在奥林匹克体育场上空飘扬，运动员们宣誓要为了国家和体育的荣耀公平竞争。在男爵看来，这两项新仪式的象征性影响标志着现代奥运会与古希腊奥运会有

1920 年，比利时击剑、游泳运动员维克托·博因在安特卫普奥运会开幕式上代表全体
运动员宣誓。照片摘自《奥林匹克主义——顾拜且文选》。

了更深层的联系。代表聚集在安特卫普的两千六百六十八名运动员进行开幕式宣誓的荣誉落在了维克托·博因头上，他是来自主办国比利时的击剑、游泳运动员，其照片见图。虽然今天的引文摘自男爵当年为《协和》杂志撰写的《第七届奥林匹克运动会》一文，但下面的文字实际上是博因在奥运会上发表的《奥林匹克誓言》第一版全文。关于《奥林匹克誓言》的由来，请参考 5 月 31 日的语录。

"我们发誓，我们是作为忠诚的竞争对手参加奥运会的，我们遵守奥运会的规则，并渴望为了我们国家的荣誉和体育的荣耀，以骑士精神参加奥运会。"

7 月 29 日

重要的是，体育运动必须保留过去它所特有的高贵气质和骑士精神，这样它才能继续发挥希腊大师们赋予它的令人钦佩的教育作用。

1894 年 1 月，也就是在皮埃尔·德·顾拜旦男爵成功复兴奥林匹克运动会的六个月前，他给所有被他邀请到索邦大学参加六月国际体育大会的人员发了一封通函。他在信中明确表示，在他的设想中，恢复后的奥运会将在现代教育中发挥重要作用。在将运动员作为榜样的观念流行起来的几十年前，男爵就提出，要想对社会产生积极的影响，体育运动以及运动员必须表现出最高尚的品质。骑士精神是一种中世纪的行为准则，它将荣誉、勇气、正义与助人为乐的热情置于生活的中心。男爵希望那些攀上奥运高峰的人具备这些品质，因为他相信他们的古代先辈也是如此。

7 月 30 日

当我权衡过在纽约和伦敦进行这项工作的实际可能性之后，我向不朽的希腊寻求足够完成这一伟大综合体所需的理想主义。

1919 年，在现代奥林匹克运动会复兴二十五周年之际，皮埃尔·德·顾拜旦男爵在洛桑大学的一次集会上谦逊地接受了赞扬。面对这群观众，他回忆道，在开始自己的伟大事业之前，他在美英两国召集了一些盟友。他一如既往地把构成现代奥运会平台的理想主义归功于不朽的希腊。有趣的是，在发起运动会的过程中，他声称自己只是在遵循一股强大到无法违抗的内在动力的指引。这是他在回忆录的另一部分发出的声明。

"当我权衡过在纽约和伦敦进行这项工作的实际可能性之后，我向不朽的希腊寻求足够完成这一伟大综合体所需的理想主义。先生们，四分之一个世纪的成功已经巩固了这项工作。你们刚刚对这种努力表示了敬意，如果这一席话是说给这项工作的作者听的，我会感到不自在。这位作者并不认为自己应该获得这样的赞美，因为他所做的一切只是在服从一种比他自己的意志更强大的本能。但他会欣然接受对这些理念的赞美之辞。他只是理念的第一位仆从。"

7 月 31 日

如果在那个遥远的年代，杰出的希腊青年们能拥有花剑那样称手的武器、柔软而结实的拳击手套、耐用的自行车以及让划船者如虎添翼的船桨，那该是多么快乐的事情啊！

在皮埃尔·德·顾拜旦男爵的成年生活中，他一直狂热地谈论着古希腊人对体育的热情将给现代世界带来怎样的益处。但在 1918 年 2 月 24 日他对洛桑希腊自由俱乐部发表的演讲中，男爵则让他的想象力反其道而行之。他引导听众们思考，如果古代运动员有机会用我们这个时代的先进体育器材进行比赛的话，他们将会感受到怎样的喜悦。

"如果在那个遥远的年代，杰出的希腊青年们能拥有花剑那样称手的武器、柔软而结实的拳击手套、耐用的自行车以及让划船者如虎添翼的船桨，那该是多么快乐的事情啊！如果我们这么多的体育器材能够派上用场，过去的运动员们该会多么陶醉啊！的确，体育运动的乐趣从来没有像今天这样富有魅力，也从来没有像今天这样有如此多的机会去发挥它的魅力。"

八月

世界上的每一个国家都能有幸承办奥运会，并根据本国人民的想象力和能力，以自己的方式庆祝奥运会，这是件好事。

8月1日

人类就像钟摆，虽然追求平衡，却只能在从一个极端到另一个极端的过程中短暂地达到平衡状态。

作为一名历史专业毕业的学生以及国际关系、全球趋势的敏锐观察者，皮埃尔·德·顾拜旦男爵曾满怀信心地谈到现代生活的重大变迁。1918 年 2 月，当他在洛桑雅典自由俱乐部发表演讲，提出这一尖锐的观点时，第一次世界大战仍在进行中。在这篇题为《我们现在可以对体育提出的要求》的演讲中，男爵将 19 世纪末体育教育的发展放在了历史辩证法的大背景下。一百年过去了，今天的头条新闻表明，当时的男爵对自己在说什么了然于心。

"在我们这个年代……回归体育教育是有必要的，即便我们可能会面临在这条路上走得太远的风险。因为人类就像钟摆，虽然追求平衡，却只能在从一个极端到另一个极端的过程中短暂地达到平衡状态。"

8月2日

我们是一群反叛者，所以一向支持有益革命的新闻界才会理解和帮助我们。

在过去的几年中，新闻界及一流的新闻工作者一直在遭受各种政界、商界人士的指责，因此我们似乎有必要回顾一下皮埃尔·德·顾拜旦男爵对新闻自由的倡导。1894 年 6 月，奥林匹克代表大会在索邦大学举行，他对新闻界对大会的认可和报道表示了赞赏。在缺席了一千五百年后，奥林匹克运动会重新回到了人类历史中。在那次大会的闭幕晚宴上，男爵抨击了那些批评他的人，并对新闻界支持另一场"有益革命"的行为表示了赞赏。

"那些老派人士看到我们在索邦大学举行会议，便开始抱怨。他们已经意识到了我们正在反抗，也意识到了我们终将摧毁他们那腐朽不堪的哲学。先生们，这是千真万确的。我们是一群反叛者，所以一向支持有益革命的新闻界才会理解和帮助我们。话已至此，请允许我衷心感谢新闻界对我们的支持。"

在此，我也要借今天的语录向阿兰·阿伯拉罕森、艾德·胡拉和邓肯·麦凯三人致敬。他们三位都是优秀的记者，致力于报道全球奥林匹克运动的日常运作。

8月3日

我认为有必要恢复奥运会，使之成为体育崇拜的最高奉献仪式。在那里，运动员们怀着最纯粹的体育精神，自豪地、快乐地、忠诚地参与体育运动。

1908 年，皮埃尔·德·顾拜旦在为英国《双周评论》杂志撰写《我为什么复兴奥运会》一文时，心情十分愉悦。随着伦敦奥运会的一天天临近，各项组织工作在库西－拉凡牧师和德斯伯勒勋爵的领导下有条不紊地展开，并呈现出了前所未有的专业水平。因此男爵才能如此乐观地展望未来，并怀着真正的喜悦回顾自己的成就。

"我认为有必要恢复奥运会，使之成为体育崇拜的最高奉献仪式。在那里，运动员们怀着最纯粹的体育精神，自豪地、快乐地、忠诚地参与体育运动。"

8月4日

运动员要了解自我、管理自我、超越自我。

拉丁语是皮埃尔·德·顾拜旦最喜欢的教学工具。他总会毫不犹豫地引用古人的哲学和公理，激励现代运动员将他们的承诺延伸到体育运动和他们自己身上。在教育的语境下，他相信现代体育可以提高个体的自律水平。因为只有当参赛者对自己的能力有了全面的了解后，他才能认识到自己的不足，学会如何在最大程度上利用天赋和训练。今天的语录摘自《体育活动的教育用途》，这是男爵于 1928 年 11 月在洛桑面对国际体育教育局发表的演讲。

"运动员有责任了解自我、管理自我、超越自我。这段文字可能会显得很自命不凡，因为它同时反映了苏格拉底和圣保罗的思想。不管怎么说，我们肯定不能说其中缺乏真理的成分。那些缺乏天赋的运动员没有获奖的绝对把握，只能希望通过坚持不懈的努力弥补不足。那样他们就会被了解自我、管理自我和超越自我这三重义务所吸引。"

8月5日

我相信教育——特别是民主时代的教育，如果没有体育的协助，就不可能是优秀、完整的。

在对 1896 年奥林匹克运动会的第一次全面评估中，皮埃尔·德·顾拜旦男爵试图提醒他的读者，要牢记奥林匹克运动的核心使命：通过在学校间推广体育运动来发展教育事业。他在报告中对雅典首届奥运会上的亮点进行了全面的描述，同时，他也希望通过体育进行教育的战略能被列入奥运会的优先事项。这句引文摘自 1896 年刊登在《世纪杂志》上的一篇文章，题目就是《1896 年奥林匹克运动会》。

"我认为教育——特别是民主时代的教育，如果没有体育的协助，就不可能是优秀、完整的；但是，为了让体育发挥其应有的教育作用，我们必须把它建立在完全公正无私和荣誉感的基础之上。"

8月6日

我在此再次申明，我是整个项目的唯一作者……奥林匹克运动会将会把体育精神提升到完美的境界，为新一代人的生活注入新的抱负。

1896 年，雅典第一届现代奥林匹克运动会期间，皮埃尔·德·顾拜旦男爵和他在国际奥委会的同僚们被希腊组织者和王室无耻地踢到了一旁。他们作为重振希腊失落辉煌的真正功臣，本应受到赞赏，却被抢去了风光和功劳。尽管被排挤的经历让男爵感到十分羞辱，但他还是选择了保持沉默，静待时机，以表明自己的作者身份。下面这段话是他为奥运会官方报告所撰写的内容，今天的引文就出于此。有几位历史学家曾对男爵的这一声明提出过批评，理由是他有许多位先辈与合作者。然而，考虑到他在希腊遭受的种种待遇，他会做出这样的回应是无可厚非的——何况他当年预言的好处也确实实现了。

"我在此再次申明，我是整个项目的唯一作者。我想借此机会对那些协助我圆满完成这项工作的人们和那些与我怀有同样希冀的人们表示衷心的感谢。我们希望奥林匹克运动会的复兴能把体育精神提升到完美的境界，为新一代人的生活注入新的抱负：对和谐的热爱和对生命的尊重！"

8 月 7 日

古奥林匹亚的神圣性来自于爱国主义的虔诚感，这种虔诚感渗透了这里的每一处，弥漫在空气中，笼罩在纪念碑的周围。

在奥林匹克运动的初期，建立一座现代奥林匹亚的想法浮出了水面，人们认为它不仅是未来奥林匹克运动会的永久举办地，也是所有奥林匹克运动员的精神港湾，是体育界的朝圣之地。为此，国际奥委会甚至在 1910 年发起了一场建筑设计国际竞赛。下页这张图片为获奖设计，作者是两位瑞士建筑师：尤金·莫诺德和阿方斯·拉弗里埃，他们提议在日内瓦湖畔选址。1909 年，当皮埃尔·德·顾拜旦男爵在《奥林匹克评论》中写到对该计划的要求时，他强调选址应该具有神圣性，并且要对人们产生精神激励。这个想法最终不了了之，

1910 年，国际奥委会发起的建筑设计国际竞赛中的获奖作品。作者为瑞士建筑师尤金·莫诺德和阿方斯·拉弗里埃。摘自《奥林匹克主义——顾拜旦文选》。

而新主办城市间的盛大游行至今仍在继续。但是今天，我们仍然经常听到为奥林匹克运动会设立一个永久的举办地的呼吁，这样会破坏男爵最初的理念。男爵最初的理念的天才之处就在于让奥运会从一个城市迁徙到另一个城市，从一个国家迁徙到另一个国家，从一片大陆迁徙到另一片大陆，在赞美我们这个星球上独特的文化的同时，将奥林匹克主义的普遍意识形态散播到世界各地。

"（古奥林匹亚的）神圣性来自于爱国主义的虔诚感，这种虔诚感渗透了这里的每一处，弥漫在空气中，笼罩在纪念碑的周围。任何名副其实的奥林匹亚都必须给人以同样的印象。它必须被一种严肃的气氛包围，不一定是禁欲的，而是可以允许欢乐的存在。这样，在比赛间歇的沉寂中，它就会像朝圣地一样吸引游客，用自身蕴含的崇高记忆和深切期望激发他们内心的敬意。"

8月8日

最重要的是，我们必须对体育在伟大的现代国家中的双重作用有一个崇高而透彻的概念：它能起到平衡人类和……教化社会的作用。

1912 年的斯德哥尔摩奥林匹克运动会是第一个完全实现皮埃尔·德·顾拜旦男爵愿景的世界性体育节日，它向世界展示了令人敬畏的体育壮举、全身心投入的公众、迷人的气氛以及体育和文化的完美结合。在奥运会闭幕之际，男爵在闭幕词中指出，瑞典的经验证明奥运会可以实现他设想的目标，促进参与者之间的和谐相处，帮助他们了解彼此的文化。奥运会结束后，《奥林匹克评论》转载了他的讲话。

"最重要的是，我们必须对体育在伟大的现代国家中的双重作用有一个崇高而透彻的概念，这两种作用分别是从古代体育中继承来的促进人类平衡的作用和从中世纪骑士制度中继承来的教化社会的作用。先生们，我们不仅要关注奥林匹克运动场馆，还要关注中世纪那些被忽视、被误解的比赛，它们唯一的缺点就是有时会把对荣誉、坚忍和慷慨的优雅崇拜推向无理的境地。"

8月9日

现代竞技体育有两个发展趋势，一是民主化，二是国际化。

回顾一下过去八个月的语录，你会发现其中提到体育在民主中的作用的次数多得惊人。皮埃尔·德·顾拜旦男爵虽然出身于贵族家庭，但他自愿成为共和主义者。他相信体育运动可以在全世界范围内加强和发展民主。他试图将他的体育革命与19世纪末逐渐形成势头的平等政治革命相统一。在1894发表于《雅典信使报》的公开信《新奥林匹克主义：对雅典人民的呼吁》中，男爵特地强调了这一点，以让希腊读者对他们祖先留下的两项最伟大的遗产感到自豪。

"先生们，我想提请诸位注意现代竞技体育的两个趋势，一是民主化，二是国际化。它的社会革命已经在人这方面实现了，在事物方面也可能实现，这解释了第一个特征；交通速度和通信频率的发展则解释了第二个。"

8月10日

艺术的种子是神秘的，充满了反复无常和离奇古怪……对眼睛、耳朵和手指的教育在任何人身上都不会被浪费。

皮埃尔·德·顾拜旦男爵从小就具有创造精神。他的父亲是一位古典画家，母亲会弹钢琴，因此他是在对艺术的珍视中成长起来的。在世界创意之都巴黎，年轻的男爵体会到了艺术和文化作为社会力量所具有的巨大能量。在对古代世界，特别是古奥林匹亚的艺术和文化表达的研究中，他发现自己的"体育和艺术相辅相成"的观点得到了证实，他坚信二者都应该成为现代教育的关键组成部分。他在1901年的文章《教育中的艺术》里强调了在课堂上鼓励孩子们发挥创造力的重要性。

法国艺术家保罗·塞尚于 1895 年创作的静物画《苹果篮》，以扭曲的透视效果出名。这幅作品就捕捉到了男爵所说的那种"反复无常和离奇古怪的感觉"。

8 月 11 日

如果能避免过于狭隘的结构，抛弃过时的区分，最重要的是，谴责自私的算计和对自我利益的关注，那么竞技体育事业将会拥有一个辉煌的未来。

1911 年 1 月，距第一次世界大战结束不到两个月，皮埃尔·德·顾拜旦男爵给他在国际奥林匹克委员会的同事们写了一封长信。他在信中向他们概述了他们所取得的历史成就、他们所领导的运动的既定优势和理想，以及他们在重拾将体育传播到全世界的使命时为未来播种的希望。他指出前方的道路是光明的，同时也告诫他们要避免可能损害诚信竞争的利己主义。这在当时是一个英明的建议，在今天看来，仍然是一个英明的建议。正如新闻标题经常告诉我们的那样，当国际体育界的领导人开始以自我为中心行事时，事情迟早会出问题。

"如果能避免过于狭隘的结构，抛弃过时的区分，最重要的是，谴责自私的算计和对自我利益的关注，那么竞技体育事业将会拥有一个辉煌的未来。"

8月12日

我深信（奥林匹克运动会）是当代青年进步和健康的基石。

早在"榜样"这个词出现之前，皮埃尔·德·顾拜旦男爵就相信奥运会和奥运冠军在激励世界各地的年轻人的同时，也将他们的影响力扩展到世界各国。他利用这一点驳斥了那些认为现代体育只不过是幼稚的娱乐活动的批评家们"过时"的论点。1908年伦敦奥运会前夕，他在发表于英国《双周评论》杂志上的《我为什么复兴奥运会》一文中提出了这一主张。面对即将到来的激烈竞争和公众对首届英国奥运会日益增长的热情，男爵表达了他心中不可动摇的信念：奥运会将继续为全世界青年的健康做出重大贡献。

"我深信（奥林匹克运动会）是当年青年进步和健康的基石。希望大家能够理解，如果在阅读这篇文章的读者中有谁鄙视体育运动，认为体育运动不过是奢侈而幼稚的娱乐活动，我也不会责难他们，因为我们没有争论的基础。但我不认为我会遇到这样的观点，因为这种观点太过时了。"

8月13日

世界上的每一个国家都能有幸承办奥运会，并根据本国人民的想象力和能力，以自己的方式庆祝奥运会，这是件好事。①

　　皮埃尔·德·顾拜旦男爵在他的奥林匹克生涯中，不断努力推广奥林匹克运动会。在他努力促进各地体育事业发展的过程中，他希望国际奥林匹克竞赛的大门向所有人敞开。他相信随着越来越多的国家举办奥运会，他通过体育在全世界建立友谊、实现和平的伟大愿景终将得以实现。这是他在1936年接受法国记者安德烈·朗关于下一届奥运会的采访时提出的观点。这届奥运会原定于1940年在东京举行。由于男爵在采访中为1936年柏林奥运会进行了辩护，这场采访在法国臭名昭著。作为对朗提出的"奥林匹克主义已死"这一说法的回应，顾拜旦展望了亚洲第一届奥运会的未来，坚定了奥林匹克运动的使命是在世界各国发展体育运动这一原则。虽然1940年的奥运会最终因为战争而取消，但日本举办奥运会的梦想却始终不灭——直到1964年，东京终于等来了迎接全世界的机会。当然，现在全世界也都在期待着2020年再次在东京举办的夏季奥运会。

8月14日

为了彰显奥林匹克主义，运动本能必须被审美趣味和道德关怀所包围。它必须邀请哲学来为它的竞争作出裁决。

---

① 摘自《1940年东京奥运会》，安德烈·朗，《新闻报》，1936年。

在皮埃尔·德·顾拜旦男爵看来，体育运动、竞赛或运动本能的存在本身并不能构成奥林匹克主义。奥林匹克主义是运动竞技的一种更高级的形式，它是由哲学意义、德育目的和象征性的深度促成的。随着年事增高，他时常担心奥运会会受到纯粹的体育激情的诱惑，从而失去与奥林匹克主义更高价值的重要联系。1934年，他在发表于《体育画报》上的《学校中的奥林匹克主义：必须加以鼓励》一文中强调了这一点，并提醒国际奥委会的同事们，这场运动的意义远远超过纯粹的全球体育竞赛，而他们就是这场运动的捍卫者。

"显然，许多人都具备运动本能，但不是所有人，这种本能甚至从他们的起源就已经存在。这是奥林匹克主义吗？当然不是。为了彰显奥林匹克主义，运动本能必须被审美趣味和道德关怀所包围。它必须邀请哲学来为它的竞争做出裁决。"

8 月 15 日

体育运动播下了……冷静、自信和果断等品质的种子。

为了加强体育和教育之间的联系，皮埃尔·德·顾拜旦男爵试图向人们强调：一位优秀的教师可以将在体育中获得的经验教训、培养的自信品质应用到生活的其他方面，甚至所有方面。1918年2月，他对洛桑希腊自由俱乐部发表了题为《我们现在可以对体育提出的要求》的演讲，这段话就是演讲的中心论点。

"体育运动在人的身体里播下了冷静、自信和果断等生理和心理素质的种子。这些品质可能始终只会体现在产生它们的运动中……

有多少大胆的自行车运动员一旦迈下自行车，就会站在生活的每一个十字路口犹豫不决；有多少游泳运动员在水中勇往直前，却被人生的波涛吓倒；又有多少击剑运动员虽然在擂台上眼疾手快，却无法将这种能力运用到人生的战斗中去呢！教育者的任务是让种子在整个有机体中结出果实，把它从一个特定的环境中移植到一系列环境中，从一类特殊的活动扩展到个人的所有行动。"

8月16日

真正配得上"奥林匹亚"这个名号的人是现代五项的选手。

虽然现代五项在今天不乏批评者，但历史记录清楚地表明，皮埃尔·德·顾拜旦男爵认为这五项运动是衡量奥林匹克技能水平的真正标准。当这段话出现在《奥林匹克书信（9）：现代五项》中时，很少有人对男爵的论断感到惊讶，因为这项运动就是他发明的，第一场现代五项比赛也是他在 1912 年的斯德哥尔摩奥运会上发起的。多年来，国际现代五项总会（UIPM）引入了一系列创新，包括将激光手枪射击和越野跑融合在同一场比赛中的组合项目，使现代五项变成了一种真正现代、时常惊险的比赛。这在某种程度上证实了男爵的论断。

"真正配得上'奥林匹亚'这个名号的人是现代五项的选手，这项运动始于 1912 年在斯德哥尔摩举行的第五届奥林匹克运动会。选手需要参加的项目包括：3 秒内在 25 米外对可见目标进行射击对决、300 米自由泳、400 米马术障碍赛、使用重剑的击剑比赛以及 4000 米

美国现代五项选手内森·史里姆瑟（左三）在 2016 年里约奥运会上参加射击比赛。
（摄影者：蒂姆·希普斯）

越野跑。这才是真正的全能运动。"

　　男爵设计的这个项目展现出了战地信使传递生死信息时的戏剧性场面。首先，他要开枪杀出重围，再骑上战马向目的地进发。当他的马被射杀后，他不得不用重剑自卫，游泳过河，徒步横越国土去送信。现代五项原本是为期五天的活动，现在则可以在一座体育场馆中一天之内完成。20 世纪 80 年代初，国际现代五项总会引入了女子比赛。早在成为二战名将之前，乔治·S·巴顿就在 1912 年的第一届现代五项比赛中获得了第五名的成绩。①

---

　　①　五项全能比赛是由五个田径项目组成的竞赛项目，由吉姆·索普于 1912 年获得冠军。随后，五项全能被奥运会项目除名。它与现代五项是完全不同的比赛。

8月17日

奥运会与日俱增的辉煌证明了它有足够的生命力迎接未来。

随着1908年伦敦奥运会的准备工作顺利向前推进，皮埃尔·德·顾拜旦男爵对他的运动的未来充满信心。在当年为《双周评论》撰写的文章中，男爵对长远发展的看法显得过于乐观。如果那时的他拥有一颗水晶球，他就会知道自己这份声明的第二部分完全是白费心力，因为第一次世界大战即将在六年后爆发。这句话摘自他的文章《我为什么复兴奥运会》。

"毫无疑问，在十二年的时间里，奥运会与日俱增的辉煌证明了它有足够的生命力迎接未来，我们也无需再担心有什么能打破复兴后的奥运会的连续性。"

8月18日

品达说"众神是奥运会的朋友"，他使用的这句话最能表达体育的含义。

历史记录表明，古代奥林匹克运动会始于公元前776年，但奥运会很可能早在那之前就已经存在。在希腊神话中，几个世纪以前，大力神赫拉克勒斯为了招待奥林匹斯山的众神而向他的四个兄弟提出赛跑挑战，第一届奥林匹克运动会由此创立。1929年3月6日，皮埃尔·德·顾拜旦男爵在巴黎发表长篇演讲，他提出即便没有奥运会，竞技运动的历史也可以追溯到更久远的希腊时期。他指出在荷马的史诗《伊利亚特》（在传统上被认为是公元前十世纪的作品）中，宗教竞技已经成为希腊的既定传统。

"品达说'众神是奥运会的朋友'，他使用的这句话最能表达体育的含义。更重要的是，这一切都可以追溯到很久以前，因为《伊利亚特》中描绘的社会已经出现了高度的运动和宗教竞技倾向。为了用训练有素、身心平衡的体魄来表达对神灵的敬意，几个世纪以来，年轻的希腊人都会被敦促通过高强度的肌肉训练来雕琢身体。"

8月19日

（格言）……符合人类的某种需要或本能，因为无论是野蛮人还是文明人都曾同样及时地使用过它们。

作为一位人类行为和社会趋势的敏锐观察者，皮埃尔·德·顾拜旦男爵在他的职业生涯中注意到了格言、口号和竞选主题的效果，虽然它们的宣传过程很短暂，效果却很持久。虽然许多格言只概括了一时的伦理道德、行为动机或指导原则，但男爵最钟爱的那句"更快，更高，更强"已经成为奥林匹克运动一百二十二年以来的号角。1931年，男爵在《国际体育教育公报》上发表了一篇题为《新格言》的文章，他在文中对格言在当代体育中的使用情况进行了概述。如果男爵今天仍然在世的话，他肯定会对在当今的政治环境和每日新闻中无处不在的格言感到惊讶。

"关于格言的起源和各种措辞，人们可以长期争论不休。它们符合人类的某种需要或本能，因为无论是野蛮人还是文明人都曾同样及时地使用过它们。现代世界作为古代世界的继承者，似乎并不打算放弃这种做法。在某种程度上，每个国家的体育协会都有自己的格言……这些格言总是呼吁人们努力、坚持或追求平衡。著名的'炽热的心灵寓于训练有素的身体'就属于其中的最后一类。"

8 月 20 日

要想对城市、国家和种族产生有效的影响，我们必须尽可能单独、长时间地进行体育运动。①

皮埃尔·德·顾拜旦男爵不仅提倡终身锻炼，也在身体力行地贯彻自己的主张。他一直坚持在日内瓦湖上划船锻炼到七十多岁，直到他人生的最后一年。虽然他承认衰老终究会成为运动的阻碍，但他也相信体育运动的益处能够从个人上升到国家，并将提高生活质量的教义传播到全国各地。男爵是终生从事体育活动的先驱。如今，越来越多的老年人在八九十岁的高龄仍然活跃于大师级的体育活动和比赛中，因此我们可以毫不夸张地说，他的精神遗产在我们当今的世界仍然散发着光辉。

"年龄的耗损是体育教育的唯一上限。这是我们目前犯的第二个错误。我们总认为体育运动是年轻人的专利（因此从性质上来说是短暂的），是群体性的活动。要想对城市、国家和种族产生有效的影响，我们必须尽可能单独、长时间地进行体育运动。"

---

① 这句话摘自男爵 1928 年为《瑞士体育报》撰写的《体育活动的教育用途》一文。

参加马拉松比赛的老人（摄影者：本杰明·J. 德隆）

8 月 21 日

运动员享受自己的努力。他喜欢自己对肌肉和神经施加的约束，通过这种约束，即便他没有取得胜利，也会接近胜利。

在皮埃尔·德·顾拜旦男爵对现代体育和运动竞技的诠释中，"努力的快乐"是一个重要的主题。在顾拜旦的时代，大量的体育活动会带来愉悦感的观点还停留在理论层面，但这一理论基于大量轶事证据，表明人体具有一种奖励剧烈运动的内部化学机制。1974 年，两组科学家发现人体确实会产生"内啡肽"，这是一种阿片类物质，能够抑制疼痛信号的传递，并产生与吗啡不一样的欣快感。虽然男爵在此指的是更广泛的意义上的努力的快乐，但他无疑和其他许多业余运动员一样，也曾在运动中体会过身体传达给他的完全的喜悦。这段话摘自男爵 1919 年在洛桑为庆祝奥运会复兴二十五周年而发表的演讲。如果你想了解更多男爵著作中关于"快乐"的内容，请参阅 5 月 22 日的评论，其中列举了八条语录。

"运动员享受自己的努力。他喜欢自己对肌肉和神经施加的约束，通过这种约束，即便他没有取得胜利，也会接近胜利。这种享受在某种程度上是内在的、自我的。"

8 月 22 日

构成民主基础的原则……可以在体育运动中找到。

我们之前多次提到过，皮埃尔·德·顾拜旦男爵认为国际体育事业的发展将有助于民主和平等主义的理想在世界范围内传播。男爵总是大胆地公开宣布这一点，就算是 1920 年 8 月在安特卫普市政厅当着比利时国王的面发表演讲时也不例外。那场演讲的题目是《体育就是国王！》。想象一下，当男爵宣布未来的王位属于体育运动时，最高统治者会有怎样的反应吧。

"大自然在人与人之间进行力量分配时是不公平的，因此，消除人为的社会差异和肯定大自然的刁蛮任性息息相关。构成任何合理的民主形式的基础和出发点的原则，都可以在体育运动中找到。"

8 月 23 日

正常的训练也可以通过培养意志力、勇气和自信心来促进道德进步，还可以通过产生自控力和健全的心智促进智育发展。

在奥林匹克运动会发展的最初十六年间，许多精英竞赛的观察家发觉卓越的训练方法能带来冠军级的表现。作为精细化训练法的伟大倡导者，皮埃尔·德·顾拜旦男爵力图推广最佳的训练方法，确保每个国家的奥运代表队都能接触到它们。1913 年洛桑奥林匹克代表大会将重点聚焦在训练和比赛的身心双方面作用。在为这场大会准备节目时，男爵开始概述训练在促进肌肉发育之外的众多好处。这段话作为即将召开的洛桑代表大会议程介绍的一部分，刊登在 1912 年 4 月的《奥林匹克评论》上。

"正常的训练可能只是纯粹的体力训练，其结果只是提高抗疲劳能力，但它也可以通过培养意志力、勇气和自信心来促进道德进步，还可以通过产生自控力和健全的心智促进智育发展。"

8 月 24 日

通过在一个完全国际化的层面上构思新的奥运会……我不仅选择了确保其继续生存的唯一实际手段，同时也能最大限度地服务于希腊主义。

在为现代世界重塑奥林匹克运动会的过程中，皮埃尔·德·顾拜旦男爵引入了两项重大创新，他相信它们能确保奥运会生存下去。

首先，他让奥运会变得国际化：让国家奥运代表队的大门向每个有天赋的人敞开，为参加比赛消除了一切种族、宗教和社会方面的障碍；其次，他让奥运会变得更具流动性：每四年搬到一个新的主办城市，这样随着时间的推移，世界各国都有机会在全人类面前颂扬自己的文化。正如他在《奥林匹克回忆录》中所写的那样，这些理念有助于现代奥林匹克运动会在各地流行起来，也有助于传播他所珍视的希腊主义人文价值观。

"通过在一个完全国际化的层面上构思新的奥运会，并寄希望于将其置于世界范围内，我不仅选择了能确保其继续生存的唯一实际手段，同时也能最大限度地服务于希腊主义。"

8 月 25 日

对于世界上的其他地方来说，奥林匹克运动会的复兴只不过是一则精彩生动的新闻，（但）在希腊人的心目中，它却是最强效的灵丹妙药。

1896 年，第一届现代奥林匹克运动会在雅典举行。它对东道主希腊的影响远远大于对世界上其他国家的影响。虽然关于奥运会的新闻报道确实出现在了巴黎、伦敦和纽约，但它们在当时并没有成为头条新闻。然而，在雅典这个拥有七万人口的小城市，却有九万多人聚集在奥运开幕式现场——其中五万人坐在帕那辛纳克体育场里，另外四万人则在周围的山上观望。复兴奥林匹克运动会是希腊自古以来最重要的盛事，消息广为流传，人们欢欣鼓舞。当国王乔治一世宣布未来的每一届奥运会都应该在雅典举行（虽然这违背了创始人皮埃尔·德·顾拜旦男爵提出的在各城市间流动举办的计划）时，数千人曾参与集会支持这一想法，其中包括美国奥运代表队中的十名运动员，他们也都签署了请愿书。虽然男爵对此泰然处之，并于 1900 年成功指导了下一届巴黎奥运会，但他在《奥林匹克回忆录》中回忆了奥运会的成功对希腊人心灵的巨大影响。这种"最强效的灵丹妙药"造成的危机，预示着男爵在早期的奥林匹克生涯中不免面临争夺奥运会控制权的战斗。

"整个希腊世界都为这一奇观激动不已，好比一则道德动员令……尽管对于世界上的其他地方来说，奥林匹克运动会的复兴只不过是一则精彩生动的新闻，（但）在希腊人的心目中，它却是最强效的灵丹妙药。"

8 月 26 日

现在，运动员的欢呼声在全世界无数的体育馆里回荡，就像它们曾经从希腊的体育场中响起一样。

1936 年，皮埃尔·德·顾拜旦男爵在向第一批奥运会火炬手致辞时精心描绘了一幅画面，既展示了他的和平运动在世界范围内取得的成功，也捕捉到了从奥林匹亚到柏林的火炬接力结束时运动员们的喜悦。对男爵来说，历史的连续性至关重要，因此他不断想方设法将复兴后的奥运会与古代奥运会联系起来，这就是他在这篇文章中所要表达的观点，该文于第一场火炬接力期间发表在《瑞士体育报》上。尽管围绕 1936 年柏林奥运会和纳粹东道主相关的争议持续不休，男爵仍然坚信奥林匹克主义最终会取得胜利。他向火炬手们传达的信息包括他希望自己发起的奥运会有朝一日能够"实现一种蓬勃发展的有意识的和平，以适应一个充满运动精神、雄心壮志的时代。"

"现在，运动员的欢呼声在全世界无数的体育馆里回荡，就像它们曾经从希腊的体育场中响起一样。"

8月27日

最重要的是，希腊主义是对人类现世生活及其平衡状态的崇拜。

当代正念哲学强调人要活在此时此刻。自20世纪60年代的人类潜能运动以来，人生督导、各路大师和社会哲学家都在强调活在当下的理念。如果皮埃尔·德·顾拜旦男爵今天仍然在世，他一定会指出他们倡导的其实是古老的希腊主义哲学，一种完全专注于当下生活的存在方式。男爵高度推崇希腊主义，因为在现代体育和奥林匹克主义的语境下，它与西方世界强调来世奖赏的其他主要宗教形成了鲜明的对比。今天的引文摘自男爵于1929年3月6日在巴黎发表的一篇题为《奥林匹亚》的长篇演讲。这篇演讲是男爵最具哲理的一篇，其全文刊登在该年7月的《瑞士体育报》上。

"在这里，我们触及到了希腊社会赖以生存的基石。请允许我引用我的《世界普遍史》第二卷中的这段话加以解释：'最重要的是，希腊主义是对人类现世生活及其平衡状态的崇拜。不要搞错了，这在所有人和所有时代的认知中都是十分新奇的。在其他所有的地方，宗教信仰都基于对美好生活的向往，基于来世的回报与幸福，基于对冒犯神灵会受到的惩罚的恐惧。但在这里，构成幸福的是现世的存在。'"

8 月 28 日

今天，我们在过去的无知之上架设起了桥梁。

皮埃尔·德·顾拜旦男爵相信，人类进步的力量是不可阻挡的。在他的职业生涯中，他发起了一项在友谊与和平的氛围中团结世界的新运动，他充满希望的乐观主义精神也在他的文字中熠熠生辉。他坚信教育能引导现代社会走向更美好的未来。在第一次世界大战造成惨重破坏的五年后，他仍在四处游说，希望将体育和奥林匹克主义的价值观融入各级教育系统。这是他在《两场战役之间：奥林匹克主义与大众大学》一文中提出的部分论点，这篇文章发表在 1922 年 1 月的《本周回顾》上。

"今天，我们在过去的无知之上架设起了桥梁……让我们利用这一事实，在年轻人的思想深处打下坚实的基础吧。在这一基础上，我们绝对可以建立起现代社会正常运行所需的特殊知识结构。"

8 月 29 日

奥林匹克主义像一艘闪闪发光的飞艇，安详地驶过世界各地的上空。

虽然全世界都知道皮埃尔·德·顾拜旦男爵生前是一位"革新

者"，是现代奥运会的创始人，但很少有人知晓他在教育改革方面的工作。在人生的倒数几年里，他在《未完成的交响曲》中对自己一生的作品进行了最后的回顾和评估。在文中，他将自己复兴奥运会的非凡成就与推动教育改革的缓慢进展放在一起，形成了鲜明的对比。当时，他认为这两部作品都是不完整的。随着生命之光逐渐黯淡，他知道奥林匹克运动必须达到更高的高度才能完成它的使命，也知道他的教育改革依然有很长的路要走。

"体育运动，尤其是它的最高荣誉——奥林匹克主义的发展，对我来说一直是一个有点吵闹的过程，（如果你愿意的话，甚至可以说它）不仅吵闹，而且没完没了。这是取得任何成就的唯一途径。另一方面，教育改革的尝试则一直是缓慢的、沉默的、渐进的、长期深入思考的研究对象。奥林匹克主义像一艘闪闪发光的飞艇，安详地驶过世界各地的上空，而教育改革像只鼹鼠，在我们看不见的地方钻出一整张运行网络，在地表上的各处拱起一座座名副其实的鼹鼠丘。但它们有一个共同点：要我说的话，无论是肌肉的训练还是心智的提高，努力的方向总是明确的、局部的。"

8 月 30 日

如果现代奥运会要把影响力发挥到我所希望的那种程度，它就必须反过来展现美感，激发人们的敬意，这种美感和敬意要无限地超越迄今为止的任何……

今天，每一届奥运会给全世界带来的巨大鼓舞都会让反埃尔·德·顾拜旦男爵感到震惊，当然也会让他感到欣慰。他留下的精神遗产远远超出了他当初的目标，奥运会的影响力也没有止步于他所设想的环球奇观——现在，奥运会是定期举办的体育盛事，通过仪式激发人们心中的崇敬之情。1908 年，他为《双周评论》撰写了一篇题为《我为什么复兴奥运会》的文章，并在文中表达了对奥运会有朝一日能达到何种影响力的期望。虽然你可以反驳说奥林匹克运动还没有实现男爵在教育方面的目标，但是很显然，奥运会作为世界性的精神鼓舞的源泉，其影响力已经超出了他的希望。

"如果现代奥运会要把影响力发挥到我所希望的那种程度，它就必须反过来展现美感，激发人们的敬意，这种美感和敬意要无限地超越迄今为止在我们这个时代最重要的体育竞赛中已经实现的一切。游行队伍的规模之宏伟、态度之庄严，庆祝仪式之壮观和它给观众留下的印象之深刻，所有的艺术形式和民众慷慨的情感，都必须在某种程度上共同发挥作用。这个目标不可能通过举办一届奥林匹克运动会实现，三届、四届也不大可能，它至少需要四分之一个世纪的时间。但是，当一个人有志于创建或重建如此规模的制度时，首要前提就是不能急于求成。"

8 月 31 日

正是体育运动中的激烈肢体接触以及它带给人们的选择和机会，让人的身体和个性准备好了（不好意思！应该说是能够准备好）迎接人生的战斗。

在皮埃尔·德·顾拜旦男爵那漫长的教育改革生涯中，他全部的努力都基于将体育运动和体育教育纳入公立学校课程的核心思想。1928 年 11 月，皮埃尔·德·顾拜旦男爵回忆起了那段时光，当时他不得不把体育运动与知识学习进行比较，以宣传体育运动的好处。今天的语录摘自他在洛桑国际体育教育局发表的演讲《体育活动的教育用途》。

"他们清楚地认识到，尽管拉丁语翻译作业能提高人们的思维水平（这项活动对我们来说已经很陌生了），但正是体育运动中的激烈肢体接触以及它带给人们的选择和机会，让人的身体和个性准备好了（不好意思！应该说是能够准备好）迎接人生的战斗。他们意识到，体育运动结合了确保社会和平仅有的两项因素：互助和竞争。他们意识到，正是体育运动使自信与沉稳、大胆与审慎、热情与自制这些成功所必需的品质结合在了一起。这些可以说是适当的人类平衡的基础。"

九月

任何研究古代奥林匹克运动会的人都会发现，其深层次的意义主要来自两大因素：美丽和敬畏。

9月1日

无论某一届奥林匹克运动会办得多么成功，人们都可以而且必须把目标定得更高。

1912年，第五届奥林匹克运动会在斯德哥尔摩举办。这届奥运会的辉煌最终实现了皮埃尔·德·顾拜旦男爵在1894年领导复兴奥运会时的愿景。尽管斯德哥尔摩奥运会在诸多方面大获成功：首次整合了文化与艺术竞赛，达到了极高的组织效率，贡献了一场场精彩的体育赛事，但男爵在展望未来时，仍然写下了对奥运会达到更高水平的希冀。他引用了那句无数次被用在运动员身上的奥林匹克格言"更快，更高，更强"，以此激励他的同事们和未来的奥运会组织者们，让他们更加努力。这段话节选自他的文章《奥运会鸟瞰图》，这篇文章于1912年9月，也就是斯德哥尔摩奥运会结束一个月之后发表在《奥林匹克评论》上。虽然男爵也承认"有些奥运会可能会退步"，但他正是借此特点告诫人们要不断努力。

"晴朗的天气、热情的人群，以及努力与意志的协调统一，这三个概念概括了第五届奥林匹克运动会（也就是刚刚结束的1912年斯德哥尔摩奥运会）的精髓。这些措辞对组织者和参与者来说是一种赞美，但对于摆在我们面前的关键任务来说，它们是不够的。从一开始，本《评论》就支持国际奥委会的决议，正如那句名言所说：更快，更高，更强。无论某一届奥林匹克运动会办得多么成功，人们都可以而且必须把目标定得更高。有时候这可能是一项艰巨的任务，由于人为失误或特殊状况，某些奥运会可能比以前有所退步。在准备之后的下一届奥运会时，我们必须回到前进的轨道上，仅此而已。这一次，这样的情况没有发生——实际情况恰恰相反。但我们提到了这种可能性，就等于强调了我们对最近的奥运会进行研究的精神。"

9月2日

这场运动是世界性的，而且发展迅速……我们必须记住古代的教训，（以）避免重蹈祖先的覆辙。

　　1894 年 11 月，距离首届奥林匹克运动会开幕还有不到两年的时间。面对来自希腊首相和政府的强烈政治反对意见，皮埃尔·德·顾拜旦男爵前往雅典，力图争取民众和皇室的支持。在向雅典人民发出呼吁时，他巧妙地打出了势头牌，暗示体育运动的风潮正在席卷全球（事实也的确如此），如果错过这个机会，其他人就会夺走他们的合法遗产。同时，他还提醒希腊人民铭记他们往昔的荣耀，这样可以帮助他们避免重蹈祖先的覆辙。这段话摘自男爵于 1894 年发表在《雅典信使报》上的公开信《新奥林匹克主义：对雅典人民的呼吁》。正如历史所记载的那样，人民作出了回应，奥运会顺利举行。虽然奥运会花了十多年的时间才真正站稳脚跟，但男爵依然宣称奥林匹克运动发展迅速，而且是一场世界性的运动。他没有说错，因为奥林匹克运动在下一个世纪以不可阻挡的势头扩张到了世界各地。

　　"这场运动是世界性的，而且发展迅速……我们必须记住古代的教训，（以）避免重蹈祖先的覆辙。"

9月3日

奥运火炬在世界各地的城市间传递。它的路线甚至延伸到了远东。

在每一位了解和理解现代奥林匹克历史的人看来，皮埃尔·德·顾拜旦男爵显然具有"高瞻远瞩"的能力，正如他的个人座右铭所言，他能预见奥林匹克运动在未来产生的变化。早在 19 世纪 80 年代末，他就预见到了未来世界各国竞相举办国际体育锦标赛，并把奥运会作为荣耀之巅的情景。今天引用的这段话充分体现了他的远见卓识。它摘自 1922 年 1 月发表在《本周回顾》杂志上的《两场战役之间：奥林匹克主义与大众大学》一文。在这里需要强调的是日期。当男爵写下这篇文章的时候，距离奥林匹克火炬接力的诞生还有十三年，距离第一次点燃奥林匹克主火炬还有六年，日本才刚刚参加过在安特卫普举行的第二届奥运会。男爵当然知道，在古代奥运会上有宗教火炬接力的仪式。他以圣火比喻日益高涨的体育精神，体现了他对这场现代运动的象征性力量的理解，以及他对奥运会能继续在全世界传播，保证奥运圣火永不熄灭的期望。

"奥运火炬在世界各地的城市间传递。它的路线甚至延伸到了远东。如果选手们感到疲惫，就会有一些年轻的国家站出来，在火炬即将落下的时候，从那双漫不经心的手中接过火炬。这样，竞技之火就永远不会熄灭。这才是我复兴奥运会的原因，而不是为了恢复失落建筑的虚荣。"

9月4日

我相信，一般来说，在其他条件相同的情况下，精通运动的人都会拥有更清晰的判断力，在行动上也会多一些韧性。

体育的概念在今天的我们看来显而易见，然而它从 20 世纪初才开始为人们所理解。在奥林匹克运动的早期，运动心理学这门新兴科学开始深入了解规律的体育锻炼、运动和游戏的益处。皮埃尔·德·顾拜旦男爵是这一领域的先驱，或者更准确地说，是欧美各大学的研究数据普及者。在 1901 年的《运动心理学》一文中，男爵总结了自己在这门新科学中的研究成果，其中就包括今天引用的这一点。这篇文章收录在《公共教育笔记》一书中。

"我相信，一般来说，在其他条件相同的情况下，精通运动的人都会拥有更清晰的判断力，在行动上也会多一些韧性。"

9月5日

只有在某些特定的历史时期，人们才会需要体育锻炼来完成更新、重建和普及严谨之风的任务。我们正生活在这样一个时代。

皮埃尔·德·顾拜旦男爵一直致力于将国际体育和奥林匹克运动的兴起置于适当的历史背景之下。1918 年，当第一次世界大战缓慢走向它的必然结局时，他发表了《奥林匹克书信（8）：性格的形成》一文。他试图动员他的同事们再次为奥林匹克运动的复兴而奋斗，提醒他们世界即将进入一个和平的新时代，在这个时代里，国际体育可以在恢复和重建我们的世界方面发挥重要作用。

"只有在某些特定的历史时期，人们才会需要体育锻炼来完成更新、重建和普及严谨之风的任务。我们正生活在这样一个时代。"

9月6日

艺术不是叠加在完成品上的装饰。它是感受到艺术冲动的个人本质的一部分。

体育与艺术是皮埃尔·德·顾拜旦男爵 DNA 中的两根主要链条。尽管他在职业生涯的大部分时间里都在倡导将体育锻炼和游戏纳入各级教育体系中，但他从未忽视艺术作为教学工具的重要价值。他对人的全面发展怀有信心——包括智力、体力、情感和创造力的发展。在他的评价体系中，艺术教学不仅是那些已经显露出天赋的创作者的权利，也是那些具有未被认可的艺术冲动的人们的权利——总的来说，就是要让所有学生学会欣赏艺术和美在现代生活中的作用。这段话摘自男爵的文章《教育中的艺术》，该文收录在他 1901 年出版的《公共教育笔记》一书中。

"教育系统还必须考虑到那些拥有艺术感受力的幸运学生。(它)必须努力让艺术为所有人所理解。它必须给一些人提供感受艺术的机会，还必须鼓励那些已经在全力以赴地自我表达的人……艺术不是叠加在完成品上的装饰。它是感受到艺术冲动的个人本质的一部分。"

9月7日

人类是否真的意识到了自行车给人类带来的一切呢……这项神奇的发明对人类的灵巧性、平衡感、自信心、身体健康和肌肉力量的提升做出了多大的贡献？

　　皮埃尔·德·顾拜旦男爵曾以一种特殊的方式表达他对奥运会各个项目的热爱。在 1900 年的巴黎奥运会上，他骑着自行车在城市里穿梭，从一个比赛现场到另一个比赛现场，试图覆盖尽可能多的项目。他热爱各种技术进步和体育创新——从这段他对"第十一届奥林匹克运动会"的思考中，我们可以很明显地看出他对自行车以及自行车运动怀有深深的热爱。

这张照片描绘了顾拜旦男爵在法国尼斯骑行的场景，照片大约拍摄于 1905 年，摘自《奥林匹克主义——顾拜旦文选》。照片原件现由顾拜旦男爵的侄孙、男爵爵位继承人若伏瓦·德·纳瓦赛勒·德·顾拜旦收藏。

"人类是否真的意识到了自行车给人类带来的一切呢……不仅仅是在技术方面，也是在，甚至可以说首先是在促进身心健康方面。人类是否意识到了这项神奇的发明对人类的灵巧性、平衡感、自信心、身体健康和肌肉力量的提升做出了多大的贡献？这就足以成为自行车被列入奥运会项目的理由——为了让人类表达感谢和敬意。"

9月8日

这就是古代世界的威望……所以公众舆论才会立即支持（奥运会），尽管它的范围出奇地广泛……"

1894年6月，在索邦大学成功发起现代奥林匹克运动会后，男爵对支持他的媒体表示了感谢。随着奥林匹克复兴的消息在巴黎、法国和整个欧洲传播开来，男爵开始通过同事们分享的轶事观察舆论走向。在那一年的11月，当男爵还在努力与来自希腊政府的政治反对意见做斗争时，他转向了公众，因为他知道希腊的普通民众一定会赞成举办奥运会的想法。男爵提醒他们，由于古代奥运会的威望，奥林匹克的复兴已经在整片欧洲大陆上受到了拥护。今天的语录摘自《新奥林匹克主义：对雅典人民的呼吁》，该文发表在当年11月的《雅典信使报》上。

"先生们，这就是古代世界的威望，尤其是你们所代表的那部分古代世界的威望，所以公众舆论才会立即支持这个计划，尽管它的范围出奇地广泛，以至于公众会产生怀疑。那些误解了这个计划的人也没有嘲笑我们或表示轻蔑，他们认为我们试图复兴的不是奥林匹克制度的基本理念，而仅仅是它的外在形式。"

9月9日

还有你们，运动员们，请你们记住，这团火焰是由奥林匹亚炽热的太阳点燃的，它为我们这个时代带来了光明和温暖。

在 1936 年柏林奥林匹克运动会闭幕之际，皮埃尔·德·顾拜旦男爵向组织者和运动员们致辞。在致辞中，他赞扬了德国人以及他们的"元首"的努力——这番赞扬在男爵的祖国法国激起了人们对他的极大敌意。但他也在讲话中谴责了"可怕的无知"和"冲动的仇恨"，

2002 年美国盐湖城冬奥会开幕式上的奥运圣火。（摄影者：肯·隆德）

并以对运动员的期望和乐观主义精神为致辞画上了句号。展望即将于
1940 年在东京举行的下一届奥运会，男爵叮嘱运动员们要专注于圣
火的美丽和其中蕴含的永恒真理。这篇讲话的原稿保存在国际奥委会
的档案中。

"还有你们，运动员们，请你们记住，这团火焰是由奥林匹亚
炽热的太阳点燃的，它为我们这个时代带来了光明和温暖。你们要小
心翼翼地守护它。这样，四年后，当你们在遥远的太平洋彼岸庆祝第
22 届奥运会时，它才能在世界的另一端以最佳状态焕发光芒！"

9 月 10 日

合作与竞争是构成民主社会的两个基本要素，它们在体育团体中并驾
齐驱。

当民主社会在全世界面临全新挑战时，皮埃尔·德·顾拜旦男
爵提醒我们，体育运动在本质上是民主的。如果缺少队员之间的合作
（顾拜旦常称之为"互助"）或者缺少一支按照相同的原则运作的队
伍作为竞争对手，任何体育队伍都无法取得成绩。男爵相信体育运动
的发展将促进世界范围内的民主发展——他对两者都非常支持。这句
话摘自男爵 1919 年 1 月写给国际奥委会成员的信。他在信中呼吁他
们注意，推广体育运动实质上是在协助构建一个更美好的世界。

"合作与竞争是构成民主社会的两个基本要素，它们在体育团
体中并驾齐驱……然而，我们必须想方设法唤起（群众）对体育的需
求。世界各国人民的身心健康都有赖于此。"

9月11日

体育领域本身就蕴藏着实用人生哲学的胚芽。

在皮埃尔·德·顾拜旦男爵的职业生涯中，他发展出了一套后来被称为"奥林匹克主义"的人生哲学。奥林匹克主义源自男爵个人的运动经验、他对古希腊人文主义的深深敬意以及他对写作和阐明个人思想的不断渴望。实事求是地说，奥林匹克主义在今天是一种任何人都可以奉行的生活哲学。它的五项原则贯穿微观与宏观，从个人对卓越的追求到争取世界和平的普世价值，中间的递进阶段是相互尊重、友谊和国际间相互谅解。虽然奥林匹克主义从未被编入其他主要世界观中的系统性哲学或神学，但它仍然提供了一个鼓舞人心、充满希望和乐观精神的生活框架。正如男爵所说，它的精髓在体育领域中随处可见。这句引文摘自男爵撰写的《1913年洛桑奥林匹克代表大会纲领》。在这届大会上，他还公布了他的奥运五环设计方案。该纲领刊载于1912年4月的《奥林匹克评论》上。

"每项运动都能发展或利用（特定的）智力和道德品质——独处与友谊、自立与合作、主动性与纪律性、编队与训练……体育领域本身不就蕴藏着实用人生哲学的胚芽吗？"

9 月 12 日

重启奥林匹克时代的时机已经到来，我们可以通过这一行为给予处于起步阶段的体育革新以卓有成效的支持。

19 世纪下半叶，随着体育运动和比赛在高校中的发展，职业和业余联赛开始兴起，竞技运动的风潮扩展到了整个西方世界。无需预言家预言，随着这种现象的不断发展，个人项目的国际级比赛很快会应运而生。实际上，早在内战爆发之前，美加两国之间就会偶尔举办板球比赛。在皮埃尔·德·顾拜旦男爵号召恢复奥运会之前，他曾协助组织英国和法国之间的赛艇和橄榄球比赛。在男爵 1919 年发表的纪念 "宣布恢复奥林匹克运动会二十五周年" 的演讲中，男爵承认奥林匹克时代是对已经开始的体育革新的直接回应。今天的语录就摘自那篇演讲。

"重启奥林匹克时代的时机已经到来，我们可以通过这一行为给予处于起步阶段的体育革新以卓有成效的支持。我们的做法是将盎格鲁－撒克逊人的体育功利主义和古希腊人留下的久负盛名又能引起人们共鸣的方法结合起来。先生们，四分之一个世纪的成功已经巩固了这项工作。"

9 月 13 日

任何研究古代奥林匹克运动会的人都会发现，其深层次的意义主要来自两大因素：美丽和敬畏。

皮埃尔·德·顾拜旦男爵对古代世界的深深敬意源于他童年时代接受的耶稣会教育。耶稣会士在他们的课程中强调了古典文学以及古奥林匹亚的惊人考古发现。这些考古发现始于皮埃尔十一岁，并且持续了六年。男爵希望在他的全新现代版奥运会中再现希腊人对古代奥运会的崇敬之情和为它树立的威望。1908 年，他在发表于英国《双周评论》上的《我为什么复兴奥运会》一文中强调了这一点。

"任何研究古代奥林匹克运动会的人都会发现，其深层次的意义主要来自两大因素：美丽和敬畏。如果现代奥运会要把影响力发挥到我所希望的那种程度，它就必须反过来展现美感，激发人们的敬意，这种美感和敬意要无限地超越迄今为止在我们这个时代最重要的体育竞赛中已经实现的一切。"

9 月 14 日

当然，奥运会至今还没有（对世界）产生影响，但我深信它们会产生影响。

1896 年首届奥运会在雅典闭幕几个月后，皮埃尔·德·顾拜旦男爵为《世纪杂志》撰写了一篇文章，他在文中向美国读者们提出了这一观点。虽然第一届奥运会在希腊各地掀起了一场情感海啸，但世界其他各国首都的报纸却对首届奥运会的赛事和冠军鲜有报道。在文中，男爵承认奥运会的影响力和冲击力还未超出主办城市和国家的范围，但他坚信他复兴的愿景总有一天会影响全世界。他说得太对了！下面是这篇文章的第一页。

"当然，奥运会至今还没有对世界产生任何影响，但我深信它们会产生影响。可以允许我说，这就是我创立现代奥运会的理由吗？现代体育运动需要统一和净化。"

1896 年奥林匹克运动会

现任国际奥委会主席，皮埃尔·德·顾拜旦著

最近在雅典举办的奥林匹克运动会具有现代化特征。这不仅仅是因为项目的变更：用自行车比赛替换掉了战车角逐，用击剑替换掉了暴力的拳击；也是因为这场奥运会的渊源和规章制度是具有国际性和普遍性的，因此它才能够适应当今体育运动发展的条件。古代奥运会是希腊世界的专属，每届奥运会都在同一个地方举行，希腊人的血统是参赛的必要条件。虽然有时外来者也会被准许参与，但他们在奥林匹亚的存在与其说是以种族平等的名义行使的权利，不如说是一种承认希腊文明优越性的朝觐行为。现代奥运会则完全相反，它们是"野蛮人"的创造。这要归功于聚集在 1894 年巴黎奥林匹克代表大会上的各国体育组织。在大会上，各方一致认为奥运会应该由世界各国轮流举办，第一届的主办权属于希腊。这项决议以全票通过。为了强调这一制度的持久性、影响的广泛性和世界主义的

本质，这场大会还任命了一个国际委员会，其成员将代表
欧洲和美洲各国，怀着荣耀举行竞技比赛。该委员会的主
席将从下届奥运会举办国的成员中选出。在过去两年中，
由来自希腊的维凯拉斯先生担任主席。现在的国际奥委会
由法国人主持，并将继续主持至1900年，因为下一届奥运
会将在巴黎世博会期间举行。那么，1904年的奥运会将会
在哪里举行呢？也许是在纽约，也许是在柏林，又或许是
在斯德哥尔摩。这个问题很快就会得到解答。

　　正是由于巴黎大会期间通过的决议，最近的庆祝活动
才得以举办。这些活动的成功举办主要得益于希腊王储康
斯坦丁的积极配合。当雅典人意识到人们寄予的厚望时，
他们就失去了勇气。他们觉得城市的现有资源无法满足他
们的需求，（由M.特里库皮斯担任首相的）政府也不会同意
增建设施。M.特里库皮斯不相信奥运会能取得成功。他辩
称雅典人对体育竞技一无所知；他们既没有足够举办比赛
的场地，也没有可以参加比赛的运动员；更重要的是，希
腊的财政状况负担不起这样一场世界性赛事的筹备开支。
这些反对意见有一定道理；但从一方面来说，首相夸大了
开支的重要性……

9 月 15 日

复兴的奥林匹克运动会在所有体育项目之间建立了我们未曾预料的、富有成效的联系。朝着如此有价值的统一方向取得的进展，是奥林匹克事业最伟大的一个方面。

多年来，奥林匹克运动会确实促进了全球体育运动的团结统一。1910 年，皮埃尔·德·顾拜旦男爵写下了奥林匹克将团结所有体育运动的预言。作为该预言至今仍在蓬勃发展的活生生的证明，瑞士洛桑理所当然地被誉为世界奥林匹克之都。事实上，如果你有机会访问洛桑，你会发现国际奥委会和五十多个国际体育联合会的总部都设在这里，其中有很多设在同一栋名为"国际体育之家"的建筑里。20世纪，随着奥运会的影响力日益壮大，所有体育项目都被吸引过来，各个单项联合会也意识到了男爵在 1910 年发表于《奥林匹克评论》上的《所有体育运动》一文中所提到的合作的优势。男爵说得对，体

"奥林匹克之都洛桑"官方网站首页截图

育的团结统一是奥林匹克运动最伟大的方面，无论在当时还是现在。

　　"复兴的奥林匹克运动会在所有体育项目之间建立我们未曾预料的、富有成效的联系。朝着如此有价值的统一方向取得的进展，是奥林匹克事业最伟大的一个方面。"

9 月 16 日

与古代体育相比，现代体育多了一些东西，也少了一些东西……现代体育器材经过了改良……然而，我们缺乏的是哲学基础。

　　对皮埃尔·德·顾拜旦男爵来说，体育运动始终是实现更大目标的手段，这一观点是今天这句语录的核心。从奥林匹克运动的早期开始，他就致力于利用体育进行教育改革，并发起了一项具有社会性目的的体育运动。他力图通过教育，将体育和锻炼的好处充分传递给个人。通过在全球范围内树立奥运会的威望，他试图将全世界团结在友谊与和平的氛围中。这是他希望实现的现代奥运会的哲学基础的精髓，后来也成为他的奥林匹克意识形态的精髓。这段话出自男爵的公开信《新奥林匹克主义：对雅典人民的呼吁》，我们之前也多次引用过这篇文章。这封公开信发表在当时的重要报刊《雅典信使报》上，并成功地完成了它号召希腊人民支持 1896 年奥运会的使命。

　　"与古代体育相比，现代体育多了一些东西，也少了一些东西。现代体育器材经过了改良：游泳、摔跤和各种形式的体操是仅有的几项没有改变的运动。赛艇运动员的划桨被造得特别轻巧。自行车运动员骑着那辆狂野的创造物四处穿梭，从一个成功冲向另一个成功。我们有球拍、球、溜冰鞋和花剑，可以满足各种需求……然而，我们缺乏的是哲学基础。"

9 月 17 日

面对一个崭新的世界……人类必须从过去的遗产中汲取一切可以利用的力量，以建设自己的未来。

　　终其一生，皮埃尔·德·顾拜旦男爵都是一位直言不讳的历史研究倡导者。他相信只有在过去才能找到开启未来大门的钥匙，他将这一信念付诸实践，在现代世界实现了古老体育节日的伟大复兴。在这条对过去的信仰之路上，他并不是孤独一人。与他同时代的哲学家乔治·桑塔亚纳曾在 1905 年发表了他的论文《理性的生活——或人类进步的阶段》，其中包含这样一句名言："那些不能铭记过去的人注定要重蹈覆辙。"男爵在 1919 年发表演讲时，可能已经对桑塔亚纳的著作十分熟悉。这里的演讲指的是纪念"宣布复兴奥林匹克运动会二十五周年"的演讲。

　　"面对一个必须按照乌托邦式的原则组织运行的崭新世界，现在正是应用这些原则的时候，人类必须从过去的遗产中汲取一切可以利用的力量，以建设自己的未来。"

《亚特兰大日报》1996 年 9 月 18 日的头版头条。这份报纸来自本书作者乔治·赫斯勒的个人收藏。

"1996 年奥运会（主办城市）是亚特兰大！胜利的喜悦在亚城彻底爆发"

9 月 18 日

亚特兰大、克利夫兰和费城都对地球做出了承诺。

奥运史上有许多鲜为人知的惊人事实——这无疑是其中之一。在《奥林匹克回忆录》第九十六页，皮埃尔·德·顾拜旦男爵指出，在 1916 年柏林奥运会因一战而被迫取消后，许多城市都主动提出了主办 1920 年奥运会的请求，其中就包括这三座城市。在二十八年前的今天①，亚特兰大赢得了 1996 年百年奥运会的主办权，因此，今天似乎是将这句名言拿出来重温的大好时机。鉴于日期之间的时间差，我们可以说亚特兰大花了八十年的时间才实现了它的奥运梦想。

"不久之后，古巴登上了这座舞台。这时，人们已经习惯了举办第六届奥运会的希望一次次落空，这届奥运会却仍然像古代一样被列在名单上。1920 年，所有期望都聚集在了一起。亚特兰大、克利夫兰和费城都对地球做出了承诺。在哈瓦那成立的委员会在做出承诺时不像他们那么慷慨，也对可能面临的困难有更深刻的认识，但他们保证了会得到来自政府，包括共和国领导人梅诺卡尔总统在内的支持。"

---

① 注：本文写作于 2018 年，因此此处"今天"指 1990 年。

帕那辛纳克体育场，亦称泛雅典体育场，在古代常常用来举办纪念雅典娜女神的泛雅典运动会，1895 年重建，是 1896 年首届现代奥运会的主体育场。

9 月 19 日

请看，这就是古人时常注视的奇观！如今它又耸立在了你们眼前。

1896 年 3 月，皮埃尔·德·顾拜旦男爵怀着喜悦的心情抵达了雅典，此时距离第一届现代奥林匹克运动会开幕还有一周多的时间。和其他雅典人一样，男爵也为帕那辛纳克体育场闪闪发亮的白色大理石所震惊。这些大理石是由彭特利库斯山上切割下来的石头修复而成的，公元前 330 年来古格士建造赛马场时，以及公元 144 年赫罗狄斯·阿提库斯修复这座赛马场时使用的也是同样的大理石。在《来自雅典的奥林匹克信件》一文中，男爵的语气似乎在暗示，对这样一座神奇的古代遗迹的修复预示着伟大的体育奇迹即将出现。

"请看，这就是古人时常注视的奇观！如今它又耸立在了你们眼前。希腊神庙的轮廓从未消失；它的门廊和柱廊经历了二十次重修。但体育场还是随着比赛的没落走向了消亡。它们的建筑特点可谓众所周知，却从未得到过修复。活的体育场已经几个世纪没有出现过了。"

9 月 20 日

体育运动可以拉平阶级差异，也是不良本能的有效替代品，是酒精中毒的解药，也是歼灭结核病的利器。

第一次世界大战结束后，皮埃尔·德·顾拜旦男爵在给他的同事们的信中写道，他打算把体育的好处推到公众对话的最前沿。由于体育运动在许多国家还是一个相对新兴的现象，男爵在宣传时有意识地涉及了体育活动各方面的优点——不仅是它在促进民主化方面的优势，还有它在生理、心理和医学方面的用途。在这段引文中，他将体育喻为治疗当时的世界所面临的两大恶疾——酗酒与肺结核的灵丹妙药。今天的引文摘自男爵于 1919 年 1 月发表的《致国际奥林匹克委员会成员的信》。

"体育运动可以拉平阶级差异，也是不良本能的有效替代品，是酒精中毒的解药，也是歼灭结核病的利器。"

9月21日

（奥林匹克主义）拒绝接受为富裕阶级保留的豪华教育，这种教育不应该派发给工人阶级。

皮埃尔·德·顾拜旦男爵是一位不折不扣的平等主义者。他希望教育殿堂的大门向所有阶级敞开，当有人为了维护阶级差异而关上大门时，他就会十分愤怒。在他看来，体育的意义远超过单纯的竞技活动，它应该被用来建设一个更加团结的社会，当然也是为了创造一个更加美好、更加和平的世界。在男爵的奥林匹克主义哲学体系中，体育和教育之间存在着不可磨灭的联系。这是他在1918年所写的《奥林匹克书信（3）：奥林匹克主义与教育》一文中提出的观点。体育必须通过教育服务于社会目的，不能让它成为富人的专利。

"（奥林匹克主义）拒绝接受为富裕阶级保留的豪华教育，这种教育不应该派发给工人阶级。"

9月22日

成功的秘诀不仅在于技术上的准备，更重要的是运动员的心态，以及激励他们的坚定道德决心。

作为终生研究竞赛的学生和运动心理学领域的先驱，皮埃尔·德·顾拜旦男爵深知在奥林匹克运动会的精英赛场上，胜负是以最微弱的差距决出的，而且往往会受到运动员心态的影响。在1920年发表于《协和报》上的《第七届奥林匹克运动会》一文中，他反驳了那些认为体育成就只属于最富有国家的人的观点。

"是谁说只有大国才敢想本国代表团获得胜利，没有经验的人就没得指望，成功的概率与花费的金钱成正比？……成功的秘诀不仅在于技术上的准备，更重要的是运动员的心态，以及激励他们的坚定道德决心。"

9 月 23 日

体育纪录不可避免地站在了体育大厦的顶端……

在《奥林匹克回忆录》的最后一章《传奇》中，皮埃尔·德·顾拜旦男爵认识到，体育史中的纪录对未来的竞技和个人参与体育运动的积极性至关重要。上周五晚上，当美国奥委会向五十岁的奥运跳远纪录保持者鲍勃·比蒙致敬时，所有参加美国奥林匹克代表大会的人都想起了这条不灭的真理。在 1968 年的墨西哥奥运会上，比蒙跳出了 8.90 米的好成绩，超出原纪录将近 60 厘米。这一壮举至今仍然被许多人看作是现代最伟大的单项运动成就。虽然比蒙的这项世界纪录在 1991 年东京世界田径锦标赛上被迈克·鲍威尔打破，但它仍然是奥运会纪录。正如男爵所说，它不可避免地站在了奥运会跳远纪录的顶点——这是对每一位渴望登上巅峰的年轻跳远运动员提出的近乎神话般的挑战。以下是男爵讲话的全文。

"'在一百个接受了体育教育的人里，有五十人会去参加体育运动。在参加体育运动的五十个人里，二十人会有专攻的项目。在专攻某项目的二十个人里，有五个人会表现出惊人的功力。'这是放之

2018 年，美国奥委会表彰鲍勃·比蒙的现场照片，由本书作者乔治·赫斯勒拍摄。

四海而皆准的基本真理。一切事物都与其他事物紧密联系在一起。因此，体育纪录不可避免地站在了体育大厦的顶端，这就像是法国作家丹纳将牛顿定律称为'永恒公理'一样。你不能指望在不造成任何破坏的情况下将它移除。"

9 月 24 日

在我们这个时代，体育是促进身心健康的不二法门。

如今，在世界范围内，体育往往被视为一个全球性的商业产业，其价值观充其量也是令人怀疑的，绝不会被看作一种光辉的道德力量。即使奥运会仍然吸引着大量观众，它也因危机、腐败和争议而褪去了几分金色光泽。当然，部分问题出在沟通环节。如果广大公众了解奥林匹克运动的真实故事，了解这场运动的目的是通过体育将世界团结在和平与友谊的氛围中，那么它的哲学价值就会更具说服力。遗憾的是，奥林匹克运动的故事鲜有人知。皮埃尔·德·顾拜旦男爵认识到，奥林匹克运动需要不断地进行自我更新，以履行它对社会的义务，增强民众体质，发挥道德教化作用。他曾在 1919 年 1 月发表的《致国际奥林匹克委员会成员的信》中呼吁进行革新，今天的引言就出自这篇文章。

"在我们这个时代，体育是促进身心健康的不二法门……因此人们很容易理解，面对这种无穷无尽的职责，体育界需要进行自我更新，扩展基础，改变内部的运作方式。"

9 月 25 日

每隔四年，世界各地的运动员们都会重新在赛场上相聚，过去的记忆使这一幕显得愈发崇高，他们也将学着进一步了解彼此……

1896 年，皮埃尔·德·顾拜旦男爵面向美国读者，在《世纪画报》上发表了一篇关于雅典第一届现代奥林匹克运动会的文章。在文章中，他强调羽翼未丰的奥林匹克运动的一大核心目标就是将全世界最优秀的青年运动员们聚集在一起，帮助他们相互了解。从一开始，奥林匹克运动就力求打破将我们分隔开的高墙、距离和边界。男爵的战略旨在将体育打造成国际交流和理解的平台，最终促进世界友谊与和平事业的发展。帮助来自不同国家和不同文化背景的年轻人相互了解正是男爵这一宏伟战略中的一部分。

在 2013 年游泳世界锦标赛上，美国游泳运动员蜜希·富兰克林与伊丽莎白·佩尔顿在 100 米仰泳比赛后拥抱。（摄影者：J.D. 拉西卡）

"没有什么比国际奥林匹克运动会更好了……每隔四年，世界各地的运动员们都会重新在赛场上相聚，过去的记忆使这一幕显得愈发崇高，他们也将学着进一步了解彼此，学着相互让步，学着在比赛中除了胜利的荣誉之外，不追求任何其他的奖励。"

9 月 26 日

啊，体育，天神的欢娱，生命的动力！你猝然降临在灰蒙蒙的林间空地，受难者激动不已，你像是容光焕发的使者，向暮年人微笑致意……

今天我们要再次引用皮埃尔·德·顾拜旦男爵的金奖诗作《体育颂》。大家都知道，男爵以乔治·赫罗德和 M·艾歇巴赫的双重笔名将这首诗提交给了 1912 年斯德哥尔摩奥林匹克运动会的艺术竞赛，并获得了胜利。在这段引文的第一句，男爵提到了古代奥运会的神话

奥林匹亚宙斯神庙远景。这是为了祭祀宙斯而建的神庙，也是古希腊最大的神庙之一，尤以黄金和象牙打造而成的神像而闻名。

起源：赫拉克勒斯在奥林匹斯山脚下向他的四位兄弟发起了挑战，在众神面前进行比赛。根据传说，宙斯和奥林匹斯诸神显然对此次招待十分满意。虽然此前我们已经引用过这首诗六次（见1月18日和28日，5月27日，6月16日，7月6日和26日），但在年底之前它可能还会再次出现。

　　"啊，体育，天神的欢娱，生命的动力！你猝然降临在灰蒙蒙的林间空地，受难者激动不已，你像是容光焕发的使者，向暮年人微笑致意。你像高山之巅出现的晨曦，照亮了昏暗的大地。"

9月27日

奥林匹克运动为世界提供了一种理想，这种理想与现实生活相
对应……

1932年，洛杉矶奥运会的组织者发行了一套"官方绘画纪念
品"——一本六十四页的精美奥运会指南。这本指南中包含了对皮埃
尔·德·顾拜旦男爵的颂词，其中摘录了三段他著作中的名言，作为
"现代奥林匹克主义创始人"的"一种表达"。今天的语录摘自其中
一段话。它强调了男爵的愿景，向我们展示了奥林匹克运动及其理想
最终会以怎样的方式服务于我们的社会和世界。

"奥林匹克运动为世界提供了一种理想，这种理想与现实生活
相对应，也包含了引导现实向着伟大的奥林匹克理想发展的可能性：
'肌肉的快乐和对美的欣赏为家庭和社会服务；这三个要素结合成了
一个不可分割的整体'。"

1932年洛杉矶奥运会期间发
行的官方奥运会指南。出自
本书作者乔治·赫斯勒的个
人收藏。

9 月 28 日

现代人倾向于简化运动员创造更高、更惊人纪录的努力过程……这与古代的观念恰好相反……

虽然在体育以及生活的许多领域，皮埃尔·德·顾拜旦男爵都是一位富有创新精神和远见卓识的思想家，但他也是一位古代传统和辉煌建筑的坚定捍卫者。因此，在帕那辛纳克体育场的重建工作完成后，他坚决反对为了适应现代运动员的速度而扩建跑道的提议。那些古老的弯道对于现代跑者来说太窄、太急，他们有可能在全力冲刺时冲出赛道——于是有人提出了拆除两排座位、拓宽跑道的提议。对此，男爵的回应如下："这样的想法会把伯里克利的体育场篡改得面目全非……！能提出这种亵渎神灵的提议的人，一定是个'野蛮人'。"这段话摘自男爵的《奥林匹克回忆录》第二十三章《1927年的奥林匹亚》。

"现代人倾向于通过给予运动员一切可能的物质帮助，来简化他们创造更高、更惊人纪录的努力过程，这与古代的观念恰好相反。古代的观念旨在为运动员设置重重障碍以供他们克服，让他们的努力更值得为人称道。"

在某处绽放的玫瑰。（摄影者：AvgeekJoe）

9 月 29 日

早熟发育是值得的——这是当今教育中的一个普遍误解……强行催花可能只会让叶子更早地凋落。

在审视 20 世纪 20 年代公共教育的演变时，皮埃尔·德·顾拜旦男爵注意到了一种对天才儿童拔苗助长的倾向。他力图确保每个孩子都能有时间按照自己的步调成长，无论是在情感、智力还是身体方面。他希望每个学生都有机会充分享受童年。在 1928 年 11 月在国际体育教育局发表的演讲《体育活动的教育用途》中，他以自然界中的一个类比作为警世寓言。

"早熟发育是值得的——这是当今教育中的一个普遍误解。我们的同代人似乎总想加快生长季节的进度。他们几乎抹除了春天的存在，以为这样就能延长夏天，延长生长的全盛期。大自然对这种伎俩嗤之以鼻，并且很快行使了她的权利。当心早秋和冬季。强行催花可能只会让叶子更早地凋落。"

9 月 30 日

除了体育运动之外，没有什么可以让年轻的运动员以这样的道德和身体优势……运用他们的力量。

今天的引文是对下面这段话的更新和再解读，我将原本的"年轻男子"改为了"年轻的运动员"，并调整了最后一句话的语序，使其表意更加清晰。有时候，我们必须对皮埃尔·德·顾拜旦男爵的励志思想的内容和风格进行现代化改造。虽然男爵是一位有远见的人，但他在一个重男轻女的父权制社会中长大，也会有其时代局限性。在这样的社会中，人们对男性代词的偏爱是根深蒂固的。虽然男爵也会鼓励女性参与体育运动，但众所周知的是，男爵反对女性参加某些奥林匹克精英项目。这一立场在某种程度上削弱了他在国际奥委会的领导力，并导致了他的提前退休。今天的这条信息摘自男爵的文章《我为什么复兴奥运会》，该文于 1908 年发表在英国的《双周评论》上。

"体育运动的基本原则就是……除此之外，没有什么可以让年轻男子在自由消遣时，以这样的道德和身体优势运用他们的力量。"

十月

体育需要自由，

它需要尊重个性，

让每个人都有机会调整自己天性中或好或坏的方

面，以参与到锻炼中去……

10 月 1 日

我们必须允许奥林匹克理念自由地传播，不要惧怕激情或任何过激的情绪，它们都是必然会产生的。

在备受争议的 1936 年柏林奥运会结束后不久，皮埃尔·德·顾拜旦男爵接受了当时法国的著名记者安德烈·朗的采访。朗将他们的谈话记录下来，并发表在了法国《新闻报》上。朗曾一度质疑将 1940 年奥运会的主办权授予东京的这一决定，而顾拜旦则坚定地为其辩护。下面这段话是他作出回应的一部分。

"我们必须允许奥林匹克理念自由地传播，不要惧怕激情或任何过激的情绪，它们都是必然会产生的。试图用强制性手段在体育运动中定义'适度'，是一种乌托邦式的追求……只有奥林匹克精神才是最重要的，其他一切都微不足道。"

10 月 2 日

体育需要自由，它需要尊重个性，让每个人都有机会调整自己天性中或好或坏的方面，以参与到锻炼中去……

1920 年 8 月，皮埃尔·德·顾拜旦男爵在安特卫普市政厅向包括比利时国王阿尔贝一世在内的听众发表了演讲。男爵演讲的题目是《体育就是国王》。在讲话中，男爵强调，规律性的训练对个人充分享受体育运动带来的益处至关重要，同时也谈到了体育的社会效益。男爵希望告诉阿尔贝国王如何利用体育重建国家，因为在第一次世界大战中，比利时的国土几乎被敌军侵占了九成。然而，在战争结束后一年半的时间里，阿尔贝国王与内阁大臣们一起出面组织了1920年安特卫普奥运会，因此他早已是现代体育运动的忠实信徒。

"体育需要自由，它需要尊重个性，让每个人都有机会调整自己天性中或好或坏的方面，包括使人具有优势和构成障碍的方面，以参与到锻炼中去。"

10月3日

奥林匹克主义……是国民生计的动力，也是公民生活的基础。这是它的理想运作程式。现在，这个目标能够实现了吗？

体育与教育的结合是皮埃尔·德·顾拜旦男爵"建立一个更美好的世界"这一愿景的出发点。在他的整个职业生涯中，他力图确保奥林匹克运动坚持其关注点，将体育、不断发展的奥林匹克主义与教育融合在一起。一百年前，当世界还深陷于一次大战的混乱中时，男爵就试图将奥林匹克主义定义为教育改革的力量，以及在战火纷飞的欧洲重启公民生活这一紧急要务的引擎。这些言论摘自1918年10月26日刊登在《洛桑公报》上的《奥林匹克书信（3）：奥林匹克主义与教育》一文。明天，国际奥委会将在布宜诺斯艾利斯青年奥林匹克运动会上开展"奥林匹克主义在行动"专题研讨会。顾拜旦这一把奥林匹克主义与教育相结合的独创性思想值得我们好好思考。

"奥林匹克主义是隔阂的破坏者。它呼吁为所有人提供空气和光明。它提倡开展基础广泛、人人都能参与的体育教育，以男子气概和骑士精神为装饰，与美学和文学的展示相结合，成为国民生计的动力和公民生活的基础。这是它的理想运作程式。现在，这个目标能够实现了吗？"

10 月 4 日

我再说一遍，穿过迷雾，你们会在那边找到鲜活的、阳光灿烂的人生。

1932 年，在洛桑大学，皮埃尔·德·顾拜旦男爵在他七十岁生日庆祝活动上发表了讲话。虽然七年前他就已经从国际奥委会退休了，但他仍然拥有终身名誉主席的头衔，并受到洛桑人民的爱戴。当他遥望欧洲大陆的地平线时，他看到乌云正在聚集，这或许是全球经济衰退的信号，抑或是十年内一场世界大战即将爆发的预兆。无论未来如何，男爵都向听众传达了一种乐观的心态：危机会过去，黑暗会消散，光明总会重现于未来。这是他在一生的奋斗中磨砺出的真正信念的表达，因为他的奥林匹克运动总是一次次从黑暗的苦战中顽强崛起。

"亲爱的青年朋友们，诚然，在你们的前路上泛起的迷雾黑暗又险恶，遮蔽了你们的视野。我绝不会忽视它这一令人不安的形态，以及隐藏在它背后的真正危险。但是不要紧，我再说一遍，穿过迷雾，你们会在那边找到鲜活的、阳光灿烂的人生。因此，（你们要怀有）勇气和希望！不屈不挠的勇气和坚定不移的希望。"

10月5日

（体育运动）必须为社会转型提供支持，因为战争已经使社会转型变得不可避免。

这句引文摘自男爵 1919 年 1 月所写的《致国际奥林匹克委员会成员的信》。从中我们可以清楚地看出，皮埃尔·德·顾拜旦男爵希望奥林匹克运动和体育运动能够成为推动战后重建的社会力量，使城市和国家转型回归公民社会。这是顾拜旦利用体育运动进行战后重建、促进国家间团结的基础。

"体育运动已经在教育领域有所建树。现在，它必须为社会转型提供有效的支持，因为战争已经使社会转型变得不可避免。每个人都必须以忠诚和喜悦的心情来迎接这种变革。"

10月6日

"运动员"这个美妙的称号……平等地适用于体操运动员……适用于拳击运动员、马术运动员、赛艇运动员和击剑运动员，也适用于跑步运动员和标枪运动员。

在奥林匹克运动会的背景下，长期以来，皮埃尔·德·顾拜旦男爵一直力图确保所有的体育项目具有同等的代表性并受到同等程度的认可——无论公众舆论如何变化。1925 年，当男爵在布拉格向国际奥委会发表退休演说时，他宣称自己将各体育项目置于公平竞争环境中的努力已经或多或少地取得了成功，而"运动员"一词在拉平各项目和各学科的地位的过程中起到了关键作用。

"此外,'运动员'这个美妙的称号,平等地适用于从事单杠运动的体操运动员,适用于拳击运动员、马术运动员、赛艇运动员和击剑运动员,也适用于跑步运动员和标枪运动员。我们不能把公众对某一项运动的暂时偏爱当作划定相对价值的尺度。"

10 月 7 日

(第一届奥林匹克运动会之后,)在希腊各州和所有的岛屿上,小男孩们在放学后都会以"参加奥运会"为乐。

第一届奥林匹克运动会过后,皮埃尔·德·顾拜旦男爵在希腊各地自发的青年庆祝活动中看到了他的梦想实现的可能性。第一届奥运会这一英雄主义和爱国主义的节日发挥了它的魔力,在年轻人的心中播下了奥林匹克主义的种子。在初次体会到奥运会鼓舞人心的力量之后,男爵对奥林匹克运动将会把体育和游戏的精神传播到全世界充满了希望。这句话摘自男爵的《奥林匹克回忆录》中的《第一届奥运会(1896 年雅典奥运会)》一章。

"(第一届奥林匹克运动会之后,)在希腊各州和所有的岛屿上,小男孩们在放学后都会以'参加奥运会'为乐。一开始,他们会纯粹为了好玩而跑跑跳跳,扔几块石头。然后他们会排成一队,其中年龄最大的孩子会突然变得严肃起来,递给其他人一根橄榄枝。这么多个世纪过去了,在雅典再次做出这种象征性的举动,让他们隐隐约约地感觉到自己与伟大的过去产生了不自觉的联系。"

10 月 8 日

举办奥林匹克运动会就是重拾历史。

在现代化的过程中，奥林匹克运动会力求从古奥林匹亚汲取体育和文化节日的精华，并为了适应当代而对它们进行重新诠释。虽然现代化是皮埃尔·德·顾拜旦男爵的核心使命，但他从未忘记历史对自己的恩惠。实际上，他一直保持着对历史的敏锐觉知，并力图确保现代奥林匹克运动会的仪式和赛事都能体现对其古老起源的敬意。在不同的历史时期，他都设法让现代奥运会享有文化活动的声望，并积极参与到关于奥运会在公民生活中的作用的讨论中去——这与当今国际奥委会在"奥林匹克主义在行动"论坛上的做法不谋而合。这段文字摘自 1915 年刊登在《瑞士体育报》上的一篇文章，这篇文章本来是男爵发表的一篇广播演讲的演讲稿。

"我希望历史能够认识到与奥运会同时举办的智育活动的意义，这是奥运会的一个自然组成部分，因为奥林匹克主义是历史的产物。举办奥林匹克运动会就是重拾历史。"

10 月 9 日

对我们的未来构成威胁的战争爆发是各国之间长期缺乏理解的结果，正是这种不理解导致过去发生了……如此多的灾难。

1927 年，希腊人邀请皮埃尔·德·顾拜旦男爵前往奥林匹亚，并为他修建了一座大理石纪念碑，纪念他的奥运成就。在此次行程

雅典学院

中，男爵还得到了一次在著名的雅典学院（见上图）发表演讲的机会，他在那里发表了题为《历史研究的转变和传播：它们的特点和结果》的演讲。他在讲话中称，历史研究在当今对于认识战争爆发的原因和维护和平至关重要。他就了解世界历史的好处做了广泛的论述，并借此机会解释了他写作四卷本《世界普遍史》时采用的方法。毫无疑问，男爵相信奥林匹克运动会能够促进国际友好交流和相互理解，打破可能引发战争的无知高墙。

"历史是当今所有动荡的核心。我们近代的战争都是有其历史渊源的。对我们的未来构成威胁的战争更是如此。这些战争的爆发是各国之间长期缺乏理解的结果，正是这种不理解导致过去发生了，或者说助长过去发生了如此多的灾难。"

10 月 10 日

相互尊重介于容忍和信仰之间。民主社会需要的正是相互尊重……

在第一次世界大战期间，皮埃尔·德·顾拜旦男爵主张继续进行教育改革。他坚持认为必须在年轻人中培养相互尊重的品质——这是一种通过体育和竞争产生的道德品质。在他看来，相互尊重在任何民主社会中都是一种最基本的价值观。这句话摘自《二十世纪的青少年教育》一文，该文收录他当年出版的《相互尊重》（又名《道德教育》）一书中。随着奥林匹克运动的发展，竞争者之间相互尊重的理念成为其核心价值观中的中心原则。今天人们经常将它描述为"卓越、友谊和尊重"。

"我们应该追求更高的原则，团结所有宽容的慷慨，而不是惯常的冷漠；融合丰富的信仰，而不是狭隘的眼光或时常的顽固。相互尊重介于容忍和信仰之间。民主社会需要的正是相互尊重。如果没有这种相互尊重，民主社会就容易陷入无政府状态。要求人做到博爱太过分了。博爱是天使的事。相互尊重则是可以对人类提出的要求，不至于显得太好骛远。"

10 月 11 日

为了平衡道德、城市和个人，希腊主义将这种平衡建立在良心、团结和个人本能的基础之上。

皮埃尔·德·顾拜旦在晚年依然推崇古老的希腊主义哲学，并将其看作解决现代问题的准则。在他 1934 年 4 月所写的《致我的希腊朋友们的公开信》中，他把古希腊在公共道德与个人信念之间、公民生活与个人追求之间找到的平衡点描述为当时实现社会和平的必要途径。在他看来，国家采用这样的理念比改变政府的经济或外交结构更有助于促进社会和谐。

"可以说，在所有形式的政府、经济组织和外交理解之前，我们必须实现希腊主义首先提出的三重和谐。为了平衡道德、城市和个人，希腊主义将这种平衡建立在良心、团结和个人本能的基础之上……只有希腊主义明白，我们必须在三个层面上创造平衡——把来自良心的亲切而神秘的召唤放在第一个层面上，把公共责任的要求放在第二个层面上，把个人本能的丰富自由放在第三个层面上，努力为它们创造和谐的关系。"

10 月 12 日

就奥林匹克主义而言，国际竞争必然取得成果。

1936 年，在备受争议的柏林奥运会结束后不久，法国记者安德烈·朗对皮埃尔·德·顾拜旦男爵进行了采访，并将访谈记录发表在了当年的《新闻报》上。正如之前的文章中提到的那样，朗指责纳粹"破坏了奥林匹克理念"，使顾拜旦陷入了不得不为德国东道主辩护的尴尬境地。随后，朗又怂恿男爵谴责将 1940 年奥运会主办权授予东京的决定，但男爵坚持自己的立场，宣称奥林匹克主义首次进军亚洲只会带来丰硕的成果。虽然这段采访引发了争议，暴露了顾拜旦的家长式作风和落后的思想观念，但它也揭示了男爵对奥林匹克运动进行渐进式地域扩张抱有的坚定不移的信念。以下是朗对于东京问题的提问以及顾拜旦颇具火药味的回应。

"朗：您不觉得把东京作为主办城市这一选择，以及日本人希望在 1940 年震惊全世界这一愿望可能招致相当危险的后果吗？

顾拜旦：完全不觉得。我很欣慰。这就是我想看到的。我认为奥运会进军亚洲是一场伟大的胜利。就奥林匹克主义而言，国际竞争必然取得成果。世界上的每一个国家都能有幸承办奥运会，并根据本国人民的想象力和能力，以自己的方式来庆祝，这是件好事啊。"

10 月 13 日

只有当大多数公民感受到个人对体育的需求时，国家才算是形成了体育风气。

1925 年，皮埃尔·德·顾拜旦男爵从国际奥林匹克委员会主席的职位上退休。从 1894 年现代奥林匹克运动诞生到 1924 年第八届奥林匹克运动会在巴黎召开，他已经领导了现代奥林匹克运动三十年。回首过去，他对自己和同事们取得的成就感到很自豪，但他也发现了其中的一些欠缺之处。到了 1927 年，他把关注点转向了体育和成人教育，主要受众是在年轻时错过了这些机会的成年人。他曾发起一项倡议，希望世界各地能以古希腊模式为参照，为成年人建立将教育和体育相结合的公共体育馆，但这项努力最终以失败告终。1927 年 7 月，《费加罗报》发表了《体育的真相：致弗兰茨·雷切尔的一封公

1910 年，一支由男护士组成的板球队队员合影。照片现由新西兰档案馆存档。

开信》。在这封信中，男爵呼吁他的法国老同事协助他开展这项新运动。"我在法国做不到的事，你可以做到。" 他这样说，既是寻求帮助，也是在陈述他观察到的事实：如果成年人不参加体育运动的话，任何国家都不能算是形成了体育风气。

"真正的运动员在人口中所占的比例仍然很小。虚张声势和虚假宣传掩盖了真实情况。媒体的喧嚣和大赛的泛滥误导了公众舆论。只有当大多数公民感受到个人对体育的需求时，国家才算是形成了体育风气。以这个标准来判断，我甚至不确定美国是否算一个体育国家。如果明天所有谈论体育的人都被迫噤声，那么从事体育运动的人就会看起来像一众残兵败将。"

10 月 14 日

竞技体育是一种自愿的、习惯性的高强度肌肉运动。它基于对进步和冒险的渴望，但冒险也应该止步于风险的边界。

20 世纪初，世界首屈一指的竞技体育专家皮埃尔·德·顾拜旦男爵为竞技体育创造了自己的定义，这一点应该不会让人感到惊讶。1929 年，当他在巴黎发表关于奥林匹亚的演讲时，他引用了自己在《体育教育手册》一书中对竞技体育的定义。有趣的是，虽然男爵经常提倡体育要追求某种"过度"以挑战人类的极限，但他在这里却发出了应当止步于风险边界线的警示——也就是将竞技体育的实践限制在了无风险的范围之内。从本质上来说，他的主张是要勇敢，但不要犯傻。

"竞技体育是一种自愿的、习惯性的高强度肌肉运动。它基于对进步和冒险的渴望，但冒险也应该止步于风险的边界。"

10 月 15 日

只有那些将现成制度即刻落实到位的运动才算是真正的革命，这些制度的每一个细节都是事先制定好的。

皮埃尔·德·顾拜旦男爵将真正的革命定义为能让世界更美好的变革——不是只摧毁而不更替的暴力破坏，而是能让所有人的境况都有所改善的重大变革。在领导奥林匹克运动会的复兴时，他就已经做好了将新制度落实到位的准备。他宣称自己和同事们是一群反叛者，并用革命性的新概念取代了关于体育和游戏的陈旧理论。这个新概念旨在以和平和友谊的方式团结全世界。他提议举办的四年一度的奥林匹克运动会，只是这场全球性运动的最突出的表现形式。这场全球性运动的真正宗旨是一年三百六十五天在每个国家的基层开展体育活动。这在当时是一个革命性的想法——放在今天，依然是一个革命性的想法。这段话摘自男爵的《奥林匹克书信（4）：奥林匹克主义是一种心境》，这封信件发表在 1918 年的《奥林匹克评论》上。

"上次我说现代奥林匹克主义的目的是打破教育中的壁垒时，有没有提到过现代奥林匹克主义是充满革命精神的呢？然而，这里的打破壁垒是指改变建筑的布局，而不是破坏承重墙或是改变建筑的外观。和那些认为革命皆暴力并且不会有结果的人一样，我也不想招致这样的指责。大多数革命都像是想要踢开一扇正在缓缓开启的门扉，而突然的粗暴动作只会让门重新关上。更何况，只有那些将现成制度即刻落实到位的运动才算是真正的革命，这些制度的每一个细节都是事先制定好的。"

10 月 16 日

国家之间的和平问题与个人之间的和平问题息息相关。

1934 年，在庆祝现代奥林匹克运动创办四十周年之际，皮埃尔·德·顾拜旦男爵仍然关注着教育在建设更美好的世界这一过程中的作用——当然，体育是他的教育改革的核心。在《致美国青年的一封信》中，他把教育为年轻人带来的广阔视野——"纵览学科领域"

与个人和平以及国家间和平的理念联系了起来。从奥林匹克事业的最初开始，男爵就强调各国青年之间的接触对促进国际理解和形成跨越国界的和平局面至关重要。在这段解读以及下面的这段引文中，他反对了中学教育过度专业化的倾向，认为所有学生都应该在早年间接触到完整的课程，为大学阶段的专业化做好准备。这种广泛接触世界上所有国家和文化的做法，也在实质上体现了他对奥林匹克运动会应承担的使命的希望。

"无论在哪个国家，中学教育时期都应该是学生们纵览各个学科领域，知识水平突飞猛进的时期。这样每个人都能在找到自己将要深造的领域，在安顿下来之前见识到知识领域的全貌。这个问题与国家之间的和平问题以及个人之间的和平问题息息相关。还有太多的人不愿意承认这一点。"

10 月 17 日

复兴后的奥运会具有双重优势……第一，它是世界性的；第二，每一届都在不同的地方举行。

奥林匹克运动会的"流动性"，也就是这场全球体育节每四年在不同的国家和主办城市举办的特性，很可能是皮埃尔·德·顾拜旦男爵最伟大的创新。在古代，奥运会在奥林匹亚这一个地方举行的传统延续了十二个世纪之久。即便是在 19 世纪末，许多优秀的体育队伍都与城市或体育场馆永久地绑定在了一起，即使他们为了参加比赛而旅行，也要锚定特定的地理位置。第一支棒球队、橄榄球队和大学

2000 年悉尼奥运会闭幕式上的焰火表演。（摄影者：罗伯特·A.怀特海德）

体育队通常都会以城市命名。然而，他人眼中的优势在男爵看来却是限制。鉴于男爵的首要目标是通过体育将世界在友谊与和平的气氛中团结起来，他从一开始就力争保留从一片大陆到另一片大陆，从一个国家到另一个国家，从一座城市到另一座城市轮流举办奥运会的这一惊人创新。1896 年，第一届现代奥运会在希腊雅典成功举办，于是便有人提议将雅典定为往后每届奥运会的永久举办城市。当时人气很高的美国奥运代表队，以及包括男爵的国际奥委会同事在内的许多人都支持这个想法。男爵用尽了一切手段，才从希腊人手中夺回了对奥运会的控制权。如今，随着一些反对派团体对每个城市都有能力承办奥运会的说法提出抗议，为奥运会选定一个永久举办地的想法再次浮出水面。虽然有些财政问题的确需要通过创新主办方式解决，但如果永久举办地的想法占了上风，我们的世界将蒙受多大的损失！那样我们不仅会失去了解神奇的文化多样性的机会，顾拜旦的理想主义中的一大核心信条也将被摧毁。今天的引用摘自男爵的《奥林匹克回忆录》的最后一章《传奇》。

"复兴后的奥运会相比从前具有双重优势：第一，它是世界性的；第二：每一届都在不同的地方举行。因此，它们更具灵活性，也更加稳定。"

10月18日

这位希腊的天才就在我们当中，他把一场规模不大的体育集会变成了对道德进步和社会和平的追求。

皮埃尔·德·顾拜旦男爵常常回忆起 1894 年在索邦大学的那个黄金之夜。当晚，他带领两千人起立鼓掌，支持他以现代形式复兴奥林匹克运动会的提议。他对古人给予了充分的肯定，并对古代世界对当晚聚集在圆形剧场里的代表们的影响表示敬意。一年前，法国考古学家在德尔斐的废墟中发现了两块石板，上面刻着一首创作于两千年前的《致阿波罗》。这首赞歌后来由法国最伟大的作曲家加布里埃尔·福莱编曲，由歌剧女伶珍妮·雷玛克演唱。这样的强强联合完美发挥了赞歌的魔力，古典世界的魅力令全场观众如痴如醉。当音乐唤起人们心中久违的情感时，男爵便知道他的提议一定会成功。当年11 月，他在《雅典信使报》上发表了公开信《新奥林匹克主义：对雅典人民的呼吁》，并在其中传达了这一信息。他在为第一届现代奥运会寻求希腊公众的支持时，曾明确表示，他的意图远远不止举办一场单纯的体育赛事。实际上，他发起的奥林匹克运动无异于一场对更美好的世界的追寻之旅。

"这位希腊的天才就在我们当中，他把一场规模不大的体育集会变成了对道德进步和社会和平的追求。我的目的已经达到了。"

10 月 19 日

毫无疑问，进入现代体育场的会是一群完全不同的观众……然而……他们同样支持年轻人……同样怀着对人类和谐的渴望（就像古人一样）。

这是对皮埃尔·德·顾拜旦男爵 1896 年 3 月 26 日在希腊雅典所写的一份报告的转述，这时距离首届现代奥林匹克运动会开幕还有一周多的时间。他的用意是将古今人类的崇高愿望进行比照。在奥林匹克运动重生之际，男爵把关注的重点放在了历代人类的共同经历上——古往今来，人类永远怀着对更美好的生活与更和平的世界的向往。这段话出自《来自雅典的奥林匹克信件》，这篇文章于 4 月 6日，也就是奥运会开幕当天刊登在法国《辩论报》的头版。他一定计算过这封信到达巴黎的编辑手中所需的时间。

"（再过）几个小时，人们就会走上楼梯，坐满一排又一排的长椅，并且聚集在通道里。毫无疑问，他们与上次进入类似体育场的那群观众完全不同，然而，他们同样支持年轻人，同样怀着对人类和谐的渴望。"

10 月 20 日

利他主义的快乐是永恒的曙光。

法国哲学家奥古斯特·孔德（1798–1857）在皮埃尔·德·顾拜旦男爵出生的前几年去世，他所创立的名为"实证主义"的人文主义哲学指导了法国社会的演变，并对杰出知识分子产生了巨大的道德影响。孔德的中心论点是以大局为重，他主张建立一个公正、公平且自由的国家。他创造了"利他主义"一词，强调他人的福祉与快乐，与以自我为中心的利己主义形成了对比。男爵非常了解孔德的哲学思想，并试图将其伦理原则融入自己的奥林匹克主义哲学。皮埃尔·德·顾拜旦相信相互尊重和友谊的理念可以追溯到奥林匹克的前身，也就是利他主义。这种理念是现代运动员以及公民的性格形成的关键。而且，只有当运动员跳出自身的思维局限，将目光投向他人时，他的快乐才是完整的。我们可以从男爵 1918 年所写的《奥林匹克书信（7）：成为奥林匹克的秘诀》中看到他的乐观主义精神所植根的基础，感受到他对奥林匹克主义抱有的永不磨灭的希望。

"当然，运动员们都知道拥有一身健康强壮的肌肉需要付出的代价和它所带来的满足感的力量，但这还不足以创造全部的快乐，因为其中还有另一个因素在起作用，那就是利他主义。现在我们已经从奥林匹克转向了福音。《圣经》在教导人们如何得救时说'要爱邻如己'。而奥林匹克主义建议我们要对不断重生的人性感到欢欣。要对它有信心，要对它倾注你的精力，要对它抱有希望。自私的快乐是间歇性的阳光。利他主义的快乐是永恒的曙光。"

10 月 21 日

让体育运动符合适度的强制性标准是一种不切实际的幻想。运动员们需要"无节制的自由"。

当运动员达到了一定的卓越水平，在自己国家的奥林匹克队伍中获得了一席之地后，便不能再有所保留。在皮埃尔·德·顾拜旦看来，体育纪录是体育运动的巅峰，每一代人都要对它发起冲击，每一批有天赋的年轻人都试图将人类极限推向新的高度。我们不能用"适度"的概念对这些追求荣誉的人们强加限制。这是男爵于 1935 年 8 月在日内瓦发表的题为《现代奥林匹克主义的哲学基础》的广播演讲的一部分。当他回顾现代奥运会的起源和意义时，他也回忆起了那些在他的奥林匹克运动初期批评他"做得太过火"，认为体育运动需要约束，以防止运动员运动过度或者受伤的批评者们。终其一生，男爵都在为世界各地的运动员争取自由。

"让体育运动符合适度的强制性标准是一种不切实际的幻想。运动员们需要'无节制的自由'。这就是为何他们的座右铭是'更快，更高，更强'，这是敢于打破纪录的勇敢者的座右铭！"

10月22日

古代奥林匹克主义和现代奥林匹克主义的首要和基本特征是，它们都是宗教信仰。

1935年8月，时年七十二岁的皮埃尔·德·顾拜旦男爵坐在日内瓦一家广播电台的麦克风前，发表了一篇题为《现代奥林匹克主义的哲学基础》的长篇演讲。他的目的是解释现代奥林匹克运动会以及维持现代奥运会的这场全球性体育运动的真正含义、性质和特点。虽然他经常将体育定性为现代宗教，但他并无意与伟大的信仰竞争。他只是借鉴了宗教信仰中种种不可言喻的特点。在引文中，他确信奥运会抓住了体育在精神层面的精髓，并将它与爱国主义和荣誉准则结合在一起，创造出了一种振奋人心的，甚至可以说是具有魔力的情感力量。凡是参加过奥运会的人都能觉察到空气中充满了对全人类的期望。在男爵看来，只要将世界上所有的国家聚集在一起，圣火之下的求同存异便会显得格外神圣。在他那个时代是如此，今天仍然如此——对于那些聚集在奥林匹亚的古代运动员们来说也是如此。在下面这段较长的文字中，他向我们展示了现代的体育宗教与我们祖先的体育宗教有多么相似。

"由于我是奥运会的创始人和名誉主席，他们邀请我在电台广播介绍奥运会的意义时第一个发言。我几乎是毫不犹豫地接受了这项荣誉。我相信完成这一任务的最佳方式是将我的最初构想和其哲学基础介绍给听众们。古代奥林匹克主义和现代奥林匹克主义的首要和基本特征是，它们都是宗教信仰。古代运动员像雕刻家雕琢雕像一样雕琢自己的身体，以此向诸神表示敬意。现代运动员也以同样的方式向他的国家、他的种族与他的旗帜表达敬意。因此，我相信我在创立现代奥林匹克主义之初重新唤起一种宗教情绪的行为是正确的。这种宗教情绪已经被我们这个时代的显著特征——国际主义和民主所改变和拓展了。然而，正是这种宗教情绪将渴望肌肉胜利的希腊年轻人引向了宙斯祭坛的脚下。"

10 月 23 日

现代体育缺乏崇高的目标，也缺乏古代围绕这一青年节日展开的爱国主义行动和宗教仪式。

在回顾古代奥林匹克运动会，评估它对古代希腊世界的影响时，皮埃尔·德·顾拜旦男爵得出了这样一个结论：奥运会远不只是一项体育赛事。古代奥林匹亚在文化、宗教和爱国主义方面赋予了奥运会一定的象征意义，使之超越了任何其他竞赛、庆典或节日。奥运会拉近了人们与他们心目中的神明的距离，塑造了一系列英雄形象，他们的故事后来成了传奇。男爵决心要让现代奥运会拥有与古代同等的声望，因此他力图让仪式和比赛的每个环节具备灵性、文化和爱国主义元素。同时，他也让奥林匹克运动本身踏上了一场通过体育运动将世界团结在友谊与和平的氛围之中的探索之旅。今天的引用出自男爵1894 年在希腊首都雅典发表的演讲《新奥林匹克主义：对雅典人民的呼吁》。在演讲中，他明确指出自己的意图是赋予现代奥林匹克运动会和古代同等的声望。

"现代体育缺乏崇高的目标，也缺乏古代围绕这一青年节日展

奥林匹亚的一处古代体育馆的入口。摘自《奥林匹克主义——顾拜旦文选》。
（摄影：H. 凯伯尼克）

开的爱国主义行动和宗教仪式……先生们，这就是我打算从中汲取道
德力量要素的思想秩序，这些要素必须领导和维护体育运动的复兴。
健康的民主与明智而和平的国际主义将走进崭新的体育场。在那里，
它们将颂扬荣誉和无私的精神，正是这两种品质使体育运动得以完成
其道德教化、促进社会和平以及帮助人们强身健体的任务。"

10 月 24 日

体育运动面临着严重的危机……一旦它失去了崇高性，建立在其基础上的希望就会破灭。

当皮埃尔·德·顾拜旦男爵发出警告，提醒人们注意威胁国际体育运动的崇高道德目标的外部力量时，国际体育现象仍然处于萌芽阶段。从奥林匹克运动启动之初，男爵就特别担心商业利益会破坏现代体育的廉正性，并损害其更广泛的社会和公民使命。他把奥运会定位为抵御这种威胁的堡垒。这是他 1894 年 11 月为刚刚起步的奥林匹克运动争取希腊人民的支持时，向希腊人民传达的信息。这段话摘自他的文章《新奥林匹克主义：对雅典人民的呼吁》，该文刊登在当月的《雅典信使报》上。在今天的我们看来，他的警告显得有些古板，因为世界各地的体育运动都已经沾染上了商业化的气息。在这种大环境下，奥运会成功地在商业合作和毫无商业元素的竞技这两者间保持了难能可贵的平衡。往后，奥林匹克运动将继续追求更大的利益，忠于其核心使命，让体育为世界各地的人类服务，建设一个更美好、更和平的世界。

"我们知道，体育运动面临着严重的危机。它可能会陷入商业主义的泥潭，我们也很清楚，必须不惜一切代价保护它免遭这样的命运。一旦体育运动失去了它的崇高性，建立在其基础上的希望就会破灭。那样的话，它在学校里就起不到任何作用，也不会对社会生活产生任何影响。反之，它还会为助长腐败增加又一个因素。"

10 月 25 日

对于（国际奥委会的）现任成员们来说，重要的是依次聚集在这座永恒之山的山脚下，纪念我们迄今共同完成的工作。这是一种感恩之举，也是一种希望之举。

作为一名终身学习历史的学生，皮埃尔·德·顾拜旦男爵很清楚自己和国际奥委会的同事们每天都在创造历史。1934 年 4 月，他在《致我的希腊朋友们的公开信》中提出，现代奥林匹克的历史成就应该由领导奥林匹克运动前进的人们定期研究。当时，希腊总统邀请他以贵宾身份前往雅典，参加现代奥林匹克运动会创立四十周年庆祝活动。他写这封信就是为了回应希腊总统的邀请。他婉言谢绝了邀请，但也指出国际奥委会的所有现任成员都应该跋山涉水来到奥林匹斯山脚下，向古今奥林匹克祖先致敬。让国际奥委会的现任成员们前往希腊，沉浸在现代奥林匹克运动的历史中，以更好地了解其文化基础——可以说，这个建议在今天与在八十四年前一样具有现实意义。对于那些愿意接受历史教训的人来说，历史是一位孜孜不倦且铁面无私的老师。

"（国际奥委会的）现任成员们应该依次聚集在这座永恒之山的山脚下，纪念我们迄今共同完成的工作。对于他们来说，向伟大的祖先庄严致敬尤为重要，因为正是他们的努力为文化奠定了基础。这是一种感恩之举，也是一种希望之举。"

法国新古典主义画家雅克 – 路易·大卫于 1787 年创作的油画《苏格拉底之死》。现藏于纽约大都会艺术博物馆。

10 月 26 日

苏格拉底的名言（认识你自己）……仍然是一切哲学的基础，因为它既能为人类的理性增色，又能为其护航。

众所周知，1927 年，为了向皮埃尔·德·顾拜旦男爵致敬，希腊人在古奥林匹亚体育场树立了一块大理石碑，碑上镌刻着对男爵的颂词。虽然姗姗来迟，但这是对他在创办现代奥林匹克运动会的过程中所发挥的无可辩驳的核心作用的认可，也是他心灵最后的休憩之所。然而鲜为人知的是，希腊人同时还将男爵的名字镌刻在了第一届现代奥林匹克运动会的举办地——帕那辛纳克体育场的一个大理石座位上，以此向男爵表示敬意。男爵曾在雅典学院发表的一次演讲中提到过这第二次致敬。下面这段长文便是出自那篇题为《历史研究的转变和传播：它们的特点和结果》的演讲，演讲开篇引用了苏格拉底的主张："认识你自己"是一切知识的基础。

"在这样富丽堂皇的环境中发言的确是种莫大的荣誉，而你们的热烈欢迎更是让我感到不胜荣幸。昨天，雅典为我重拾起这座古老城市中最受尊敬的象征（指把他的名字刻在体育场的座位上），这着实是我的荣幸。我曾经试图恢复奥林匹克时代的精神，今天，就像在那时一样，我很荣幸地向你们介绍一部纯知识性的作品，它是我在担任奥运会总监之余的空闲时间里构思和写就的。为了使我周围的一切尽可能地希腊化，我现在必须用苏格拉底的著名戒律来评价我自己的作品，正如我们这些天在学院里谈到的那样，它仍然是一切哲学的基础，因为它既能为人类的理性增色，又能为其护航。"

10 月 27 日

只有希腊主义能够……平衡……来自良心的亲切而神秘的召唤、公共责任的要求和丰富的个人本能的自由。

从耶稣会学生时代的早期开始，皮埃尔·德·顾拜旦男爵就十分钦佩古希腊人创造的社会。在他的一生中，他对古希腊人所推崇的人生哲学——希腊主义的欣赏只增不减。他固然佩服希腊人在体育场上将体育和心理教育结合起来的独特方式，但总的来说，他认为是他们的社会风气完美地平衡了个人自由与大局意识。这一观点在他1934 年 4 月所写的《致我的希腊朋友们的公开信》中得到了体现。

"只有希腊主义明白，我们必须在三个层面上创造平衡——把来自良心的亲切而神秘的召唤放在第一个层面上，把公共责任的要求放在第二个层面上，把丰富的个人本能的自由放在第三个层面上，努力为它们创造和谐的关系。"

10 月 28 日

我们不会生来具有努力的倾向，也不会自发地养成协调运动的习惯。这些都需要学徒制和训练……

电视的发明和普及让数百万人与客厅里的沙发难舍难分，而皮埃尔·德·顾拜旦男爵早在电视发明之前就已经认识到了人类具有成为"沙发土豆"的倾向。他相信个人能够通过严格的训练逐渐体会到运动为身体带来的好处，爱上这种感觉，并最终培养出终身锻炼的心态和习惯。为此，男爵力求为人们提供全方位的机会，让各阶层的人们都能参与到体育运动中来：一方面，他鼓励学校将体育运动与体能训练结合起来；另一方面，他也在推动奥林匹克运动会的复兴。在他的一生中，他始终坚信有组织的体育运动有助于创造一个更美好的世界。今天的引文出自 1918 年发表的《奥林匹克书信（4）：奥林匹克主义是一种心境》。

"我们不会生来具有努力的倾向，也不会自发地养成律动（协调运动）的习惯。这些都需要学徒制和训练……这些美德需要通过训练在我们心中扎根，成为我们天性中的一部分。这就是有组织的体育运动的优越之处，它要求任何参与体育运动的人既要有度，又要过度。"

10 月 29 日

我们已经恢复了一项古老的传统……无论当前的动荡有多么可怕……奥林匹克主义已经载入了史册。

　　面对肆虐欧洲大陆、剥夺无数生命、处处制造混乱的第一次世界大战，皮埃尔·德·顾拜旦男爵仍然满怀希望地展望未来，他相信奥林匹克主义会存活下来。他知道这场战争终有结束的一天，而战争

在第一次世界大战期间的壕沟战中阵亡的意大利士兵，照片现藏于斯洛文尼亚武装部队和军事历史公园中的皮夫卡军事博物馆。

带来的毁灭性损失将迫使一个又一个国家寻找新的方法，来建立更优秀的公民社会和更美好的世界。他希望国际奥委会的同事们能够时刻做好准备，将奥林匹克主义的理念作为前进的道路。男爵的最终目标是用体育这把钥匙打开社会平等的大门，通过体育把世界各国团结在友谊与和平的氛围之中。他相信他的奥林匹克运动可以帮助世界疗愈战争的创伤。这句话摘自他 1916 年 1 月写给国际奥委会成员们的一封"通函"。

"我们已经恢复了一项古老的传统。无论当前的动荡有多么可怕，历史的进程是不会中断的，奥林匹克主义已经载入了史册。"

洛桑大学鲁米讷宫（图源：Odrade123）

10月30日

放眼眺望自然和历史的地平线吧。人类正是从这些高地中汲取力量和动力。

在皮埃尔·德·顾拜旦男爵七十岁生日之际，善良的洛桑人邀请他到他们心爱的洛桑大学鲁米讷宫礼堂里发表演讲。那一天，男爵爬上这座丘陵城市中起伏的街道，踏入美丽的意式高等学府城堡前的广场，准备向众人发表讲话。像往常一样，尽管他自己的生活暗藏艰辛，他还是力图用激动人心的挑战鼓励他的听众放眼更高的目标。他用自己创办奥运会的经历向人们说明，只要拥有高瞻远瞩的目光和坚定行动的勇气，一切皆有可能。这篇演讲发表于1932年12月，在他的生日，同时也是元旦这一天的前夕。

"抬起那双因受专业化奴役而变得目光短浅的眼睛吧，不要畏惧把目光放得长远。放眼眺望自然和历史的地平线吧。人类正是从这些高地汲取力量和动力。"

10月31日

复兴奥运会是现代青年运动生活中的需求。我完全相信这一点，因此我呼吁复兴奥运会。

在阅读过皮埃尔·德·顾拜旦的著作，了解过他一生重要的创举之后，谁都不会否认他曾全身心地投身于他的时代。他是一名真正的世界公民，他利用他的想象力、能量和资源，把世界各国的人民都吸引到了他对更美好的世界的愿景中来。作为一名青年，他把自己置于国际体育运动的最前沿，发现了新兴的趋势，为竞赛建立了全球性的标准和规则框架，展望了民主和社会平等的未来，并设计了一场具有包容性的世界性赛事和运动，以满足每一代、每一名运动员的跨文化需求。他曾在 1908 年为英国《双周评论》撰写的文章《我为什么复兴奥运会》中宣称，自己建立这座宏伟的现代体育大厦是为了响应青年们的日益增长的需求。他们渴望国际竞赛，也渴望在世界舞台上检验自己的实力。

"复兴奥运会是现代青年运动生活中的需求。我完全相信这一点，因此我呼吁复兴奥运会。"

十一月

我们站在奥林匹亚的土地上，

就是站在和谐与平衡（律动）的王国第一首都的废墟上……

不仅仅适用于艺术领域……

生活中也有律动。

古奥林匹亚遗迹。

11月1日

我们站在奥林匹亚的土地上，就是站在和谐与平衡（律动）的王国第一首都的废墟上，因为律动不仅仅适用于艺术领域……生活中也有律动。

古希腊人有一套关于和谐与平衡的理论，他们主张美感产生自建筑的比例，优雅产生自人体的运动。他们将其称为"律动"，我们可以经常在皮埃尔·德·顾拜旦男爵的奥林匹克著作中见到这个词，然而，它几乎已经消失在了当今的公共话语中。1929年，男爵在巴黎发表了一篇题为《奥林匹亚》的长篇演讲，他在演讲中指出古希腊人把律动，也就是和谐与平衡应用到了生活中的各个方面。为了表意清晰，我在转述时对这句话进行了修改。它再次揭示了古代希腊主义在男爵的现代思想中所占的核心地位。

"把追求平衡的法典作为建立伟大社会的准则是希腊主义不朽的荣耀。我们站在奥林匹亚的土地上，就是站在和谐与平衡的王国第一首都的废墟上，因为律动不仅仅适用于艺术领域。生活中也有律动。"

11 月 2 日

对于那些（被）现代生活压得透不过气的成年人来说，体育运动是一种必不可少的平衡，一种几乎百试百灵的疗愈手段，一门无可替代的学科。

20 世纪初，皮埃尔·德·顾拜旦男爵是运动心理学这一新兴领域的早期倡导者。实际上，1913 年在洛桑召开的奥林匹克代表大会的主题就是"运动心理学"。十年过去，在研究过体育运动在各种情况下对成年人的影响后，他对激烈的体育活动的治疗价值形成了一套见解。他总是不厌其烦地宣扬体育运动可以为个人、社区和国家带来的好处，这点在这段摘自《体育的真相：致弗兰茨·雷切尔的一封公开信》的引文中就有所体现。该文于 1927 年 7 月刊登在《费加罗报》上。弗兰茨·雷切尔是 19 世纪末男爵在法国推广体育运动时的早期同僚，后来担任了 1924 年巴黎奥运会的秘书长。男爵的影响力在祖国逐渐消退的时候，他也仍然是法国体育界颇具影响力的人物。在这里，顾拜旦呼吁他的昔日战友帮助他实现开展成人体育教育的新设想。

"对于那些（被）现代生活压得透不过气的成年人来说，体育运动是一种必不可少的平衡，一种几乎百试百灵的疗愈手段，一门无可替代的学科。"

11 月 3 日

游行队伍的规模之宏伟、态度之庄严、庆祝仪式之壮观和它给观众留下的印象之深刻，所有的艺术形式和民众慷慨的情感，都必须在某种程度上共同发挥作用。

当被问起为何要复兴奥运会时，皮埃尔·德·顾拜旦男爵常常简短地回答："为了让体育变得崇高。"在他看来，体育在教育中发挥着至关重要的作用，他打算通过奥运会赋予体育声望，提升体育对社会的影响力，让奥林匹克运动在国际事务中拥有受人尊敬的一席之地。他知道，为了实现这些目标，将体育和文化融入庄严的典礼和富有象征意义的仪式是必不可少的环节。他也知道，他所向往的崇高的体育需要时间来培养。这句话摘自他的文章《我为什么复兴奥运会》，该文于 1908 年伦敦第一次举办奥运会期间刊登在英国的《双周评论》上。

"游行队伍的规模之宏伟、态度之庄严、庆祝仪式之壮观和它给观众留下的印象之深刻，所有的艺术形式和民众慷慨的情感，都必须在某种程度上共同发挥作用。这个目标不可能通过举办一届奥林匹克运动会实现，甚至三届、四届也不大可能；它至少需要四分之一个世纪的时间。但是，当一个人有志于创建或重建如此规模的制度时，首要前提就是不能急于求成。"

11 月 4 日

肌肉带来的愉悦是快乐、活力、平静和纯洁的源泉，它必须由最谦卑的人掌握。

皮埃尔·德·顾拜旦男爵在创立现代奥林匹克运动会二十五年后仍然奋斗不止，力图为每个国家最贫困的人们争取使用体育场、体育馆和进行体育运动的权利。"全民体育"的理念是他的愿景的核心，也是他发起的世界性运动的核心使命。他相信体育具有社会价值，认为它是平等主义的力量，是对民主的有力支持。1919 年，也就是第一次世界大战结束后的第二年，他在庆祝现代奥林匹克运动会创办二十五周年的演讲中提到了这一点。

"肌肉带来的愉悦是快乐、活力、平静和纯洁的源泉，它必须由最谦卑的人掌握。"

11 月 5 日

（1920 年安特卫普奥运会）向世界展示了现代化的奥林匹克主义在教育、道德和社会方面的活力。

1920 年，第一次世界大战结束后不到一年半，奥林匹克运动会在现代的第二次恢复工作在安特卫普展开。在此之前，原定于

1916 年在柏林举办的第六届奥运会由于战争爆发而被取消，但皮埃尔·德·顾拜旦男爵在 1914 年大胆宣布，一旦战争结束，奥运会就会恢复举办。正如下面这段引文表明的那样，安特卫普的庆祝活动结束后，男爵对这届奥运会赞不绝口。这段话摘自他于 1920 年发表在《体育杂志》上的文章《第七届奥林匹克运动会的贡献》。

"这就是第七届奥林匹克运动会带给我们的东西：来自所有人的理解，以及从此被所有人理解的必然性……它以一种光芒四射的姿态向世界展示了复兴后的、现代化的奥林匹克主义在教育、道德和社会方面的活力。"

11 月 6 日

体育需要强烈的竞争意识和牢固的友谊。

相互尊重和友谊的原则是今天的奥林匹克运动使命的核心，这点从皮埃尔·德·顾拜旦男爵在一百二十四年前创立现代奥林匹克运动会时起就未曾改变。男爵相信体育精神能够在队友之间建立情谊，加固友谊的纽带，让运动员们学会尊重每一名对手——因为没有他们就没有比赛。这是他在 1913 年 8 月发表于《奥林匹克评论》上的《体育与社会问题》一文中，探讨体育的益处时所要传达的信息的精髓。在男爵看来，体育和奥林匹克运动的目标始终是促进公民社会的发展。

"竞争本身并不能创造体育精神，团队如果缺少这种精神，即便一开始能凑在一起，往后也注定要分崩离析。体育需要强烈的竞争意识和牢固的友谊。任何在这方面有经验的人都能证实这一点。因此，体育的基础是团队合作和竞争。"

11 月 7 日

命运眷顾勇者。

在此我要向各位诚挚地道歉，因为我自作主张地将皮埃尔·德·顾拜旦男爵的观点浓缩成了这精华的一句话。1919 年，距离奥运会开幕仅剩一年半的时间，比利时主动接下了主办第七届奥运会的重任，男爵于是为他们的壮举请求命运的垂青。这番话出自他为庆祝现代奥林匹克运动创立二十五周年发表的演讲。从本质上来说，这句话与男爵所强调的总体观点是一致的，即命运眷顾勇于进取的人。

"愿偏爱勇者的命运之神，能够对比利时刚刚做出的争取明年主办第七届现代奥运会的壮举露出微笑。"

11 月 8 日

最重要的是，希腊主义是对人类现世生活的崇拜……不要搞错了，构成幸福的是现世的存在。

1929 年夏天，时年六十六岁的皮埃尔·德·顾拜旦男爵回到巴黎，在十六区市政厅发表了一篇题为《奥林匹亚》的演讲。这场演讲涉及的范围十分广泛，男爵在其中回顾了他在奥林匹克生涯中的成败，回顾了那些胜利和失望的瞬间，并将古老的希腊主义哲学思想与世界上各大宗教的哲学思想进行了比较。他认为最大的区别在于希腊主义强调现世的幸福，也就是我们今天常说的"当下"，而在当时占主导地位的西方宗教则强调要以今生的节制和牺牲换取来世的幸福。男爵将希腊主义的信条与他的奥林匹克主义哲学相结合，创造出了一种以体育运动为中心，通过人的全面发展来追求今生的幸福和平衡的人文主义形式。今天的引文就是由下面这段较长的文字浓缩而成的。

"在这里，我们触及到了希腊社会赖以生存的基石。请允许我引用我的《世界普遍史》第二卷中的这段话加以解释：'最重要的是，希腊主义是对人类现世生活及其平衡状态的崇拜。不要搞错了，这在任何时代、任何人的认知中都是十分新奇的。在别处，宗教信仰都基于对美好生活的向往，基于来世的回报与幸福，基于对冒犯神灵会受到的惩罚的恐惧。但在这里，构成幸福的是现世的存在。'"

11 月 9 日

瑞典的夏天从未如此宜人过……大自然光彩照人，阳光永远灿烂……年轻人的欢乐永无止境。

在 1912 年的斯德哥尔摩奥林匹克运动会上，皮埃尔·德·顾拜旦男爵关于现代奥林匹克节日的设想终于得以实现。从男爵对现场气氛的描述可以看出他掩饰不住的欣喜。从高效的组织工作到运动员的精神面貌和友谊，从观众的喜悦心情到场馆的亲切氛围，再加上奇妙

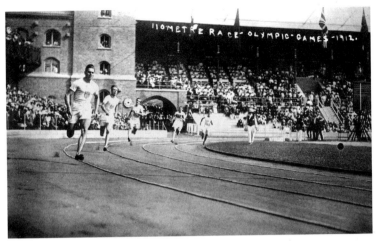

1912年斯德哥尔摩奥运会的赛跑现场。这张照片出自美国国会图书馆收藏的乔治·格兰瑟姆·贝恩作品集。

的天气，这些元素共同造就了一场无与伦比的庆典。斯德哥尔摩奥运会的文化艺术大赛在音乐、文学、建筑、绘画和雕塑领域各颁发了一枚奖牌，奖励该领域内的创造成就。随着文化艺术大赛的影响力逐渐增强，男爵终于亲眼见证了在前四届奥运会中不同程度缺失的"奥运会的尽善尽美"。男爵在他的《奥林匹克回忆录》第十三章《第五届奥林匹克运动会（1912年，斯德哥尔摩）》中记录下了亲眼所见带给他的喜悦。当他展望未来时，他对1916年的柏林奥运会寄予了厚望，希望它能重现甚至超越斯德哥尔摩的辉煌，可惜事与愿违。这届奥运会由于第一次世界大战爆发而被迫取消，斯德哥尔摩的高潮变成了奥林匹克运动自身的生存斗争。

　　"瑞典的夏天从未如此宜人过。在整整五个星期的时间里，大自然光彩照人，阳光永远灿烂，还有轻盈的海风不时拂过，街道上洋溢着欢乐的气氛，到处都装饰着鲜花，在永不褪色的光辉下，再强烈的灯光也会黯然失色。在这座美妙的城市中，年轻人的欢乐永无止境。"

11 月 10 日

一种制度的灵魂演变（必须）与该制度所依据的原则一样坚定不移。

虽然一种制度可以更改外在表象和办事程序以适应时代需求，但在这一过程中，它必须确保不会在核心原则上妥协。这是皮埃尔·德·顾拜旦男爵在国家社会主义者接管奥组委后，针对那些抵制1936 年柏林奥运会的人发表的辩护性言论。无论东道主的政治立场如何，男爵始终坚持维护奥林匹克主义的独立性。尽管种种表象已经在柏林逐渐显现，男爵依然向世界保证，卓越、包容、尊重、全民体育与友谊等奥林匹克主义的核心原则并没有，也绝对不会受到损害。杰西·欧文斯的事迹就为男爵的说法提供了论据。直到生命的最后一刻，男爵都力图确保国际奥委会保持政治中立，捍卫人类尊严，以完成将体育传播到世界上每个国家和每个地区的使命。这段话和转述引文均摘自他的文章《奥林匹克主义与政治》，该文于 1936 年发表在《体育杂志》上。

"在现实中，一种制度的演变往往有两种形式：表象的演变和灵魂的演变。第一种是努力适应当前的潮流，根据昙花一现的时尚而改变。第二种则与该制度所依据的原则一样坚定不移。它的发展缓慢而健康，符合人类自身的规律。奥林匹克主义属于其中的第二种。"

杰西·欧文斯在 1936
年柏林奥运会的比赛
中起跑的瞬间。

11 月 11 日

（奥林匹克主义）提倡开展所有人都能参与的基础广泛的体育教育……作为国民生计的动力和公民生活的基础。

　　1881 年，在法国总理茹费理的推动下，法国通过了一项强制要求所有法国儿童接受免费公共教育的法律。第二年，法国又强制推行了免费的世俗教育。当时，皮埃尔·德·顾拜旦还只是一名十几岁的少年，刚刚从巴黎的一所名为圣伊尼亚斯的耶稣会日间学校毕业，但他很快就会成为费理所发起的这场伟大的教育改革中的一员。到 19 世纪 80 年代末，男爵已经成为法国业余体育运动中最具影响力的领袖人物，并不断推进将体育融入法国教育的目标。男爵决心以此为根基，发起一场全球性的运动，旨在让体育为全世界人类服务——在这个过程中，他强调的始终是体育运动的教育价值。正如这段话所表明的那样，奥林匹克主义哲学至今仍然指导着奥林匹克运动，其思想基础是"人人都能参与的体育教育"可以作为任何国家建立健康公民社会的根基。这段话摘自男爵 1918 年所写的文章《奥林匹克书信（3）：奥林匹克主义与教育》。

"（奥林匹克主义）提倡开展基础广泛、人人都能参与的体育教育，以男子气概和骑士精神为装饰，与美学和文学的展示相结合，成为国民生计的动力和公民生活的基础。这是它的理想运作程式。现在，这个目标能够实现了吗？"

11 月 12 日

（奥林匹克运动会的）复兴不是……一个自发萌生的梦想，而是……我们这个时代伟大的世界主义趋势发展的必然结果。

在 1896 年雅典奥运会结束后发表的官方报告中，皮埃尔·德·顾拜旦男爵概述了奥运会复兴的历史。在他所写的题为《奥林匹克运动会：公元前 776 年至公元 1896 年》的文章中，男爵详细描述了创办现代奥运会这一想法的缘由。以下是这篇文章的开篇段落，今天的引文就是由这段话浓缩而成的。

"每当一种新的想法萌芽，并以实际的形态成为现实的时候，我们很难解释为何只有它从无数思想汇集成的洪流中脱颖而出，而其他的想法仍尚待实现。然而，复兴奥林匹克运动会的情况却并非如此。奥林匹克运动会的复兴不是一个自发萌生的梦想，而是我们这个时代伟大的世界主义趋势发展的必然结果。19世纪见证了世界各地体育风气的觉醒；它在德国和瑞典初露端倪，在英国达到鼎盛，在法国和美国逐渐衰落。与此同时，铁路、电报等具有时代意义的伟大发明使不同民族的人们能够进行交流。当使用各种语言的人们之间的沟通变得容易之后，共同利益便自然而然地拥有了更广阔的发展空间。人类开始过上了不那么孤立的生活，不同种族的人们学会了更好地认识和理解对方，通过比较双方在艺术、工业和科学领域的实力和成果，他们之间产生了一种高尚的竞争，促使他们取得更高的成就。世界博览会把地球上最偏远角落的产物收集在一起。在科学和文化领域，一场场集会和讨论会让各国最杰出知识型劳动者汇聚一堂。体育在这种必

1896年雅典奥运会闭幕式上由获胜者组成的游行队伍。图片摘自1896年的《世纪杂志》。（绘制：A.卡斯泰尼）

然趋势面前也不例外，不同国籍的运动员也应该因为追求同一目标而相识。无论身心哪一方面，仿效不都是一切努力的主要动力吗？瑞士率先邀请外国神枪手来参加本国的射击比赛；欧洲的每条赛道上都举行过自行车比赛；英美两国在海洋和陆地分别进行过较量；罗马和巴黎最精明强干的击剑运动员也已经相互交锋过。体育运动逐渐走向国际化，激发着人们的兴趣，扩展着人们的活动范围。奥林匹克运动会的复兴因此具有了可能，不，应该说成了必然结果。"

11 月 13 日

中世纪把人的身体看作一堆破布，教导人们轻视生命，这是一个严重的错误。

当皮埃尔·德·顾拜旦男爵设想体育运动为现代生活带来的全部可能性时，古希腊蓬勃发展的运动传统是他主要的启迪和灵感来源。希腊主义强调人类身心的全面发展，同时，奥林匹克运动会是古典时期最重要的节日。相比之下，他对中世纪的黑暗感到无比震惊，那时的主流宗教谴责罪恶的肉体，让男男女女唾弃自己的身体，这种如同精神分裂症般的割裂限制了人类想象力的发展，也阻碍了社会进步。不足为奇的是，即便是在最黑暗的年代里，男爵也在骑士精神中发现了运动本能，这种本能表现在他们对卓越体能的追求和种种具有体育性质的仪式中。这段话摘自《新奥林匹克主义：对雅典人民的呼吁》，在这场演讲中，男爵全面阐述了体育的历史，希望以此动员希腊听众支持即将到来的 1896 年雅典奥运会。这篇演讲的演讲稿于

1894 年 11 月发表在《雅典信使报》上。

"中世纪把人的身体看作一堆破布，教导人们轻视生命，这是一个严重的错误。然而，即使是在那个打上了真切而无知的绝对主义烙印的年代，运动员也确实存在。骑士团就是一个庞大的体育协会。"

11 月 14 日

我希望看到古代的市立体育馆以现代化的形式复兴……在那里，任何成年人……都可以以最简单的运动形式进行锻炼……

在 1894 年到 1925 年的这三十一年间，皮埃尔·德·顾拜旦男爵领导了奥林匹克运动的发展，也见证了七届奥林匹克运动会的盛况。在发起了一场国际体育运动，创立了一个全球性体育节日以实现年轻人的体育抱负之后，他决定用余生的岁月来帮助那些在青春期时错失机会的工人阶级成年人，让他们也能从体育和教育中受益。他于 1926 年和 1927 年接连创立了"万国教育联盟"和"国际体育教育局"，这两个组织都旨在为已经参加工作的成年人提供参与体育运动和接受教育的新机会。当时的男爵已经为奥运会耗尽了家产，穷困潦倒，资源匮乏，而且由于他不再坐拥国际奥委会办公室的影响力，他的新举措几乎没有得到任何支持。

1927 年 7 月，《费加罗报》刊登了男爵用来呼吁老同事支持他的书信《体育的真相：致弗兰茨·雷切尔的一封公开信》。虽然这封信并没有达到预期的效果，但它同出自男爵笔下的其他文章一样，反映了男爵对体育教育可以提高人类的生活质量，建立一个更美好的世界坚定不移的信念。

"我希望看到古代的市立体育馆以扩展的、现代化的形式复兴……在那里，任何成年人都可以在方便的时候，在不会被监视和批评的情况下，以最简单的运动形式进行锻炼——跑、跳、投掷和体操……而且只要稍微支付一点费用，就可以参加拳击和击剑课程，还可以在赛马场上飞奔或者在游泳池中畅游。"

11 月 15 日

成功伴随着风险，成就越大，可能面临的后果就越严重。

1919 年 1 月，也就是在第一次世界大战的停战协议签署仅两个月后，皮埃尔·德·顾拜旦男爵在写给国际奥委会的信中警告他的同事们：随着奥林匹克运动重新向更大的成就迈进，批评的声音也将再度响起。虽然这一警告听起来很消极，但它也表明男爵对奥运会的未来抱有乐观态度。他在这封信中表达了坚定的信念，认为在从战争的废墟中建立新世界和新的公民社会的过程中，奥林匹克主义将发挥关键作用。他希望他的同事们能够时刻做好准备，让体育为全世界的人类服务。同时，他也希望他们能够做好准备，以应对那些诸如"根本没必要开展体育运动或举办奥运会"之类的批评和干扰。

"成功伴随着风险，成就越大，可能面临的后果就越严重。过度的行为可能会激起一些反应，损害已经取得的成果。"

11 月 16 日

正如歌德所说："小伙子们，在马鞍上坐稳了；勇敢地穿越迷雾吧。
不要害怕，未来与你们同在。"

　　1933 年 1 月，皮埃尔·德·顾拜旦男爵年满七十岁。六个月后
（出于某种原因），洛桑市在洛桑大学举办仪式，对他进行了表彰。
男爵以良好的精神面貌发表了一场精彩的演讲，他在演讲中总结了他
在奥林匹克生涯中的成就，也回顾了他在推动奥运会最终取得成功的
过程中面临的无数挑战与阻碍。在此，他引用了他非常景仰的德国杰
出作家、哲学家约翰·沃尔夫冈·冯·歌德的话以鼓励他的听众们去
勇敢地冲破任何可能遇到的阻碍。因为他知道，只要他们穿过迷雾，
就能见到灿烂的阳光。

德国画家约瑟夫·卡尔·施蒂勒
创作的约翰·沃尔夫冈·冯·歌
德像。
（摄影者：皮埃尔·安德烈·勒
克莱尔克）

11 月 17 日

并不是所有拥有（运动天赋）的人都能达到他们所能达到的极限水平。因为不是所有人都会为了克服恐惧而刻意追求恐惧，为了战胜疲劳而刻意追求疲劳，为了掌握困难的事物而刻意追求难度。

当皮埃尔·德·顾拜旦男爵分析和反思运动心理学这一新兴的心理学分支时，他认识到并不是所有人都具有竞争的动机，也不是所有人都渴望在竞技场上出类拔萃或征服四座。体育运动能够吸引的人数是有限的。然而，不可否认的是，体育作为一种社会现象的影响力在不断攀升，这为大众渴望参与游戏和竞技的观点提供了明确的证据。男爵常说奥林匹克运动会的复兴是对时代潮流的必要回应。但在他 1901 年出版的《公共教育笔记》一书里的《运动心理学》一文中，顾拜旦承认体育运动并非适合每一个人，即使是那些天赋高到可以参加比赛的人也不一定能把实力发挥到极限。这句话中提到的第二个现象成了当时的教练们百思不解的谜团，直到今天也依然困扰着他们。

"运动天赋在人群中的分配是不均的，并非每个想要拥有运动天赋的人都拥有。而在那些拥有的人中，也并不是所有人都能达到他们所能达到的极限水平。因为并不是所有人都会为了克服恐惧而刻意追求恐惧，为了战胜疲劳而刻意追求疲劳，为了掌握困难的事物而刻意追求难度。然而，乍一看这些人的数量似乎比人们想象中要多。因此，我们可以得出这样的结论：同过去一样，今天的体育运动总是倾向于过度：更快的速度、更高的高度、更强的力量……永远追求'更多'。就人类的平衡性而言，这是它的缺点，但也是它的高尚之处和诗意所在。"

中国选手潘愚非在 2018 年布宜诺斯艾利斯夏季青年奥林匹克运动会上参加竞技攀岩项目。
（摄影者：马丁·鲁尔奇）

11 月 18 日

体育折中主义的发展仍处于起步阶段，但它出现得正是时候……

在皮埃尔·德·顾拜旦男爵的整个职业生涯中，他一直对体育过度专业化造成的影响表示惋惜。在他看来，十九世纪中叶主导体育界的大众体操运动把欧洲的体育传统塑造得过于单一和死板。在复兴奥运会的过程中，男爵对不断发展的新兴运动项目给予了广泛的肯定，并力图在竞争中创新，激发创造力。他本人也通过发明现代五项为现代体育折中主义做出了贡献。如果他今天仍然在世的话，他一定会对将全新比赛形式（如竞技攀登）引入奥运会的创新之举表示赞赏。今天的这段话摘自男爵写于 1918 年的《奥林匹克书信（9）：现代五项》。

"体育折中主义的发展仍处于起步阶段，但它出现得正是时候，因为就男子气概的培养而言，我们在这个领域和在其他许多领域一样，面临着陷入徒劳无功的专业化怪圈无法自拔的困境。"

11 月 19 日

离别的时刻到了……最后一位访客满怀感激之情……满怀对奥林匹克主义未来的希望离开了。

在目睹过奥林匹克运动会自始至终展现出的无量前途后，在看到过各国的年轻运动员们友好和平地共同生活与竞争的可能性后，几乎没人能抑制住内心喷涌而出的这股名为"希望"的情感力量。这种经历会让人产生这样的疑问："为何不能一直这样下去呢？"我们可以从皮埃尔·德·顾拜旦男爵在描述 1912 年斯德哥尔摩奥运会的美好回忆时的最后几句话中感受到这种情绪。在每一届现代奥运会的闭幕式上，我们都能在五环旗传递到下一个主办城市时感受到同样的情绪。在 2016 年的里约奥运会上，东京都知事小池百合子接过了东京 2020 奥运会的会旗。今天的引用摘自《第五届奥林匹克运动会（1912 年，斯德哥尔摩）》一文，这是男爵的《奥林匹克回忆录》中的第十三章。

"盛大的终场演出落下了帷幕，紧接着就是散场。离别的时刻已经到了，当北方短暂的夏天即将结束，太阳的光芒变得更加偏斜的时候，最后一位访客满怀对斯堪的纳维亚朋友的感激之情，满怀对奥林匹克主义未来的希望离开了。"

11 月 20 日

据我所知，在我邀请不同体育项目的代表们碰面之前，他们从来没有为共同的目的聚在一起过……看到他们互相猜疑的眼神，我觉得很有趣。

在今天的全球体育界，似乎有无数的组织和会议将所有的体育管理机构聚集在一起，交流最佳做法，顺应时代潮流，讨论未来趋势。国内和国际各理事机构之间的合作也无疑是推动当今体育事业发展的核心因素之一。当然，在这个过程中也不乏势力之争，但总体而言，体育界的发展促进了合作产业的发展。虽然很少有人意识到这一点，但这也是皮埃尔·德·顾拜旦男爵留给我们的另一笔精神财富。在发起奥林匹克运动会的几年前，他就已经开始召集各种体育团体（先是在法国，然后扩展到全世界），开始为国内和国际比赛制定必需的竞赛规则和行为准则。这项工作是男爵为现代体育带来的重大变革的一部分。在他的《奥林匹克回忆录》的《巴黎大会与奥运会的复兴》一章中，他以幽默的口吻回顾了不同体育项目的代表们参加第一次全体会议时的情景。

"运动员中还存在着另一个误解，那就是不同体育项目之间无法进行合作。我们这一代人永远都无法理解当时的情况……19世纪时，运动员们坚信不同体育项目的实践方式天差地别，同时进行只会有害无益。如果击剑运动员练习拳击，他的技术就会退步。赛艇运动员的双手绝对不能握住单杠。至于当时的马术运动员，就连跑步或者踢足球的念头都会让他们感到厌恶……据我所知，在我邀请不同体育项目的代表们碰面之前，他们从来没有为共同的目的聚在一起过。看到他们互相猜疑的眼神，我觉得很有趣。"

11 月 21 日

当奥林匹克运动会在雅典复兴的那一刻……光环笼罩在了奥林匹克主义的头上，这象征着其创始人的抱负和他们所追求的命运。

从许多方面来看，1896年在雅典举办的第一届现代奥林匹克运动会对皮埃尔·德·顾拜旦男爵而言都是一次屈辱的经历。当时，他怀着期待抵达了雅典，本以为会获得荣誉，却被希腊主办方推到了一

月光照耀下的雅典卫城帕特农神庙（摄影者：史蒂夫·亚历山大）

边，不让他在庆祝活动中获得任何公开的荣誉或认可。尽管受到了这样的侮辱，他还是发表了六篇热情洋溢的报告，称赞这场奥运会及其成果。二十四年过去了，他仍然在歌颂雅典，因为他想确保他的运动在迈向未来的同时，也能继续沐浴在古今希腊的光辉中。这句话摘自《第七届奥林匹克运动会的贡献》，这是一篇关于1920年安特卫普奥运会的文章，发表在当年的《体育杂志》上。

"当奥林匹克运动会在雅典复兴的那一刻……这一制度在雅典卫城脚下接受了传统的洗礼，与辉煌的过去建立起了联系。这种洗礼必须在一个举世无双的地点进行。光环笼罩在了奥林匹克主义的头上，这象征着其创始人的抱负和他们所追求的命运。"

11 月 22 日

主动性、毅力、强度、对完美的追求和对潜在危险的蔑视。这五个理念是（体育运动中）必不可少的基本理念。

　　终其一生，皮埃尔·德·顾拜旦男爵都在努力理解体育运动的本质。他一直在寻找某种深刻的见解，以阐明让个人坚持参加体育运动、坚持参加体育比赛的动机。他对那些偶尔参赛的运动员有何习惯的感兴趣程度丝毫不亚于他对世界冠军的感兴趣程度。他试图定义究竟是什么内在特质使得一位运动员具备了超越其他运动员的能力。每当他稍有发现，他就试图去验证——而当他对自己的观察结果充满信心时，他就会将它们归类，然后传授给其他人。今天的引用便是一例。这句话摘自男爵于 1929 年在巴黎发表的长篇演讲《奥林匹亚》。
　　"因此，（体育运动中）有五个理念：主动性、毅力、强度、对完美的追求和对潜在危险的蔑视。这五个理念是必不可少的基本理念。"

11 月 23 日

仅从过去汲取灵感而不照搬是有可能的。在这一理想的秩序中，一切工作都还没有完成；但是前进的道路已经为我们做好了很多准备。

　　希腊主义的理想在古代奥林匹克运动会中发挥了作用，将单纯的体育节日变成了更广泛的文体庆祝活动，以一种原始的人文主义形式颂扬希腊人民的民族激情。皮埃尔·德·顾拜旦男爵在复兴奥运会时，既希望重现这种古老的精神，又希望 1896 年的奥运会能成为一场彻底现代化的奥运会。他清楚地知道，如果自己的现代奥林匹克运动以及它所体现的理想无法与当代世界建立关联，它生存下去的希望就十分渺茫。在一百二十年后的我们看来，他成功了。这段话摘自1908 年刊登在英国《双周评论》上的文章《我为什么复兴奥运会》。

"（在复兴奥林匹克主义的过程中）我们必须坚定不移地走现代化路线，而不是笨拙死板地复制。仅从过去汲取灵感而不照搬是有可能的。在这一理想的秩序中，一切工作都还没有完成；但是前进的道路已经为我们做好了很多准备。"

11 月 24 日

钟摆效应适用于一切事物。

历史辩证法认为，社会的发展是从一个极端到另一个极端的缓慢而不可阻挡的运动过程，这个无法改变的事实一直困扰着皮埃尔·德·顾拜旦男爵。无论是在童年时期还是成年之后，他都目睹过战争带来的创伤，他希望他的全球性体育运动能够促进各国之间的友

傅科摆，是一种用于证明地球自转的物理学装置，以其发明者法国物理学家莱昂·傅科的名字命名。
（摄影者：希尔瓦）

谊、理解与和平，并将世界引向和谐的中间地带——希腊人称之为"黄金中道"。他经常在自己的著作中强调运动员个人的平衡以及社会平等所产生的平衡。但作为一名现实主义者，他知道只要历史的钟摆还在来回摆动，他梦想中的乌托邦就极其难以实现。这段话出自他1929 年在巴黎发表的演讲《奥林匹亚》。

"适度和黄金中道是所有领域中的乌托邦。钟摆效应适用于一切事物。古代世界因为对奥林匹克主义太过痴迷而无法提供新的收获，就如同昨天的人们太过沉浸于禁欲主义的理想一样。如果不先摆脱这种桎梏，就无法敞开心扉，取得成果。"

11 月 25 日

至于一般的体育运动……我不知道它将会面临怎样的命运，但是……它呈现出了两个新特征，表现为一系列世俗化的转变。它是民主化的，也是国际化的。

皮埃尔·德·顾拜旦男爵第一次公开提议复兴奥运会时遭遇了惨败。部分原因是因为他于 1892 年 11 月 25 日在索邦大学发表的演讲时间过长。他的演讲游走于国际外交的杂谈与各国面临的危险之间，最后他才回归正题，提议将现代奥运会打造成一个全新的国际和平平台。而复兴奥林匹克运动会的建议是他在事后才提出的。但在演讲的最后一段，也就是今天引用的这段话中，他将奥运会和现代体育的理念放在了服务于日益增长的民主需求的背景下。虽然在那一晚，他的听众们并没有领会他的意图，但在一年八个月之后，同样是在索邦大学，台下的听众会为同样的概念起立鼓掌。这次的演讲更为短小精悍，听众们也是一群明白大势所趋的国际主义者。以下这段较长的文字摘自 1892 年那场演讲的结尾段落，演讲的题目是《现代世界的体育运动》。

"至于一般的体育运动……我不知道它会面临怎样的命运，但我希望提醒在场的诸位注意一个重要的事实，那就是它呈现出了两个新特征，表现为一系列世俗化的转变。它是民主化的、也是国际化的。第一个特征为它的未来保驾护航，让任何不民主的事物不再可行。第二个特征则为我们开创了意想不到的前景。有这么一些人，当他们跟你说战争有一天会消失时，你称他们为不切实际的乌托邦主义者，你并没有完全说错。但也有一些人相信战争会逐渐减少，我看不出这有什么不切实际。"

11 月 26 日

在协助无与伦比的战士们进行训练后，体育精神也能维持他们的热情，抚慰他们的痛苦。

第一次世界大战结束时，皮埃尔·德·顾拜旦男爵给他在国际奥委会的同事们写了一封信，部分目的是为了让他们做好准备，在饱受战争摧残的欧洲大陆上重燃奥林匹克运动的希望之火。他向他们解释了奥林匹克运动在战后世界能够和应该发挥什么作用，同时也想让他们知道，在这场血腥冲突期间，体育一直存在于部队中，以其强烈的熟悉感给予战士们抚慰和支持。这段引文体现了男爵对做出了巨大牺牲的"无与伦比的战士们"的同情与尊重，同时表达了他对体育在

第一次世界大战期间，英德士兵于圣诞节当天停战，并在两军战壕间进行了一场即兴足球比赛。这就是著名的"圣诞节休战"。

未来的和平年代中取得胜利的期望。

　　"在协助无与伦比的战士们进行训练后，体育精神也能维持他们的热情，抚慰他们的痛苦。他们踢足球，他们击剑，他们在前线边上打拳，在离前线很远的地方打拳，也在弥漫着悲伤气氛的俘虏营里打拳。公众舆论对此知情，并且表示赞赏。当之无愧的热情为体育教育的价值做出了担保，并宣告了体育的胜利。"

11 月 27 日

愿（下一届）奥运会能够推进复兴奥林匹克运动会这项事业的进展……能够赢得全世界越来越多青年的心，使奥运会更好地服务于国际和平与友谊事业。

当皮埃尔·德·顾拜旦男爵写下这句话时，他希望第一次在美国举行的这届 1904 年圣路易斯奥运会能够推动伟大事业的发展，使世界友好地团结在一起。尽管这句话写于 1901 年，但它是一个永恒的表达，适用于任何即将到来的奥林匹克节日。因此，在今天看来，这句于 1901 年首次出现在《奥林匹克评论》上的话也是针对 2020 年东京奥运会而言的，它无疑会将男爵的思想继续发扬光大，并以非同寻常的方式推动奥林匹克运动的发展。

"愿 1904 年奥运会能够推进复兴奥林匹克运动会这项事业的进展，能够赢得全世界越来越多青年的心，使奥运会更好地服务于国际和平与友谊事业。"

日本东京都政府及东京都议会所在地，东京都厅第一本厅舍建筑外悬挂着 2020 年东京奥运会的巨幅宣传画。
（摄影者：马可·维奇）

11 月 28 日

我会突然决定转行，是因为我想留名于一项伟大的教育改革。

1880 年，皮埃尔·德·顾拜旦男爵从圣伊尼亚斯耶稣会学院毕业，他手握文理学士学位，心中燃烧着为法国服务的渴望。当时，他心目中的英雄是拥有十年建国历史的第三共和国的领导人们——甘必大、费理和西蒙。但他还是遵从父母的引导，考入了圣西尔军校。这所伟大的法国军事学院曾经为他的哥哥们塑造了职业生涯。就在这一年，在总理茹费理的推动下，法国通过了第一部强制要求青少年接受公共教育的法律，男爵感受到了使命的召唤。对部队生活不满的他决定投身这项事业，将自己的全部时间与精力集中在帮助国家改革教育体制上。不久之后，他就开始推动将体育融入法国教育体系的工作，这一举措直接通向了他那场漫长的奥林匹克运动。下面这段话出自他最早的回忆录《一场二十一年的运动》的开篇，该书出版于 1908 年，副标题是《体育教育之战》。

"在我看来，新的变革、复兴或者其他的东西似乎都是毫无前途的权宜之计。但从我记事起，我就觉得只有一种有效的补救方法：那是一种经过调整和改造的教育模式，它能够产生集体性的冷静、智慧和深思熟虑的力量。我在圣西尔的学业已经进行到中途，我预见到未来将是一段漫长的和平时期，摆在我面前的是一成不变的部队生活。我会突然决定转行，是因为我想留名于一项伟大的教育改革。"

11 月 29 日

从那时起，我就发现了这个不可预见的秘密："体育教育学"，在学校体育的招牌下，隐藏着一套完整的德育计划。

1883 年，皮埃尔·德·顾拜旦男爵为调查英国的教育制度而第一次访问了英国。他曾经在少年时代阅读过《汤姆·布朗的求学时代》，其中描绘的英国教育制度给他留下了深刻的印象。在英国，皮埃尔·德·顾拜旦惊讶地发现许多印象都得到了证实。他的研究也证实了他多年来的预期：学校体育，也就是体育教育，有助于培养学生的品格，帮助他们为未来成为负责任的公民做好准备。今天的引文摘自他 1908 年出版的回忆录《一场二十一年的运动》，他在其中记下了对第一次访问英国大学的这段经历的反思。

"1875 年，《青年杂志》刊载了 J. 吉拉尔丁对英文名著《汤姆·布朗的求学时代》的翻译改编版本。所以多年前我曾读过这部作品。从那时起，我就发现了这个不可预见的秘密：'体育教育学'，在学校体育的招牌下，隐藏着一套完整的德育计划。"

TOM BROWN'S
SCHOOL DAYS

BY AN OLD BOY

With Illustrations by Arthur Hughes and Sydney Prior Hall

London

《汤姆·布朗的求学时代》扉页。摘自《奥林匹克主义——顾拜旦文选》。

11 月 30 日

体育运动逐渐走向国际化，激发着人们的兴趣，扩展着人们的活动范围。奥林匹克运动会的复兴因此具有了可能，不，应该说成为了必然结果。

  1896 年，雅典第一届现代奥运会即将落幕的时候，皮埃尔·德·顾拜旦男爵已经起草了绝大部分奥运会官方报告中他所负责的内容。男爵将奥运会放在了适当的历史背景下，并且承认，当他提出复兴奥运会的想法时，国际体育就已经呈现出了不断上升的趋势。今天的引文摘自《奥林匹克运动会：公元前 776 年至公元 1896 年》，这是男爵为 1896 年雅典奥运会官方报告所撰写的部分内容。若想对原文有更广泛的了解，请参考 11 月 12 日的评论。

  "体育运动逐渐走向国际化，激发着人们的兴趣，扩张着人们的活动范围。奥林匹克运动会的复兴因此具有了可能，不，应该说是成了必然结果。"

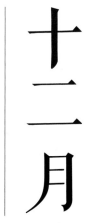

十二月

奥林匹克主义拒绝把体育教育塑造成纯粹生理学的东西……

它拒绝（将知识）划分成相互孤立的类别。

亚里士多德在体育馆中兴建起的吕克昂学园复原图。（摄影者：卡罗尔·拉达托）

12月1日

我呼吁重建古代的市立体育馆，让它们对所有人开放，不因观点、信仰或社会地位不同而有所区别。

1925 年，当皮埃尔·德·顾拜旦男爵在布拉格大会上发表从国际奥委会退休的演讲时，他明确表示自己要继续向社会各阶层传播体育和教育的益处。在接下来的几年里，他多次尝试以古希腊的模式建立可以在不同城市中复制的现代体育馆，让成年人——特别是工人阶级的成年人能够免费使用其中的体育器材和教育设施。然而，由于退休后他的可调度资源锐减，盟友们也渐行渐远，他的提议始终没有达到他所预期的效果，最终不了了之。在男爵的这则讯息中，最有意思的是他对平等主义的坚定承诺，这也是他在三十年的奥林匹克运动生涯中利用体育和教育打破阶级、文化和宗教壁垒的真实写照。这句话摘自男爵 1925 年在布拉格市政厅举行的奥林匹克代表大会开幕式上发表的讲话。

"我呼吁重建古代的市立体育馆，让它们对所有人开放，不因观点、信仰或社会地位不同而有所区别，并将它们置于城市的直接和唯一权威之下。这样，也只有这样，才能培养出健康而强壮的一代人。"

12月2日

恢复对体育运动的信仰不仅加强了公共健康建设，还提供了一种快乐的斯多葛主义思想，可以帮助个人应对日常生活中的跌宕起伏。

1936年，皮埃尔·德·顾拜旦男爵在《致奥林匹亚－柏林火炬手们的信》中强调了奥林匹克运动会的复兴给现代生活带来的好处。当谈到体育在社会中的作用时，他主张体育运动能够培养一种特殊的能力，帮助人们应对生活的不确定性带来的起起落落。在他的职业生涯中，他不断强调在体育运动中达到平衡状态的必要性，强调在两个极端之间找到中间地带是完善实践和提高成绩的方法。在他看来，找到这个中间点可以为个人和社区带来更广泛的社会效益。这段男爵写给火炬手的寄语于1936年刊登在《瑞士体育报》上。

"恢复对体育运动的信仰不仅加强了公共健康建设，还提供了一种快乐的斯多葛主义思想，可以帮助个人应对日常生活中的跌宕起伏。"

12月3日

奥林匹克主义拒绝把体育教育塑造成纯粹生理学的东西……它拒绝
（将知识）划分成相互孤立的类别。

　　当皮埃尔·德·顾拜旦男爵试图将所有体育项目纳入奥林匹克
运动的共同框架下时，他对体育和教育领域中呈现出的日益专业化的
趋势进行了抨击。当然，他是在努力将体育运动纳入各级教育体系
中。虽然他成功地维护了奥林匹克体育项目中的多样性，但他似乎并
没有意识或预见到高等教育，特别是科学技术领域的高等教育专业化
带来的益处。这段话摘自男爵 1918 年写给他的同事们的《奥林匹克
书信（3）：奥林匹克主义与教育》。在信中，男爵鼓励他的同事们
做好准备，待一战结束后，在他们各自国家的教育系统中更加大力地
推广体育教育。

　　"（在现代教育系统中，）受过教育的人最终会变得像简陋的马
赛克一样，一小块一小块地组成更大幅、粗糙而呆板的图画。这与体
系透明、轮廓清晰的希腊教育相比，是何等的堕落啊！奥林匹克主义
就是避免我们走上这条歧路的保障，我们不该试图掩盖这一事实。奥
林匹克主义拒绝把体育教育塑造成纯粹生理学的东西，拒绝把每一种
运动定义为独立的、互不相关的运动。它拒绝将我们头脑中的知识编
撰成目录，划分成相互孤立的类别。"

12 月 4 日

体育在工人阶级中的日益普及是奥林匹克主义存活下去的无可争辩的
保障。

20 世纪 30 年代初,皮埃尔·德·顾拜旦男爵的《奥林匹克回忆
录》写作接近尾声。他在回忆录的结尾预言道,奥林匹克运动和奥林
匹克主义哲学都将拥有健康的未来。在一篇预言性质的评注中,他指
出,无论世界各国之间的政治权力斗争如何发展,体育都将继续存在
下去。他宣称体育是所有男人、女人和儿童与生俱来的权利,没有任
何东西可以取代它。下面这段话出自男爵的《奥林匹克回忆录》的
最后一章《传奇》,字里行间满溢着男爵对其精神遗产存续下去的
希望。

"总之,体育在工人阶级中的日益普及是奥林匹克主义存活下
去的无可争辩的保障——无论两种完全对立的社会制度为争夺全宇宙

20 世纪早期的棒球队(摄影者:史蒂夫·贝克)

的权力而决斗的结果如何。它还意味着承认一个最近备受争议的重要事实，那就是体育运动不是一种奢侈的消遣，不是少数人的休闲活动，也不只是一种脑力劳动的体力补偿形式。体育为所有男人、女人和儿童提供了自我完善的机会。这与职业或生活中的地位无关。它是一种全人类平等享有的权利，没有任何东西可以取代它。"

12 月 5 日

（在加利福尼亚，）壮丽的大自然衬托着人们极致的努力……追求艺术与美的本能早已将他们引向了更伟大的命运。

1893 年，皮埃尔·德·顾拜旦男爵第二次前往美国，这一次他花了四个月时间周游全美。抵达纽约后，他前往芝加哥参加 1893 年的哥伦布纪念博览会，然后乘火车前往丹佛和旧金山，住在豪华的奥林匹克俱乐部里。回程时，他选择了一条南下的路线，途径德克萨斯和路易斯安那，然后在普林斯顿与杰出的同事威廉·米利根·斯隆一起度过了他在美国的最后三个星期。这位斯隆后来成为他在美国发起现代奥林匹克运动会时最重要的合作伙伴。将近四十年后，他满怀深情地用文字记录下了刚刚闭幕的 1932 年洛杉矶奥运会。正如下文所述，这届奥运会是他担任国际奥委会主席期间举办的最后一届奥运会。我们可以从他发表在《体育杂志》上的《奥林匹克主义的典范》一文中看出他对加州怀有深厚的感情。几年前，他与威廉·梅·加兰德成为密友，此人后来领导了 1932 年奥运会的组织工作。男爵曾经希望这届洛杉矶奥运会能够架设起一座通往亚洲的桥梁，协助奥林匹克主义"覆盖全球"。日本代表队在洛杉矶奥运会上获得了七枚金牌、七枚银牌和四枚铜牌，如此优秀的表现让男爵再次燃起了在亚洲举办奥运会的希望。五年后他去世时，东京正在为举行 1940 年奥运会做准备，这一愿景的实现似乎指日可待。当然，这届奥运会最终还是因为第二次世界大战爆发而被取消了。

"洛杉矶奥运会是我任职国际奥委会主席期间举办的最后一届奥运会，由我提议选址并进行投票，决定将奥运会主办权授予该城市。投票是我们于 1923 年会议期间在罗马的卡比托利欧山举行的。提前了九年！……现在，我作为国际奥委会主席的第三个十年任期即将结束，我希望以这样一种姿态强调我从一开始对奥林匹克主义的新形式抱有的期望：奥林匹克主义应该覆盖全球，不受某一地区偶然事件的影响，也不会被狭隘的民族主义左右。我的同事们也明白这种观点是多么宝贵……种种事件已经充分证实了我们的期望。尽管目前经济低迷，银行业正在经历意外的大规模危机，尽管新闻界出于私利发起了一场语气苦涩、意图不公的宣传活动，但第十届奥运会还是成为一场太平洋海岸边的光辉盛典。在那里，壮丽的大自然衬托着这个国家的人民极致的努力，他们追求艺术与美的本能早已将他们引向了更伟大的命运。啊，加利福尼亚，劳动、艺术与歌声的光荣之地！"

12 月 6 日

他们根本无法理解我的想法，无法解释奥林匹克主义这种已经被遗忘的东西，无法将它的灵魂、本质……从包裹着它的古老形式中分离出来。

1892 年 11 月 25 日，皮埃尔·德·顾拜旦男爵复兴奥林匹克运动会的第一次尝试以惨败告终。三十六年后，他在《奥林匹克回忆录》的开篇以幽默的口吻回忆起了这段经历，但当时的那一刻一定是十分屈辱的。当晚，他精心策划了一场庆祝体育协会联盟成立五周年的活动，将大约两千人聚集在了索邦大学的大礼堂里，其中大部分是学生，但也有不少法国知名人士。在活动结束之际，男爵请求他们协助自己复兴奥运会。虽然他们都在鼓掌，但除了口头上的支持外，他们并没有向男爵提供任何帮助。尽管观众反应冷淡，但男爵如同一名优秀的运动员一样，并没有因此气馁或受挫太久。十七个月后，他再次回到了这座竞技场上。这一次，他遇到了更多怀着跟他相同的奥林匹克志趣的观众，并成功地踏上了以现代形式复兴古代奥运会的伟大征途。

"每个人都在鼓掌，每个人都在表示赞同，每个人都在祝我一切顺利，但没有人真正理解。他们满怀善意，却并不理解我的意思。他们根本无法理解我的想法，无法解释奥林匹克主义这种已经被遗忘的东西，无法将它的灵魂、本质和原则从包裹着它的古老形式中分离出来。这种古老的形式在过去的一千五百年中，已经被人们遗忘了。"

12 月 7 日

在那个年代，最困难的事莫过于说服观众走进体育场观看体育赛事了。很少有人对这类集会感兴趣……

我的天啊，时代真是变了。今天的我们几乎无法理解 19 世纪末

2012 年伦敦夏季奥运会开幕式焰火表演（摄影者：马特·迪根）

法国人对体育的轻视。当皮埃尔·德·顾拜旦男爵发起将体育教育引入法国教育体系的运动时，他面临着根深蒂固的反对力量和公众的冷漠对待。当然，男爵预见到了体育的未来，并通过奥林匹克运动会这一平台在现代世界为体育找到了立足点。即便如此，他也一定会对体育在当今世界的影响范围之广和影响程度之深感到惊讶。这两句引文出自《第二届奥林匹克运动会：1900 年的巴黎》，是顾拜旦的《奥林匹克回忆录》中的一章。

"试想一下三十年前（1870 年）的状况吧。在那个年代，最困难的事莫过于说服观众走进体育场观看体育赛事了。很少有人对这类集会感兴趣……根据一位大学教授的说法，当时的人们只把体育当作一种'消遣'，认为不该对它抱有其他的期待。公众舆论也是这一套。"

坐落于比利时波佩林赫，靠近伊普尔的九榆树军事公墓。（图源：pellethepoet）

12 月 8 日

……那么多为了享受体育运动的乐趣而生的年轻生命……牺牲在了末日审判的祭坛上……

这是我们今年所引用的语录中最悲伤的一句，颇具讽刺意味的是，这句话摘自一段本该充满喜悦之情的文字，因为它创作于 1924 年巴黎奥运会期间。6 月 23 日晚，皮埃尔·德·顾拜旦男爵和国际奥委会的同事们聚集在索邦大学参加奥运会复兴三十周年庆祝活动。当他们欢迎新任法国总统加斯东·杜梅格时，男爵的思绪飘向了十年前"人难前夕"的那场类似的庆祝活动。他不禁反思第一次世界大战造成的生命损失，尤其是那些逝去的年轻生命。当然，他也知道自己即将在下一年退休，因此巴黎奥运会也将是他主持的最后一届奥运会。

"当我和我的同事们欢迎国家元首时，我的脑海中涌现出许多想法，首先是对1914年6月大难前夕那场庆祝仪式的记忆。在这漫长的四年中，那么多为了享受体育运动的乐趣而生的年轻生命，牺牲在了末日审判的祭坛上。"

12月9日

奥林匹克主义只是我毕生事业的一部分，实际上，差不多是一半左右。

1935年，当皮埃尔·德·顾拜旦男爵坐下来撰写回忆录的第五卷，也就是最后一卷时，他决定将其命名为《未完成的交响曲》。虽然在他的一生中，奥林匹克运动会方面的工作为他带来了一定的名望，但他觉得教育改革方面的工作也同样重要，而且远远不够完善和

时年四十岁的男爵坐在他的办公桌前。照片摘自《奥林匹克主义——顾拜旦文选》。

成功。因此，他打算用《未完成的交响曲》来概述教育改革中尚待完成的工作。不幸而具有讽刺意味的是，他的回忆录第五卷只有引言部分保留至今，今天的引文就出自此。

"但奥林匹克主义只是我毕生事业的一部分，实际上，差不多是一半左右。因此，我的教育'交响曲'包括完整的一部分和尚未完成的另一部分。自然而然地，我将在接下来的篇幅中论述后者。"

12 月 10 日

在一百个接受了体育教育的人里，有五十人会去参加体育运动。在参加体育运动的五十个人里，二十人会有专攻的项目。在专攻某项目的二十个人里，有五个人会表现出惊人的功力。

虽然在 19 世纪末，人们还没有开始使用"榜样"这个词，但皮埃尔·德·顾拜旦男爵显然已经意识到杰出的运动员可以激励大众，还可以推动体育在世界各地的普及。通过构建这个倒金字塔，男爵阐述了这样一个观点：许多人会从少数人身上汲取灵感，许多人之所以会尝试运动，是因为有少数人擅长运动。这一非凡的发现在今天常常被表述为在成千上万的基层运动员中才能产生一名奥运冠军。在奥运界，众所周知的是，塞巴斯蒂安·科和 2012 年伦敦奥运会申办团队在新加坡的最后陈述中引用了这一表述，并第三次赢得了奥运会的主办权。这段话摘自顾拜旦《奥林匹克回忆录》的最后一章《传奇》。

"在一百个接受了体育教育的人里，有五十人会去参加体育运动。在参加体育运动的五十个人里，二十人会有专攻的项目。在专攻

2005 年，时任伦敦奥林匹克申办委员会主席的塞巴斯蒂安·科在新加坡莱佛士城会议中心举行的国际奥委会第 117 次会议上进行陈述。

某项目的二十个人里，有五个人会表现出惊人的功力。这是放之四海而皆准的基本真理。一切事物都与其他事物紧密联系在一起。因此，体育纪录不可避免地站在了体育大厦的顶点，这就像是法国作家丹纳将牛顿定律称为'永恒公理'一样。你不能指望在不造成任何破坏的情况下将它移除。"

12 月 11 日

现在，体育协会应该以身作则，驱散他们当中的谎言和虚伪，重建对荣誉和真诚的信仰。

有时，皮埃尔·德·顾拜旦男爵留下的讯息颇具即时性，与我们所生活的时代息息相关。在如今的体育界，许多大型机构都面临着各种谎言和虚伪行为导致的腐败危机。男爵的信息很明确：改革的时候到了。就是现在。每个体育组织都有责任将害群之马赶出圈子，重新树立它们赖以生存的荣誉和诚信原则。这是他于 1925 年 5 月准备退休时，在布拉格向国际奥委会发表的演讲的一部分。虽然他的警告基于"对金钱的迷恋"带来的威胁，但它涵盖了所有形式的谎言和虚伪行为。他还预言，若不进行改革，前路上只会遇到更多麻烦。

"对金钱的迷恋可能会导致一个社会腐烂至骨髓，而体育运动就是在这样一个社会中发展起来的。现在，体育协会应该以身作则，驱散他们当中的谎言和虚伪，重建对荣誉和真诚的信仰。"

12 月 12 日

全民体育是我们必须全力以赴的新目标，这个目标绝不是什么不切实际的空想。

第一次世界大战结束时，皮埃尔·德·顾拜旦男爵在《致国际奥林匹克委员会成员的信》中简要总结了委员会的历史功绩："我们都知道，前五届现代奥林匹克运动会一届比一届出色。"随后他话锋一转，提出了一系列新的目标："我们必须将注意力集中在未来。"对男爵来说，这意味着把体育推向所有未享受到体育福利的人们，特别是工人阶级和穷人的孩子。他认为在战争的余波中，奥林匹克运动的使命必须扩展到足以覆盖所有的社会成员。

"为了使中产阶级下层的青年们习惯于（体育的）乐趣，我们的委员会比任何人都要努力。现在，我们必须让无产阶级的青少年也充分参与到体育运动中来。全民体育是我们必须全力以赴的新目标，这个目标绝不是什么不切实际的空想。"

12 月 13 日

在洛桑自豪而独立的氛围中，奥林匹克主义将会找到它必须享有的自由的保障，以便向前发展。

1914 年，第一次世界大战爆发时，皮埃尔·德·顾拜旦男爵计划将国际奥委会总部从当时正处于冲突之中的法国迁往中立的瑞士。1913 年，他在洛桑主持召开了一次奥林匹克代表大会，他知道这座城市将在未来为奥林匹克运动提供一处理想的活动中心。1915 年 4 月 10 日，顾拜旦与瑞士国际奥委会成员戈德弗洛伊·德·布隆奈会见了洛桑市长保罗·梅勒弗教授，并签署了将洛桑作为奥林匹克运动永久总部的协议。档案馆和奥林匹克博物馆的建立由 1913 年奥林匹克代表大会组委会成员负责。下面这段引文摘自男爵在协议签署仪式上的讲话。今天，为了实现男爵的希望和梦想，洛桑这座充满魅力的世界奥林匹克之都仍然在高效运行着。

"在洛桑自豪而独立的氛围中，奥林匹克主义将会找到它必须享有的自由的保障，以便向前发展。先生们，请接受我们衷心的谢意，感谢洛桑这座崇高而杰出的城市向国际奥委会敞开大门。我以

国际奥委会的名义宣布，从今往后，国际奥委会将在这里落户并设
立总部。"

12 月 14 日

杜梅格总统只在爱丽舍宫待了一个星期……就驱车前往索邦大学，
参加奥林匹克运动会复兴三十周年的庆祝活动。

在 1924 年 6 月 23 日这一天，皮埃尔·德·顾拜旦男爵与他的祖
国法国的关系发展到了最高点。在这一天，他与新当选的总统加斯
东·杜梅格一起走过索邦大学的荣誉法庭，庆祝奥林匹克运动会创立
三十周年。虽然男爵在 19 世纪 20 年代的法国教育改革中和 1894 年
创立现代奥运会的早期实践中结识了一群得力的盟友，但他也不断
地遭遇反对势力和彻头彻尾的敌人。在国际奥委会将 1924 年奥运会
的主办权授予巴黎之前，男爵在法国的反对者们曾向国际联盟施压，
企图让他们接管国际奥委会。许多年过去，当男爵满七十岁的时候，
他注意到除了法国，其他地方都发来了贺电。1936 年柏林奥运会后，
男爵与法国的关系降至冰点，当时的法国媒体纷纷发声，称奥林匹克
主义已经名存实亡，男爵则是在被迫为他的运动和德国东道主辩护。
1937 年他去世后，他的同胞们才逐渐认识到他的伟大之处。从 20 世
纪 60 年代开始，许多人都试图为他正名。鉴于 2024 年奥林匹克运动
会即将在巴黎举办，人们或许是希望法国能以新的方式强调这位土生
土长的法国之子的奥运成就，帮助他获得应得的追认。这段话摘自男
爵的《奥林匹克回忆录》第二十一章《第八届奥林匹克运动会：1924
年，巴黎》。

"杜梅格总统只在爱丽舍宫待了一个星期，就在护卫队的陪同下驱车前往索邦大学，参加奥林匹克运动会复兴三十周年的庆祝活动。他被授予了一个装有两枚奖牌的箱子。其中一枚奖牌是三十年前铸造的，上面刻着'1894 年 6 月 23 日，巴黎国际大会宣布复兴奥林匹克运动会'；旁边还有一枚设计相同的奖牌，上面刻着'1924 年 6 月 23 日，各国在此相聚，庆祝奥林匹克主义复兴三十周年'。"

12 月 15 日

在比赛中通过歪曲事实获得的成功根本不算数。这就像是以摄取毒物的方式吃饭一样。

在当今的国际体育界，围绕兴奋剂展开的谎言和作弊事件层出不穷。有趣的是，皮埃尔·德·顾拜旦男爵也曾将作弊与"摄取毒物"画上等号。医学中大量证据表明能够提高成绩的药物具有危害，这句话因此显得颇具先见之明。今天的引文摘自 1928 年 11 月男爵对国际体育教育局发表的演讲，题为《体育活动的教育用途》。正如他毕生所做的那样，他再次倡导在运动员之间建立一套类似于中世纪骑士典则的荣誉准则，以确保体育的诚信和竞争的公平。对男爵来说，个人品德远比胜利更重要。

"在比赛中通过歪曲事实获得的成功根本不算数。这就像是以摄取毒物的方式吃饭一样。失败并非不幸的事，没有尝试过才是。"

位于巴黎市区塞纳河北岸的巴黎市政厅全景图。巴黎市政厅是法国一座著名的文艺复兴时期风格的建筑。这里数百年来一直是巴黎市政府的办公地点，也见证过许多重大历史事件。

12 月 16 日

体育已经变得完全国际化了，因此我们能够抱有信念，相信这项运动不会停下脚步，毕竟，如果它在某一时刻被削弱，就会在另一时刻重新振作。

　　国际奥委会主席的一生充满了责任，在奥运会期间更是如此。在巴黎，1924 年 6 月 24 日，也就是皮埃尔·德·顾拜旦男爵与法国总统一起在满座的索邦大学礼堂里参加现代奥运会创立三十周年纪念活动的第二天，他又在巴黎市政厅向巴黎市长、塞纳省省长和法兰西岛的各位官员发表了演讲。在这场简短的讲话中，他让听众们感受到了奥林匹克运动的力量和在当时的影响，并宣称它具有能够让它经受住任何考验的生命力。在结束发言时，他表示很高兴在他出生的城市庆祝第八届奥林匹克运动会。

　　"体育的海洋似乎有它自己的潮起潮落，就像真正的海洋一样。

体育互助主义（如果我可以使用这种说法的话）正处于其事业的起步阶段，要控制这种潮流，我们任重而道远。在这方面，现代世界比古代世界更具优势，因为体育已经变得完全国际化了，因此我们能够抱有信念，相信这项运动不会停下脚步，毕竟，如果它在某一时刻被削弱，就会在另一时刻重新振作。

总统先生和省长先生，我要再次以我的同事们的名义表示感谢。能够在这座灿烂辉煌的市政厅里向你们表达国际奥林匹克委员会的敬意，我们感到很高兴，也很荣幸。我要暂时忘记巴黎是我的故乡，确信我是在遵从来自其他国家的同事们的深切愿望，请允许我高呼'巴黎万岁！'"

12 月 17 日

对一个国家来说，举办第十二届奥林匹克运动会将是有史以来最伟大的任务……将希腊主义这一古代欧洲最珍贵的文明与精致的亚洲文化艺术相结合。

这是皮埃尔·德·顾拜旦男爵笔下的最后一则信息，写于 1937 年 7 月 29 日。三十四天后，男爵便与世长辞。这是他为 1940 年东京奥运会的宣传册撰写的稿件，当然，这届奥运会后来因为第二次世界大战爆发而被取消了。然而，当男爵在展望他再也没有机会看到的未来时，他依然十分乐观。他相信，只要奥林匹克主义传播到亚洲，它就能以全新的方式把世界联系在一起。然而事实并未如他所愿。他这个通过奥运联姻两大文明的愿望几乎在第二次中日战争中化为泡

THE LAST MESSAGE OF BARON DE COUBERTIN

"The task of celebrating the XIIth Olympic Games will be the greatest ever given to a country, for it does not mean merely to pursue the Olympic Torch through the universe and to unite the whole of Asia with the modern Olympism in a most cordial manner, but also to combine Hellenism, the most precious civilization of ancient Europe, with the refined culture and art of Asia."

"It is a most enjoyable thought to me to be able to promote the rapprochement of world interest."

Geneva, 29, July, 1937

皮埃尔·德·顾拜旦男爵发表的最后一则信息，摘自《奥林匹克主义——顾拜旦文选》。

影。[1]这场战争始于北京城外的一起小冲突，并在男爵写下这条信息的时候愈演愈烈。下图摘自《奥林匹克主义，皮埃尔·德·顾拜旦著作选》。

皮埃尔·德··顾拜旦男爵的最后一则信息

对一个国家来说，举办第十二届奥林匹克运动会将是有史以来最伟大的任务，因为它不仅意味着将奥运火炬传递到世界的另一端，将整个亚洲以最热忱的方式团结在一起，也意味着将希腊主义这一古代欧洲最珍贵的文明与精致的亚洲文化艺术相结合。

对我来说，能够在世界各国间发展友好合作关系是最令人愉快的想法。

皮埃尔·德·顾拜旦

1937 年 7 月 29 日于日内瓦

---

① 注："第二次中日战争"为抗日战争的国际通称。"第一次中日战争"则指甲午战争。

12 月 18 日

参与拼搏的荣耀和（在奥运会上）获胜的希望……与一个人的聪明才智能够创造出的任何成果同等重要。

1894 年 11 月，距离第一届奥林匹克运动会在希腊首都雅典开幕还有两年的时间，就在此时，奥运会陷入了深深的困境。首相特里库皮斯和他的政府将主办奥运会这一荣誉拒之门外。皮埃尔·德·顾拜旦男爵只得放下手头的一切工作（包括他自己的婚礼的筹备工作）从巴黎赶往雅典，试图拯救五个月前刚刚复兴的奥运会。他考察了场馆，制定了合理的预算，恳请王室接管奥运会的筹备工作。他会见了首相，发表了一系列演讲，并开展了一场旨在动员公众的公关活动。当他离开时，希望重新燃起，康斯坦丁王储已经在着手组建新的组委会。这句引言体现了男爵的信心，他相信世界各地的运动员们一定会响应参加第一届现代奥运会这一荣誉的号召。这句话摘自当月刊登在《雅典信使报》上的题为《新奥林匹克主义：对雅典人民的呼吁》的演讲稿。

"在雅典卫城脚下，参与拼搏的荣耀和获胜的希望；还有见证这种纯净气氛时、远眺因自然和历史底蕴而更加宏伟的地平线时的喜悦之情；遥望平原和山谷，被掩埋的城市静待科学将其中的秘密发掘。相信我，所有这一切，都与一个人的聪明才智能够创造出的任何成果同等重要。伟大的庆典即将在雅典拉开帷幕。"

皮埃尔·德·顾拜旦男爵在他的个人图书馆里阅读，身旁是他的女儿兼助手蕾妮。照片摘自《奥林匹克主义——顾拜旦文选》，原件现由顾拜旦男爵的侄孙、男爵爵位继承人若伏瓦·德·纳瓦赛勒·德·顾拜旦收藏。

12 月 19 日

在我的一生中，普遍史……不仅是终年不竭的灵感之泉，在我悲伤和痛苦的时候也是真正的慰藉之源。

　　对皮埃尔·德·顾拜旦男爵来说，研究历史是他毕生的热情所在。从他的著作中，我们能够感受到他对历史的沉醉。他对过去有着敏锐的洞察力，并针对如何将文明进步在跨文化层面上传授给各大洲发展出了一套自己的教育理论。复兴奥运会或许是他痴迷于往昔的终极表现。他相信古希腊人的希腊主义思想能够为现代世界带来很多启示，而奥运会则可以作为传播这些古老教训的教育平台。在六十四岁那年，他出版了四卷本的《世界普遍史》，这套书从许多方面来说都可谓是他毕生研究成果的结晶。这句引义摘自男爵写于 1936 年的《未完成的交响曲》，其中清楚地表明，在他人生中那段艰难的时光里，历史就是他的庇护所。通过与过去的深层交流，他在年老和贫困的磨难中找到了一丝慰藉。

"在我的一生中，我从学生时代就一直非常喜欢的普遍史始终与我所有的看法和思考紧密相连。我一直觉得，如果一个人想从整体上理解集体生活，就不能忽视普遍史。① 对我来说，它不仅是终年不竭的灵感之泉，在我悲伤和痛苦的时候也是真正的慰藉之源。"

12 月 20 日

是时候建立一种更加符合当今需求的教育结构了。

在法国开展教育改革将近四十年后，皮埃尔·德·顾拜旦男爵仍然对他的举措所带来的变化不满意。1925 年 5 月，当他在布拉格走上讲台，准备对国际奥委会发表退休演说时，他想提醒他的同事们，摆在他们面前的工作仍未完成。他创办现代奥林匹克运动会的目的之一就是普及体育运动，以促进他心目中的伟大教育改革在法国、欧洲以及世界范围内的发展。他向同事们表明他将把余下的精力集中在建立"一种更加符合当今需要的教育结构"上。这意味着学校系统和教室要向全社会各个阶层和各个年龄段的人们敞开大门。显然，他希望国际奥委会和奥林匹克运动能够继续高举教育改革的旗帜——然而，随着体育运动的需求和知名度不断上升，奥林匹克运动的资源都

---

① 普遍史（Universal History）是一种史学文类，也是西方史学中的一个重要传统。它旨在将全人类的历史作为一个整体、连贯的单位进行呈现，通常从人类的起源开始，到当时人类所处的时代结束，具有十分明显的线性结构。

被体育运动消耗殆尽，男爵的这一愿景也从未实现。

"欧洲的文化丰富多彩，有着悠久的历史积淀，但引导特权阶层的人们穿越其中的线索已经不复存在，而非特权阶层根本无从接触。是时候建立一种更加符合当今需求的教育结构了。"

12 月 21 日

让我们团结在这个神圣的球型领域周围，维持它，保护它吧，因为世界仍然需要它。

皮埃尔·德·顾拜旦男爵在 1927 年发表的一场演讲中说出的这一席话绝非空谈，它们以一种高明的方式应用在他毕生的工作中，也体现在现代奥林匹克运动会为我们的世界带来的五环希望领域中。他在雅典学院发表的这场演讲题为《历史研究的转变和传播：它们的特

2008 年北京奥运会开幕式上的空中圆球。照片由北京奥委会提供。

点和结果》。当然，男爵正是基于自己对历史的研究，结合了对当前趋势的观察，才产生了复兴奥运会的想法。回望 21 世纪，把奥运会比作一个希望之球的理念已经被多次以戏剧化的象征手法描绘出来，2008 年北京奥运会开幕式上的这件作品便是一例。

在此引用欧多西亚的话："'毕达哥拉斯相信球体是最完美的形状。可以说，希腊主义就是以球状路线发展的，仿佛同心波一样，同时向所有的水平线发展，而且总是伴随着相同的动量、度量、知识和直觉的组合节奏'……先生们，让我们团结在这个神圣的球型领域周围，维持它、保护它吧，因为世界仍然需要它。"

12 月 22 日

为了进步和人类的尊严，我们应该将身心合一的瞬间永远定格。

1936 年，在德国奥运会开幕前几个月，皮埃尔·德·顾拜旦男爵应邀向现代第一批火炬手寄出了一封《致奥林匹亚－柏林火炬手们的信》。其中传达的部分信息是呼吁 "聚集在柏林的青年们" 继承他的事业，将他已经开始的工作完成。男爵相信，随着奥运会不断将他的精神遗产发扬光大，体育运动将在各国之间架起和平与友谊的桥梁，而精英竞赛的荣誉也将促进人类进步，更好地维护人类的尊严。这段致辞刊登在了当时的《瑞士体育报》上。

"我谨代表自己，请聚集在柏林的青年们接受我的遗产，继承我的事业，将我已经开始的工作完成。由于普遍的例行公事和单调乏味的内容，我无法将这项任务彻底完成。为了进步和人类的尊严，我们应该将身心合一的瞬间永远定格。"

12 月 23 日

奥林匹亚代表着某种在它消亡之后仍然存在的东西，现在它再一次活了过来，并将在历史长河中不断重生。

1929 年 3 月 6 日，皮埃尔·德·顾拜旦男爵在巴黎发表了一场长篇演讲，在演讲中，他谈到了古奥林匹亚不朽的精神和它给现代世界带来的变革力量。男爵对他的奥林匹克运动展现出了十分的自信，他相信这场运动能够长期存在于未来，并战胜一切企图抑制它的力量。

"奥林匹亚代表着某种在它消亡之后仍然存在的东西，现在它再一次活了过来，并将在历史长河中不断重生，时而被我们的天性激

古奥林匹亚遗迹。

起，时而被我们的天性抑制。我们的天性是被平衡牵引着的，这种平衡状态是我们可以达到却无法维持的。"

12 月 24 日

愿欢乐和友谊盛行于世，愿奥林匹克火炬能以这种方式，为了更加热情、更加勇敢、更加纯净的人类福祉千古流芳。

　　正如这一席话所表明的那样，在 1920 年安特卫普奥林匹克运动会的闭幕式上，人们的心中一定充满了希望。这届奥运会是在第一次世界大战结束后仅十八个月举行的。对皮埃尔·德·顾拜旦男爵来说，世界能在毁灭性冲突后再次聚到一起，就是他通过体育实现友谊与和平的梦想足够顽强的绝佳证明：即使遭遇再艰难的挑战，它也一定能存活下来。在这届奥运会上，现代奥林匹克主义的最伟大的象征——奥林匹克旗帜首次迎风飘扬。有趣的是，男爵在这段话中还使用了奥林匹克火炬的标志性形象——这比火炬接力的发明早了十六年多。这段话摘自男爵在奥运会后为瑞士杂志《协和》撰写的一篇关于安特卫普的文章。值此佳节之际，这似乎是一段合适的祝酒词。

　　"愿欢乐和友谊盛行于世，愿奥林匹克火炬能以这种方式，为了更加热情、更加勇敢、更加纯净的人类福祉千古流芳。诚心所愿！阿门。然后……号角鸣响，炮声轰鸣，奥林匹克旗帜缓缓降下，一曲由一千二百名声乐家和器乐演奏家演唱或演奏的清唱套曲[①]响起，这

---

　　① 清唱套曲，音译为"康塔塔"，是一种包括独唱、重唱和合唱的声乐套曲，一般包含多个乐章，往往有管弦乐伴奏。

是深受安特卫普人民爱戴的著名作曲家彼得·伯努瓦的作品。1920年奥运会就这样在鲁本斯之城落下了帷幕。"①

12月25日

和古代体育运动一样，现代体育运动也是一门宗教，一种信仰，一项充满激情的精神运动，它的范围囊括了从游戏到英雄主义之间的一切。

皮埃尔·德·顾拜旦男爵喜欢把奥林匹克运动会和现代体育运动定义为一种具有新宗教特征的运动——体育场是圣殿，观众像会众一样聚集。这个类比可以轻易通过奥运会的仪式和符号延伸。当然，奥林匹克主义是一门生活哲学，与其说是神学，不如说是一门人文主义学科。它是希腊主义的一种现代表达方式，旨在促进人类的身体、智力、情感的全面发展，从而在今生创造幸福和平衡。1929年3月，男爵在巴黎发表了一篇题为《奥林匹亚》的长篇演讲。在演讲中，男爵再次描述了现代体育运动和宗教的相似之处，以回应那些将奥林匹克运动斥为"毫无价值的游戏"的批评者们。他还声称，奥运会上的精英运动员形成了一个对社会有益的理想主义者小圈子。

"和古代体育运动一样，现代体育运动也是一门宗教，一种信仰，一项充满激情的精神运动，它的范围囊括了从游戏到英雄主义之

---

① 安特卫普是巴洛克艺术大师鲁本斯的故乡，城市中处处可见鲁本斯的痕迹。城市中的许多巴洛克建筑都出自鲁本斯的手笔，鲁本斯本人的故居也是著名的观光景点。

间的一切。设想一下这条基本原则吧，然后你们就会发现，今天你们所批判和指责的那些行为过激的运动员都是散发着能量的精英。他们比那些声称坚持简单的体育教育能够保障未来的人更具有理想主义精神（因此，公众也更需要他们）。"

12 月 26 日

我深信，如果不先进行教育改革，就无法实现政治和社会稳定。

尽管皮埃尔·德·顾拜旦男爵的奥林匹克运动会取得了全面的成功，但他依然坚持不懈地提醒人们，他这一生最初的也是最重要的使命是教育改革。他举办奥运会的初衷是促进体育运动的普及，以巩固他在法国学校系统中推行的体育教育改革。虽然他的教育改革举措未曾获得过对等的成就，但他坚持认为教育改革是建设一个更加美好的世界的关键所在。这段话出自男爵的《致奥林匹亚－柏林火炬手们的信》，这封信于 1936 年发表在《瑞士体育报》上。

"对我来说，距离 1886 年的那一天已经过去了五十年。那一天，我抛开了所有个人的顾虑，发誓将用我毕生的工作为教育改革铺平道路。我深信，从现在起，如果不先进行教育改革，就无法实现政治和社会稳定……我知道我已经完成了我的使命，但还没有全部完成。"

12 月 27 日

未来属于那些敢于率先改变教育青年方式的人……掌握和主宰命运的是青年，而不是孩子。

　　如果我们把皮埃尔·德·顾拜旦男爵为 1936 年柏林奥运会所写的各种信息收集在一起阅读，就会发现他敏锐地意识到了围绕纳粹东道主展开的政治争议。虽然他不愿批评奥运会幕后的组织工作，也在德国东道主受到抵制时为他们辩护过，还在奥运会结束后表达了礼节性的感谢，但他的信息中始终包含着与希特勒的雅利安哲学相悖的奥林匹克主义原则。在本日语录的出处《致奥林匹亚－柏林火炬手们的信》中，我们能读到这样的观点：正确的教育方式，也就是未来的教育方式将产生"一种适应时代的、充满活力的、有意为之的和

1936 年 8 月 1 日，柏林奥运会的奥运火炬接力仪式现场。（图源：乔·豪普特）

平……"在开幕式上,男爵的声音在扩音器中响起,宣告了他最广为人知的一句名言:"奥运会上重要的不是胜利,而是参与;人生中重要的不是凯旋,而是奋斗。"鉴于围绕纳粹展开的种种争议,我们可以将这句话解读为让全世界克服对政治的本能抗拒,参与到奥林匹克运动中的呼吁,也可以解读为向纳粹团队传达的这样一条信息:不惜一切代价取胜是对奥林匹克精神的曲解。在闭幕式上,他反对种族主义和反对仇恨的态度也是十分明确的。"历史的选择和斗争将会继续下去,但逐渐的理解将取代可怕的无知,相互理解将平息冲动的仇恨。这样,我半个世纪以来的努力成果就会得到巩固。"总而言之,虽然男爵拒绝否定或批评 1936 年奥运会或其东道主,但他显然希望他的友谊与和平的理念能够取得胜利,而这套理念要在未来取得胜利,就必须从教育改革这一平台开始。

"未来属于那些敢于率先改变教育青年方式的人……掌握和主宰命运的是青年,而不是孩子。这将带来一种蓬勃发展的有意识的和平,以适应一个充满运动精神,雄心壮志的时代。"

12 月 28 日

奥林匹克主义是一种心境,它源于努力与和谐平衡的双重学说。

当一名运动员达到完美的平衡状态时,当所有身体素质和精神品质协调一致地工作时,在那金色的闪光中,在那转瞬即逝的辉煌时刻,奥林匹克主义就显现出来了。皮埃尔·德·顾拜旦男爵将奥林匹克主义定义为一种生活哲学,它旨在培养人类的优秀品质,促进相互尊重，在竞争对手间建立友谊，让国家之间和平相处，但他也将其描述为一种心境、一种存在方式。顾拜旦的奥林匹克主义以古代希腊主义准则为蓝本，主张"追求今生的幸福和平衡"，试图创造一种居于过度掌控和轻松把握之间的黄金中道。用当今流行的话说，可以称之为"正念"，因为奥林匹克主义主张活在当下，意识到此时此刻的即时性。1918 年，当第一次世界大战还在外面肆虐时，男爵在《奥林匹克书信（4）：奥林匹克主义是一种心境》一文中对奥林匹克主义的内在本质进行了反思。我们曾在 2 月 9 日讨论过这封信件中更为人熟知的引述，在此提及，以供参考。

"奥林匹克主义是一种心境，它源于两种学说：努力的学说，以及律动（协调的运动）的学说。请注意这两种元素之间的联系，过度的滋味和恰到好处的措施的滋味，都与人类的本性相符合。"

12 月 29 日

最让我担心的是我的工作会后继无人。

就像每一位伟大的创业者一样，皮埃尔·德·顾拜旦男爵希望他的遗产能在他去世后长久地延续下去。一方面，他对此充满信心。他经常表示现代奥林匹克主义已经成为历史的一部分，它的发展是一种势不可挡的趋势。另一方面，他又很担心他的运动可能会被迫终止。男爵的这种疑虑很可能来自围绕 1936 年柏林奥运会展开的争议。他在那一年写下了《奥林匹克回忆录》的最后一卷《未完成的交响曲》，并在其中表达了自己的些许担忧。当然，现在看来，他的担忧是没有必要的，因为有能力的领导人早已挺身而出。随后，第二次世界大战结束，世界各国都团结起来支持男爵的事业，为奥林匹克运动会注入了坚韧的生命力，将男爵的遗产变成了我们这个时代最成功的国际运动。

"最让我担心的是我的工作会后继无人。"

12 月 30 日

年轻人喜欢被告知关于未来的事情……未来的社会将是利他主义的，否则便会一无是处；我们要在这一点和混乱之间做出选择。

在皮埃尔·德·顾拜旦男爵的一生中，他既是一位敏锐的历史观察者，也是一位无所畏惧的预言家。在他五十年的体育和教育生涯中，他对年轻人的心理产生了浓厚的兴趣，因此他不断探索如何启发和鼓舞他们树立更高的目标，以充分发挥他们的潜能。1932 年，当他年满七十岁的时候，他的朋友们在洛桑大学为他举办了一场庆祝活动，他在活动上的讲话反映了他一生的志趣。那是一个充满不确定性的时代，大萧条刚刚开始。数百万人陷入贫困。日常生活中的困难与日俱增。政治动荡在整片欧洲大陆愈演愈烈。男爵知道年轻人对未来十分关心，充满担忧，所以他做出了这样的预测。他要传达的基本信息很简单：如果利他主义不能在世界上占主导地位，如果社会不赶快开始自我照顾，混乱就会接踵而至。历史将会证明他是正确的。

"年轻人喜欢被告知关于未来的事情，以及未来是多么正确。如果有机会与年轻人交谈，就一定不能忽略这一点。尤其是那些暮年之人发出的声音，无论是苍老的声音还是苦难的声音，在谈到信仰时，他们都有双倍的发言权。这就是我想说的话……记好了，未来的社会将是利他主义的，否则便会一无是处，我们要在这一点和混乱之间做出选择。"

12月31日

让我们庆贺自己所取得的成就吧，但也要知道还有更多的工作要做。

现在我们读到的是今年的最后一句引文，这是从皮埃尔·德·顾拜旦男爵的著作中摘录的第三百六十五条引文。此刻，我们或许应该展望一下未来以及未来的工作。正如男爵在 1936 年发表于《瑞士

顾拜旦肖像，由大卫·M. 加德特绘制。原件现由本书作者乔治·赫斯勒收藏。

体育报》上的《致奥林匹亚－柏林火炬手们的信》中所指出的那样，奥林匹克运动的事业是永无止境的。总会有新一代人崛起，总会有需要体育运动的年轻人随时准备着检验自己的才能，挑战人类体能的极限。正如男爵在过去的这一年中反复强调的那样，体育对公民社会及其教育基础的发展起到了至关重要的作用。体育的作用是永恒的，但它始终在不断更新——因此，那些投身于体育使命的人们必须及时对机会做出反应，让体育适应不断变化的时代，让体育在一个迫切需要团结力量的世界里变得更加重要、更加有意义。当我们回顾男爵为我们留下的经验与教训时，很明显，他的首要追求是赋予每个人充实生活的权利，并利用体育将人性提升到新的高度。在只有体育才能促进的人类发展的浪潮中，男爵看到了奥林匹克运动员的出现，这些来自各个国家的男男女女能够以罕见优雅的运动壮举激励全世界。在男爵的理想主义愿景中，奥运会注定要拉近我们之间的距离，增进我们对彼此的了解，并为我们提供一个聚会场所，让我们能够在奥运圣火的映照下，庆祝将我们所有人联系在一起的生命体验，并在体育的引领下创造一个充满团结友爱与和平的世界。明天是新一年的开始，男爵的话语将再次回荡在这个网站上，日复一日地提醒我们，他所创立的奥林匹克运动仍然充满了希望和对更美好的世界的承诺。

　　"让我们庆贺自己所取得的成就吧，但也要知道还有更多的工作要做。"

译名表

人名

A.Castagne　A. 卡斯特格尼

Alan Abrahamson　阿兰·阿伯拉罕森

Albert I 阿尔贝一世（比利时国王）

Alfred Nobel 阿尔弗雷德·诺贝尔

Alphonse Laverriere 阿方斯·拉弗里埃

André Lang　安德烈·朗

Auguste Comte　奥古斯特·孔德

Barbara Keys　芭芭拉·基斯

Baron de Courcel　德·库塞尔男爵

Baron's Pierre de Coubertin　皮埃尔·德·顾拜旦男爵

Bertha von Suttner　贝尔塔·冯·苏特纳

Bob Beamon　鲍勃·比蒙

Carl von Ossietzky　卡尔·冯·奥西茨基

Christiaan van Tuyll　克里斯蒂安·范·图尔

Cicero　西塞罗（古罗马政治家、哲学家）

Courcy-Laffan 库西 - 拉凡

de Baillet-Latour　德·巴耶·拉图尔

Dr. Martin Luther King, Jr　小马丁·路德·金博士

Dr. William Penny Brookes　威廉·佩尼·布鲁克斯博士

Duncan Mackay 邓肯·麦凯

Ed Hula 艾德·胡拉

Edstrom 埃德斯特隆

Elie Ducommun 埃利·迪科门

Ernest Callot 欧内斯特·卡洛

Ernst Curtius 恩斯特·库尔提乌斯

Eudoxia 欧多西亚（拜占庭帝国皇帝狄奥多西二世之妻）

Eugen Brunetta d'Usseaux 尤金·布鲁内塔·德乌索

Eugene Monod 尤金·莫诺德

Fernand Sanz 费尔南德·桑斯

Frederic Le Play 弗雷德里克·勒·普莱

Frederic Passy 弗雷德里克·帕西

Gabriel Fauré 加布里埃尔·福莱

Gaston Doumergue 加斯东·杜梅格

George Hirthler 乔治·赫斯勒（本书作者）

George Poage 乔治·波吉

George Santayana 乔治·桑塔亚纳

Georges Hohrod and M. Eschbach 乔治·赫罗德和 M·艾歇巴赫（顾拜旦的笔名）

Georges Taillandier 乔治·泰兰迪尔

Godefroy de Blonay 戈德弗洛伊·····德·布隆奈

Guth-Jarkovsky 古斯·雅科夫斯基

Henri Didon 亨利·迪东

Henri Dunant 亨利·杜南（红十字会创始人）

Henri La Fontaine 亨利·拉·方丹

Hercules 赫拉克勒斯

Herodes Atticus 赫罗狄斯·阿提库斯

Hippolyte Adolphe Taine 依波利特·阿道尔夫·丹纳（法国评论家、史学家，实证史学代表人物）

Hogsdon Pratt 霍奇森·普拉特

J. Girardin J. 吉拉尔丁

Jackie Robinson 杰基·罗宾森

Jeanne Remacle 珍妮·雷玛克

Jesse Owens 杰西·欧文斯

Jim Thorpe 吉姆·索普

Johann Wolfgang von Goethe 约翰·沃尔夫冈·冯·歌德

John Henry Lake 约翰·亨利·雷克

Jules Claretie 儒勒·加候及

Jules Ferry 茹费理（两次出任法国总理，推动教育世俗化）

Jules Simon 朱尔·西蒙（法国前总理、顾拜旦的导师）

Juvenal 尤维纳利斯（古罗马诗人）

Karl von Venningen-Ullner 卡尔·冯·文宁根 - 乌尔纳

Léon Gambetta 莱昂·甘必大

Lord Desborough 德斯伯勒勋爵

Lycurgus 来古格士

Marcel Prévost 马塞尔·普雷沃斯特

Marie Rothan 玛丽·罗唐（顾拜旦的妻子）

Marie-Marcelle Gigault de Crisenoy 玛丽 - 玛瑟尔·吉戈尔·德···克利塞诺伊（顾拜旦的母亲）

Mario García Menocal 马里奥·加西亚·梅诺卡尔（古巴总统）

Mike Powell 迈克·鲍威尔

Monsignor Ethelbert Talbot 艾特尔伯特·塔尔博特主教

Mucius Scaevola 穆修斯·斯卡沃拉（古罗马演说家）

Norbert Müller 诺伯特·穆勒（德国奥林匹克学者）

Paul Maillefer 保罗·梅勒弗

Pausanias 保萨尼亚斯

Peisistratos 庇西特拉图（古希腊雅典僭主）

Pericles 伯里克利（古雅典黄金时代领导人）

Peter Benoit 彼得·伯努瓦

Pierre Guillaume Frédéric le Play 弗雷德里克·勒普勒

Pindar 品达（古希腊诗人）

Polignac 波利尼亚克

Pope Pius XI 教皇庇护十一世

Praxiteles 普拉克西特列斯

Renée 蕾妮（顾拜旦的女儿、助手）

Romulus 罗慕路斯（神话中罗马城市的奠基人之一）

Scipio Africanu 大西庇阿（古罗马统帅、政治家）

Sebastian Coe 塞巴斯蒂安·科

Terrence Burns 特伦斯·伯恩斯（本书作者的朋友）

Theodore Roosevelt 西奥多·罗斯福

Theodosius I 狄奥多西一世（罗马基督教皇）

Thomas Arnold 托马斯·阿诺德

Thomas Bach 托马斯·巴赫

Tricoupis 特里库皮斯（前希腊首相）

Victor Boin 维克托·博因

William DeHart Hubbard 威廉·德哈特·哈伯德

William May Garland 威廉·梅·加兰德

William Milligan Sloane 威廉·米利根·斯隆

Wlliam M. Sloane 威廉·M. 斯隆

Yuriko Koike 小池 百合子

地名

16th arrondissement （巴黎）十六区

Acropolis （雅典）卫城

Alpheus 阿尔菲奥斯（河）

Alsace （法国）阿尔萨斯

Antwerp 安特卫普（比利时城市，一战后第一届奥运会的举办地）

Avenue de l'Alma 阿尔玛大道

Basel, Switzerland 瑞士 巴塞尔

Birmingham 伯明翰

Canton Vaud （瑞士）沃州

Capitoline Hill 卡比托利欧山

Chateau d'Ouchy 德奥奇城堡

City Hall of Prague 布拉格市政厅、

Comédie Française 法兰西喜剧院

Crystal Palace（伦敦）水晶宫

Delphi 德尔斐

Élysée Palace 爱丽舍宫

Hohrod and Eschbach au Val 赫罗德和埃歇巴赫欧瓦尔（法国两个小村庄，顾拜旦笔名的由来）

Hotel de Ville 巴黎市政厅

Le Havre 勒阿弗尔

Luttenbach 鲁特巴赫（男爵夫人的家族庄园）

Mount Pentelicus 彭特利库斯山

Mt. Olympus 奥林匹斯山

Much Wenlock 马奇温洛克（什罗普郡小村庄，靠近威尔士边境）

Nice, France 法国尼斯

Palais de Rumine 鲁米讷宫

Panathenaic Stadium 帕那辛纳克体育场

Saint James Cathedral 圣雅各主教座堂

Saint-cyr Military Academy 圣西尔军校

Shrewsbury 什鲁斯伯里

Shropshire （英国）什罗普郡

Sorbonne （巴黎）索邦大学

St. Ignace 圣伊尼亚斯

the Court of St. James 圣詹姆斯法院

The Grand Amphitheatre of the Sorbonne 索邦大学圆形剧场

机构、会议名

（Stewards of）Royal Henley Regatta 皇家亨利赛艇日（管理委员会）

Associated Press 美国联合通讯社（美联社）

Bureau International de Pédagogie Sportive/ International Bureau of Sports Pedagogy 国际体育教育局

Commonwealth Games Federation 英联邦运动会联合会

Consultative Congress on Arts and Culture 艺术与文化协商会议

Greek Liberal Club of Lausanne 洛桑希腊自由俱乐部

Hachette（Livre）阿歇特出版公司

IAAF World Championships in Athletics 世界田径锦标赛

International Olympic Academy 国际奥林匹克学院

International Olympic Committee (IOC) 国际奥林匹克委员会

International Partnership Against Corruption in Sport (IPACS) 国际反体育腐败合作组织

International Peace Bureau 国际和平局

Lausanne Association of Friends of Olympism 洛桑奥林匹克主义之友协会

Major League Baseball 美国职业棒球大联盟

National Olympic Committee (NOC) 国家奥林匹克委员会

Olympic Congress 奥林匹克代表大会

Olympic Institute of Lausanne 洛桑奥林匹克研究所

Paris Universal Exposition 巴黎世界博览会

Parnassus Literary Society 帕纳索斯文学协会

Radio Suisse Romande studios 瑞士广播电台

Rugby 拉格比公学

the Maison du Sport International 国际体育之家

Union International de Pentathlon Moderne（UIPM） 国际现代五项总会

Union of Athletic Sports Societies/The Union of French Athletic Sports Societies 体育协会联盟

Union Pédagogique Universelle 万国教育联盟 （未找到中文译名，参考本篇日文论文中的译名汉字写法）

Universal Peace Congress 世界和平大会

USOC United States Olympic & Paralympic Committee 美国奥林匹克与残疾人奥林匹克委员会，简称美国奥委会

顾拜旦著作

A Bird's View of an Olympiad 《奥运会鸟瞰图》

All Sports 《所有体育运动》

An Open Letter to My Hellenic Friends 《致我的希腊朋友们的公开信》

Art in Education, 《教育中的艺术》

Between Two Battles: Olympism and the Popular University 《两场战役之间：奥林匹克主义与大众大学》

Education for Peace 《和平教育》

English Education 《英国教育》

English Education in France 《法国的英式教育》

Forty Years of Olympism: 1894-1934 《奥林匹克主义四十年：1894-1934》

Le Respect Mutuel/Moral Education 《相互尊重／道德教育》

Le Roman d'un Rallié（A novel of a Rallie）《集会小说》（顾拜旦唯一一部小说）

Letter to the Members of the International Olympic Committee 《致国际奥林匹克委员会成员的信》

Manual of Athletic Education 《体育教育手册》

Message to American Youth 《致美国青年的一封信》

Message to the Olympia-Berlin Torchrunners 《致奥林匹亚 - 柏林火炬手们的信》

Modern Olympia 《现代奥林匹亚》

New Mottoes 《新格言》

Notes on Public Education 《公共教育笔记》

Ode to Sport 《体育颂》

Olympia 《奥林匹亚》（演讲）

Olympic Letter from Athens 《来自雅典的奥林匹克信件》

Olympic Letter I: Olympism in Lausanne 《奥林匹克书信（1）：洛桑的奥林匹克主义》

Olympic Letter II 《奥林匹克书信（2）》

Olympic Letter III: Olympism and Education 《奥林匹克书信（3）：奥林匹克主义与教育》

What We Can Now Ask of Sport 《我们现在可以对体育提出的要求》
Why I Revived the Olympic Games 《我为什么复兴奥运会》
XI Olympiad 《第十一届奥运会》

他人著作

Globalizing Sport 《体育全球化》芭芭拉·基斯 哈佛大学出版社，2006
Hymn to Apollo 《致阿波罗》荷马颂歌中的一节
Lay Down Your Arms! / Die Waffen nieder! 《放下武器！》贝尔塔·冯·苏特纳
Metaphysics 《形而上学》亚里士多德
Olympism, Selected Writings of Pierre de Coubertin 《奥林匹克主义，皮埃尔·德·顾拜旦著作选》
Pax Olympica《和平奥运》拉凡
The Life of Reason—or The Phases of Human Progress 《理性的生活——或人类发展的阶段》乔治·桑塔亚那
Tom Brown's School Days 《汤姆··布朗的求学时代》
Travels in Greece 《希腊志》保萨尼亚斯

刊物名

Bulletin du Bureau International de Pédagogie Sportive 《国际体育运动公报》
BZ am Mittag 《柏林午间报》
Chosen Text 《选集》（国际奥委会出版物）
Fortnightly Review of London/ British Fortnightly Review 《双周评论》
International Understanding and Contribution to World Peace 《国际理解和对世界和平的贡献》（国际奥委会出版物）
Journal de la Jeunesse 《青年杂志》
La Concorde 《协和》
La Gazette de Lausanne 《洛桑公报》

La Reforme Sociale 《社会变革》

La Revue Anthlétique 《体育评论》

La Revue de la Semaine 《本周回顾》

La revue sportive illustré 《体育杂志》

Le Figaro 《费加罗报》

Le Journal 《新闻报》

Le Journal des débats 《辩论报》

Le Messager d'Athènes 《雅典信使报》

Le Sport Suisse 《瑞士体育报》

Olympic Bulletin 《奥林匹克公报》

Revue Olympique/ Olympic Review 《奥林匹克评论》

the Bulletin of International Sport Education 《国际体育教育公报》

The Century Illustrated Monthly Magazine 《世纪杂志》

The Olympic Movement 《奥林匹克运动》（2002 年国际奥林匹克学院出版物）

专有名词和格言

"Yale" 耶鲁号（顾拜旦的船）

anglo-saxons 盎格鲁 - 撒克逊人

athletic eclecticism 体育折衷主义

CITIUS, ALTIUS, FORTIUS 更高，更快，更强

Columbian Exposition （芝加哥）哥伦布纪念博览会

eternal axiom 永恒公理

Eurythmy 律动 优律诗美 律动的运动 律動的運動｛りつどう てき うんどう｝

fustanella 多褶男短裙

General Ephor （古希腊）监督官（尤指古斯巴达民选的五名执政官）。

意译为总监 / 总指挥

Golden mean 黄金中道

Good Friday 圣周五（复活节前的星期五）

Hellenism 希腊主义

intellectual aviation 纵览学科领域

Intellectual culture 智育文化

lingua franca 通用语

Love your neighbor as yourself 爱人如己（《圣经》教义）

mens sana in corpore sano (an ardent mind in a well-trained body) 炽热的心灵寓于训练有素的身体

Messrs.（Mesieurs）诸君，各位先生

municipal gymnasium 市立体育馆

National Socialists 国家社会主义者

Olympic Charter 奥林匹克宪章

Olympic Congress 奥林匹克代表大会

Olympic Oath 奥林匹克誓言

Olympic Perfection 奥运会的尽善尽美 / 尽善尽美的奥运会

Olympic record 奥运会纪录

Olympic Torch Relay 奥林匹克火炬接力

Olympism 奥林匹克主义

Olympism in Action 奥林匹克主义在行动

Pendulum Effect 钟摆效应

Photo: 图片说明：

Physical culture 体育文化

Physical effort 体力活动

Rower 桨手

Rowing 赛艇运动

sacred hush 神圣的沉寂

Sport Community/ Community of Sport 体育社群

Sport for All 全民体育

Sports Pedagogy 体育教育学

stade vivant 活的体育场

the Good Book (the Bible) 《圣经》

Those who do not remember the past are condemned to repeat it 那些不能铭记过去的人注定要重蹈覆辙。

Universal History 普遍史

Voir Loin，Parler Franc，Agir Ferme 看得长远，说得直白，做得稳妥（顾拜旦个人座右铭）

Zappas Olympic Games 扎帕斯奥林匹克运动会

译后记

2019 年 5 月，我从佐治亚大学硕士毕业。为了参加我的毕业典礼，父母不远万里从北京来到雅典这座位于美国东南部的小城。在此之前，我就听说父亲的好友——华文字库创始人、原北京奥申委多媒体总策划黄克俭先生有一位曾经在北京奥申委共同工作的朋友，就居住在亚特兰大，黄老师希望父亲此次能代为拜访，并热心地给对方打了越洋电话。这位朋友就是乔治·赫斯勒先生，著名顾拜旦研究专家、国际奥委会顾问，也就是本书的作者。

处理完毕业相关事宜，带着父母把这座小小的大学城逛了个遍后，我与赫斯勒先生取得联系，与他约定在雅典与亚特兰大之间的一家咖啡馆见面。所谓"咖啡馆"，其实只是一间大型超市里的一个被围起的角落。当天赫斯勒先生穿了什么，父亲与他又具体聊了些什么，我现在已经记不清了。但一位推着购物车经过的路人向我们瞥来的目光，至今仍清晰地定格在我的脑海里。换做是我，也会觉得这幅景象十分新奇有趣：两位显然年过半百的男士坐在咖啡桌旁，一位像是本地人，另一位长着最典型的亚洲面孔；他们无比认真投入地倾听对方说话，却又互相语言不通，每当一人说完，他们就齐刷刷地转头看向旁边一位学生模样的亚洲女生。这场交流虽然费力，却又因拙笨而显得格外真诚。每每回忆起当时的情景，我在忍俊不禁之余也会感到心头一暖。

父亲从事出版工作大半辈子，对图书选题有着强烈的职业敏感。通过我的翻译，父亲表达了对赫斯勒先生从事顾拜旦传记写作及奥林匹克运动有关工作的浓厚兴趣，并希望能与赫斯勒先生有合作机会。

在谈话中，赫斯勒先生提到他曾从顾拜旦的著作中筛选出三百六十五条语录，并在一年的时间里每天为一条语录撰写评论，在他的社交媒体上更新。后来，他将这些语录和评论收集起来，以此为基础，建立了名为"顾拜旦说"的个人网站。这个网站就是本书的前身。父亲当即对这本顾拜旦语录的出版十分感兴趣，并且相信随着北京冬奥会开幕的日子临近，这个项目将愈发具有意义和潜力。于是，一场合作一拍即合。在那之后三四个月的时间里，我作为赫斯勒先生与出版社之间的联络人，协助双方完成了协议签署等一系列工作。

9月3日，我收到来自赫斯勒先生的邮件："预付款已收到。请代我向你父亲转达我的谢意。"父亲也表示出版社会负责联系优秀译者，后续工作无需我来担心。我长舒一口气，以为自己的使命到此为止。然而当时我还不知道，自己与《顾拜旦说》的不解之缘其实才刚刚开始。

2020年1月初的某个晚上，在与父母视频聊天时，父亲突然问我："要不，《顾拜旦说》就由你来翻译吧？"

我最初听到这句话时的心情，用"受宠若惊"一词都不足以形容，也许"诚惶诚恐"才更加贴切。虽然我时常在社交网络上自称"独立译者"，在民间字幕组担任翻译和校对有五六年的时间，但那些零星的、娱乐性质的翻译作品在正式出版物面前终究还是小打小闹。何况，我记得父亲提到过的几位译者人选都是任职于奥组委的有关专家，他们面对奥林匹克相关议题时的专业程度和英语水准皆令我望尘莫及。只是，由于他们过于忙碌，实在抽不出时间承担本书的翻译工作，其他译者人选由于疫情的原因困难重重，最后，此等重任便落到了我的肩上。

从 2020 年 1 月到 2021 年 2 月，正文文本的翻译和审校工作共花费了一年多的时间。在协助教授进行研究之余，翻译是我几乎每天必做的功课。尽管随着时间的推移，起初的新鲜劲儿慢慢消退了，但每次打开文档时我还是会满心期待。说来惭愧，在翻译本书之前，我对顾拜旦男爵的了解仅限于一个"现代奥林匹克之父"的头衔。阅读他亲笔写下的文字，并想方设法用汉语复述出来的过程，仿佛是与顾拜旦男爵进行跨越时空与文化的交流。赫斯勒先生对语录的解读也十分生动有趣，耐人寻味。在他的引领下，我头脑中那个苍白单薄的头衔逐渐变成了鲜活丰满的形象。虽然顾拜旦男爵对世界和平与进步做出了巨大的贡献，但他的文字读起来并没什么距离感。他会偶尔调皮，会跟反对他的人赌气，他心目中的平等始终没有摆脱父权制社会和贵族阶层的局限性。虽然他不是完美的英雄，但他用毕生心血坚持和捍卫自己的理想，可以称得上是极致的理想主义者。赫斯勒先生的另一本著作《顾拜旦传》原版标题为《理想主义者》，实在是无比贴切。

自新冠疫情爆发以来，翻译本书几乎成了我的主业，顾拜旦男爵的文字也成了我的一大精神支柱。有时，独自一人在异国他乡的寂寞、前途未卜的迷茫以及面对疫情恶化和政策变动的无助会一齐涌上心头，如巨浪般将我淹没。每当这种时刻，我都会起身做一些在家能进行的运动或者打开《顾拜旦说》的文档随便挑选一页，看看男爵会对我说些什么。他在历史学方面的造诣和充满前瞻性的远见总能帮我跳脱出眼前的忧患，获得内心的平静。我想，男爵毕生热爱的普遍史应该也是以类似的方式带给他心灵慰藉的吧。

写完这篇译后记，仿佛就是与顾拜旦男爵暂且道别了。但我也在心里暗自下定决心，要不定期地回头重温男爵的文字，并带着男爵的乐观精神砥砺前行。

在此，我要感谢乔治·赫斯勒先生在我翻译本书期间对我的帮助和支持，也要感谢父母对我的鼓励和督促。最后，我还要感谢读到这里的读者朋友们。希望本书带给你们的启发和鼓励与它带给我的一样多。

梁亦敏

2021 年 3 月 28 日于亚特兰大 Athens（雅典）